Gewidmet meinen Enkeln
Jonathan, Damian, Lukas, Zacharias, Elias,
Anton, Alwin, Lisa, Henri und Mimi.

ERNST SPANGENBERG

IST DAS BILDUNG?

ZWISCHEN PHILOSOPHIE UND DEM RECHT AUF DUMMHEIT

JUSTUS VON LIEBIG VERLAG

Bibliografische Information der Deutschen Nationalbibliothek:

Die Deutsche Nationalbibliothek verzeichnet diese Publikation in der Deutschen Nationalbibliografie; detaillierte bibliografische Daten sind im Internet über http://dnb.dnb.de abrufbar.

Titelbild: Ernst Spangenberg, Die Nacht,
Öl auf Leinwand, 2020, Reproduktion: Helmut von Scheven
www.brigitteunderstspangenberg.de

1. Auflage 2021
Justus von Liebig Verlag
Gagernstraße 9, 64283 Darmstadt
www.liebig-verlag.de

Gesamtherstellung:
Ph. Reinheimer GmbH, Darmstadt
Klimaneutral gedruckt.

ISBN: 978-3-87390-469-9

TEIL 1

DIE SCHAU NACH RÜCKWÄRTS

Bei der Frage, was wir unseren Kindern und Enkeln außer einem Schuldenberg und geplünderten Rentenkassen hinterlassen, bin ich auf das Thema Bildung gestoßen. Unsere Bildung, wohl dosiert und in ein verlockendes Gewand gekleidet, ist etwas zum Weitergeben.

Ein weiterer Wunsch motiviert mich zu meinem Buch, das, einer Entfremdung von meinen im Schnitt 65 Jahre jüngeren Enkeln, bzw. der Entfremdung zwischen der eigenen und der Enkelgeneration vorzubeugen und die Dialoge zwischen Alt und Jung um sinnvolle Themen zu erweitern.

Auf der Suche nach der richtigen Dosierung bin ich bei Søren Kierkegaard gelandet, der eine Binsenweisheit so elegant formuliert, dass daraus eines der geläufigsten Zitate geworden ist: „Das Leben kann nur in der Schau nach rückwärts verstanden, aber nur in der Schau nach vorwärts gelebt werden". Das Wesentliche an Bildung ist es, die Vergangenheit zu verstehen, ihr Ziel, sinnvolle Strategien für die Zukunft zu entwickeln. Der Wert von Bildungsangeboten bemisst sich nach ihrer Zukunftstauglichkeit.

Schon entsteht die erste Zweifelsfrage. Soll man Dinge im Kopf speichern, wenn man mit einem Klick jedes nur denkbare Detail im Internet abrufen kann? Bei der Antwort auf diese Frage, kam mir unsere jüngste Enkeltochter mit einem Anruf zur Hilfe. „Oma und Opa, welches ist euer Lieblingsgedicht? Ich brauche es für die Schule“. Die Frage war wie eine Erlösung. Kein noch so kluges Internet weiß darauf eine Auskunft. Hier ist mein Gedächtnis gefragt. Hätte ich nicht über Jahre Gedichte gelernt, gäbe es kein Lieblingsgedicht. Gedichte sind für mich mit der Zeit ein zunehmend wichtiges Bildungsgut geworden. So denke ich jedes Mal, wenn ich im Fernsehen Bilder der Tour de France sehe, an ein Gedicht von Günter Grass:

Tour de France
Als die Spitzenreiter von einem Schmetterling überholt wurden,
gaben viele Fahrer auf.

Das Gedicht bringt mich angesichts des verbissenen Ernstes der Sportler und der überschäumenden Begeisterung der Zuschauer zum Lächeln. Es verschafft mir die gewünschte Distanz zu einem Spektakel.

Es gibt kein Stichwort im Internet, welches mir bei der Suche nach Distanz zu einem bestimmten Geschehen so weiterhilft wie mein Gedächtnis und meine Phantasie. Bildung ist mehr als unter Stichworten bündelbares Wissen. Sie hat eine persönliche Note.

Um das Verhältnis von Internet und Bildung auf eine Kurzform zu bringen: Zwischen beiden besteht keine Konkurrenz. Der Internetnutzer weiß seine Bildung, der Gebildete das Internet zu schätzen.

Die nächste Zweifelsfrage, die ob Bildung überhaupt einen Beitrag zur Zukunftstauglichkeit leisten kann, wird von Erich Kästner, einem Mann genährt, der in der dunklen Zeit des Nationalsozialismus das Versagen der Bildung gegenüber primitiven Unrechtsstrukturen miterlebt hat. Kästner beschreibt unsere Bildbarkeit in seinem Gedicht über die Entwicklung der Menschheit: „Einst haben die Kerls auf den Bäumen gehockt-----Sie hören weit. Sie sehen fern. Sie sind mit dem Weltall in Fühlung. Sie putzen die Zähne. Sie atmen modern. Die Erde ist ein gebildeter Stern mit sehr viel Wasserspülung. ----Doch davon mal abgesehen und bei Lichte betrachtet sind sie im Grund noch immer die alten Affen".

Bedenkt man es recht, ist das Gedicht ein Plädoyer für Bildung; denn ohne Bildung bleiben wir die alten Affen.

Die Frage nach der Zukunftstauglichkeit konfrontiert uns mit der Tatsache, dass der Gesamtumfang des weltweit existierenden Wissens nahezu unübersichtlich geworden ist. Die Zeit der Universalgelehrten ist vorbei. Ein Gelehrter wie Aristoteles, der im 4. Jahrhundert vor Christus lebte, und das gesamte Wissen seiner Zeit beherrschte, ist nicht mehr vorstellbar. Der letzte Universalgelehrte Gottfried Wilhelm Leibniz lebte vor etwa 400 Jahren.

Aber auch der Begriff der Allgemeinbildung hat sich in einer Zeit überlebt, in der sich das Menschheitswissen in immer kürzer werdenden Fristen verdoppelt. Wer sich mit einem bestimmten Bildungsstatus zufrieden gibt, der je nach persönlichen Fähigkeiten und Bedürfnissen das Niveau einer einfachen, einer mittleren oder einer höheren Bildung erreicht, verkennt Eines: Bildung, richtig verstanden, ist ein lebenslanger Prozess. Man denke an eine Insel im Wattenmeer, bei der auf der einen Seite Land abgetragen, auf der anderen Seite Land angeschwemmt wird. Die Bildung eines Menschen wandelt sich im Laufe seines Lebens. Wer eine zukunftstaugliche Bildung anstrebt, muss sich auf Wesentliches konzentrieren, also auf Vieles verzichten.

Bei der Frage, was verzichtbar ist, kommt mir die Geschichte der Putzfrauen in den Sinn, die ein Kunstwerk von Beuys beim Putzen versehentlich als Müll entsorgt hatten und sich seitdem in Zweifelsfällen fragten: „Ist das Kunst, oder kann das weg"? Bezogen auf Bildung ergibt sich die Frage, „ist das Bildung, oder kann das weg". Die Kann-das-weg-Frage haben sich die deutschen Strafverteidiger in ihrer Mitgliederzeitung „Freispruch" (Heft 14 aus 2019) gestellt, „Ist das Strafrecht, oder kann das weg"? Dabei haben sie viel Überflüssiges entdeckt, denn „ein schlechtes Strafrecht ist nicht nur entbehrlich, sondern schädlich", lautete das Motto. Unter den Top Five der „großen Streichparade" findet sich der Scheckbetrug, der inzwischen jede praktische Bedeutung verloren hat und die gleichfalls entbehrlich gewordene Bestimmung des §234a StGB der die „Verschleppung in die DDR" bestrafen sollte.

Ich habe bei meiner Titeladaption die Worte „oder kann das weg"? bewusst vermieden, weil ich niemand bin, der gerne wegwirft, sondern eher einer, der nach alten Schätzen gräbt. Mein Verständnis von Bildung verbietet es mir, die Rolle des Wegwerfers zu übernehmen. Das ist Sache des Lesers, der eine maßgerechte individuelle Bildung anstrebt.

Zu diesem Ergebnis gelange ich auf Grund einer Schwäche des deutschen Bildungswesens. Fragt man sich, warum viele junge Menschen frustriert Schule oder Studium abbrechen, so liegt eine der Ursachen darin, dass man ihnen zu wenig Mitsprache bei der Gestaltung des Bildungskonzepts gibt.

Das ist gemessen an der Rechtsstellung, die das Gesetz Jugendlichen einräumt, ein Anachronismus. Bei der Erziehung von Kindern „berücksichtigen die Eltern die wachsende Fähigkeit und das wachsende Bedürfnis des Kindes zu selbständigem verantwortungsbewusstem Handeln. Sie besprechen mit dem Kind, soweit es nach dessen Entwicklungsstand angezeigt ist, Fragen der elterlichen Sorge und streben Einvernehmen an". In Fragen der Religionszugehörigkeit gilt: „Nach Vollendung des vierzehnten Lebensjahrs steht dem Kinde die Entscheidung darüber zu, zu welchem religiösen Bekenntnis es sich halten will. Hat das Kind das zwölfte Lebensjahr vollendet, so kann es nicht gegen seinen Willen in einem anderen Bekenntnis als bisher erzogen werden". Man bedenke weiter: Wahlberechtigt sind Jugendliche ab Vollendung des 18ten, teilweise schon ab Vollendung des 16ten Lebensjahres. Streiten Eltern vor Gericht über die Sorge für ein Kind, werden Kinder regelmäßig ab Vollendung des 3ten Lebensjahres, mitunter noch früher von der Richterin nach ihrem Willen gefragt. Jüngst konnte ein deutsches Oberlandesgericht eine spanische Sorgerechtsentscheidung nicht anerkennen, weil der Richter entschieden hatte, ohne das fünfjährige Kind persönlich anzuhören. Damit genug der Befunde, um die Forderung nach mehr Mitsprache der Jugendlichen bei der Gestaltung ihrer Bildung zu unterfüttern. Das Demokratieprinzip und das Grundrecht der Meinungsfreiheit sollten auch im Bildungswesen gelten.

Dieses Buch enthält daher kein abgeschlossenes Bildungskonzept. Ich werde für unterschiedliche Ansprüche eine Auswahl von Materien vorstellen, wobei die vergnügliche Seite von Bildung nicht zu kurz kommen soll.

Mein Ziel ist es, den Appetit von Lesern gleich welchen Alters, gleich welchen Geschmacks und gleich welcher Vorbildung anzuregen, damit sie einzelne meiner Gedanken und Handlungsfäden aufgreifen und weiterspinnen. Dabei bleibt mir das Vorrecht des Lesers bewusst, meine Angebote als Bildung anzuerkennen oder zu verdammen: das kann weg.

Personen sind mir wichtiger als „nacktes Wissen". Mitunter gönne ich mir die Zeit, um am Wegesrand Liegendes aufzugreifen. So kämen, wenn ich mich näher mit Gottfried Wilhelm Leibniz befassen würde, nicht nur seine Leistungen als Philosoph, Mathematiker und Staatsmann zur Sprache. Ich würde auch den Keksfabrikanten Bahlsen erwähnen, der seine Bewunderung für den großen Philosophen dadurch zum Ausdruck brachte, dass er seine Butterkekse in Leibniz Kekse umtaufte.

DIE VIER FRAGEN DES IMMANUEL KANT

Wir werden im Verlauf der Texte noch das eine oder andere Mal Immanuel Kant „dem Weisen von Königsberg" begegnen. Um die Leser nicht zu verschrecken, möchte ich den großen Geist mit einigen privaten Mitteilungen menschlich näher herbeiholen. Kant war nicht nur der große Philosoph. Als Student war er ein guter Kartenspieler und verdiente sich mit Billard ein Zubrot zum Studium. Auf Gesellschaften, an denen er gerne teilnahm, galt er als galant, putzte sich mit modischen Kleidern heraus und beeindruckte durch seine Belesenheit und einen schier unerschöpflichen Vorrat an Anekdoten. Kant war wegen seines lebendigen Vortrags bei der Studentenschaft beliebt. Lange Jahre musste er mit den von seinen Hörern gezahlten Kolleggeldern auskommen. Später gewöhnte er sich aus gesundheitlichen Rücksichten ein streng geregeltes Leben an. Morgens um 4:45 Uhr ließ er sich von seinem Diener Lampe, einem ausgemusterten Soldaten, mit den Worten „Es ist Zeit!" wecken. Um 22 Uhr ging er zu Bett. Zum Mittagessen lud er meist Freunde ein. Das Thema der Tischgespräche musste spätestens nach 5 Minuten wechseln, damit sich niemand „zu sehre erhitzen" konnte. Es wurde viel gelacht, denn Lachen fördert die Verdauung, davon war Kant überzeugt. Täglich zur gleichen Zeit machte Kant einen Spaziergang. Zeitgenossen behaupteten, man habe die Uhr nach ihm stellen können.

Karrieremäßig war Kant ein Spätentwickler, seine erste feste Anstellung hatte er als Bibliothekar mit 42 Jahren, mit 46 Jahren wurde er Professor, mit 62 Jahren Rektor der Universität Königsberg.

In einem seiner Hauptwerke, der Kritik der reinen Vernunft, hat Kant auf folgende Fragen Antworten gesucht: „Was soll ich tun"? „Was darf ich hoffen"? „Was kann ich wissen"? „Was ist der Mensch"? Wer dieses Werk besitzt, sollte es gelegentlich ehrfürchtig zur Hand nehmen, vielleicht auch den einen oder anderen Satz lesen, es dann aber genauso ehrfürchtig wieder in den Bücherschrank stellen. Wer sich für die kantschen Antworten interessiert, der greife zu den Prolegomena, (was so viel wie erläuternde Vorbemerkung bedeutet), in denen Kant sein Meisterwerk dem gewöhnlichen Intellektuellen verständlich zu machen versucht. Sie sind anspruchsvoll genug. Wem auch die

Prolegoma zu lang sind, der findet bei Weischedel „Die philosophische Hintertreppe“ eine leicht verständliche Darstellung der kantschen Lehren auf 11 Seiten.

Wir ersparen uns die „Reine Vernunft“ und begnügen uns mit den vier kantschen Fragen. Die erste Frage gliedert sich dabei in das uns als Einzelwesen betreffende „was soll ich tun“? und das unsere staatliche Gemeinschaft hinterfragende „was sollen wir tun“? Im Mittelpunkt steht die Frage „was ist der Mensch“? Die anderen Fragen spielen zwar eine eigenständige Rolle, münden aber in der Hauptfrage. Sobald jemand diese vier Fragen für sich auf befriedigende Weise beantwortet hat, sollte er auch mit dem Stand seiner Bildung zufrieden sein.

TEIL 2

WAS SOLL ICH, WAS SOLLEN WIR TUN?

Es gibt Gebote, die sich an den Einzelnen richten und andere, die Allgemeingültigkeit beanspruchen, genau genommen, also die Frage „Was sollen wir tun“? beantworten. Beide Fragen sind Gegenstand des folgenden Kapitels.

DER KATEGORISCHE IMPERATIV

Es kann hier nicht darum gehen, Kants Werk in Kurzform zu referieren. Wir wollen ihm aber mit einer berühmt gewordenen Maxime den Vortritt lassen, dem kategorischen Imperativ. Zu Kants Menschenbild gehört die Freiheit aller. Die Freiheit eines jeden endet dort, wo die Freiheit des Nächsten beginnt. Zu leben, ohne andere zu behindern, ist eine lohnende Aufgabe, für die es allerdings einer verbindlichen Regel bedarf. Eine solche Regel finden wir im von Kant formulierten „kategorischen Imperativ“ (absolutes Gebot): „Handle nur nach derjenigen Maxime, durch die du zugleich wollen kannst, dass sie ein allgemeines Gesetz werde.“ Dieser Satz klingt wie eine Weltformel. Würden wir nach ihr leben, wäre unser friedliches Miteinander gewährleistet. Sie erfordert Menschen, die guten Willens sind.

DIE MENSCHLICHE „UNVERTRAGSAMKEIT“

Bleiben wir bei Immanuel Kant. Er war kein Visionär, wie man bei Lektüre seines kategorischen Imperativs vermuten könnte, der vom goldenen Zeitalter träumte. Er lebte in einer Krisenzeit, in der die „Staatsoberhäupter der Kriege nie satt“ werden, wie sein Landesherr Friedrich der Große, der Hundertausende seiner Landeskinder in den Tod schickte („Hunde, wollt ihr ewig leben“!). Kant wird Zeitzeuge der französischen Revolution und ihrer blutigen Opfer. Kaum jemand ist so gut über das Weltgeschehen orientiert wie Immanuel Kant. Die Herren von Übersee „trinken Unrecht wie Wasser“. Kaum jemand ist politisch weitsichtig wie er, der bereits über Globalisierung und Weltbürger nachdenkt, als es diese noch nicht gibt. In seinem Traktat vom ewigen Frieden schreibt er, „dass die Rechtsverletzung an einem Platz der Erde an allen (ergänze: Plätzen der Erde) gefühlt wird“.

Wie recht hat Kant mit dieser Aussage. Heute spüren wir das Unrecht in Syrien und das in Libyen. Nach wie vor belasten die Ereignisse vom 11.September 2001 in den USA die gesamte Menschheit. Extremer Luxus gegenüber extremer Armut sind ein Unrecht, das auf der gesamten Menschheit lastet. So wie Unrecht universal empfunden wird, kann eine Friedensordnung nur universal sein.

Kants Menschenbild ist eher negativ: „Aus so krummem Holz, als woraus der Mensch gemacht ist, kann nichts ganz Gerades gezimmert werden“. Der Mensch hat nun mal einen „Hang zum Bösen“. Eine „Unvertragsamkeit“ prägt den Menschen und eine „ungesellige Geselligkeit“, was bedeutet, dass die Menschen einander nicht leiden können und doch nicht voneinander lassen. Frieden lässt sich bei einer so schwierigen Menschheit nur durch strikte Rechtsregeln stiften. Aus der Erkenntnis, dass den Menschen der gute Wille zur Selbstbeschränkung im Sinne seines kategorischen Imperativs fehle, sah er keine andere Wahl als den Frieden gesetzlich zu schützen: „Das Recht ist also der Inbegriff der Bedingungen, unter denen die Willkür des einen mit der Willkür des anderen nach einem allgemeinen Gesetz der Freiheit vereinigt werden kann“. Kant glaubte an den Sieg des Rechts: „Die Natur will unwiderstehlich, dass das Recht zuletzt die Obergewalt behalte“.

BIBLISCHES RECHT

„Du sollst keine anderen Götter haben neben mir.“ Was soll ich tun? Wir fragen das berühmteste Gesetzeswerk, die 10 Gebote. Sie beinhalten einen Vertrag, der Parallelen in den Verträgen zwischen einem Großkönig und seinen Vasallen aufweist. Die Eingangsworte „Ich bin der Herr dein Gott“ entspricht der Formel, mit der sich der Großkönig im Prolog des Vertrages vorstellt. Als nächstes werden die seitherigen Beziehungen und die erwiesenen Wohltaten beschrieben: „Der dich aus Ägyptenland aus dem Diensthaus geführt hat“. Es folgen die neuen Regeln: „Du sollst (wörtlich: du wirst) keine anderen Götter haben neben mir“. Letzterer Satz ist keiner der üblichen Rechtssätze nach dem Wenn-Dann-Schema, sondern Ausdruck unbedingten Zukunftsvertrauens. Es ist eine Selbstverständlichkeit, dass man einem Gott, der so mächtig ist und der so viel für sein Volk getan hat, in der Erwartung die Treue hält, er werde sein Volk auch künftig beschirmen. Das Wichtigste an den 10 Geboten ist die Schaffung einer vom wechselseitigen Vertrauen getragenen engen Beziehung. Diese Beziehung wird durch die weiteren Gebote gestaltet. In ihrem Lichte sind die weiteren Gebote zu betrachten.

Bedauerlicherweise hat das „Du sollst keine anderen Götter haben neben mir“ immer wieder den Vorwand für Grausamkeiten geliefert. Den frühesten Bericht finden wir im Alten Testament. Zu Zeiten von König Ahab und dem Propheten Elia sind viele Israeliten von Gott abgefallen. Sie „huren mit fremden Göttern“, Baal und Aschera, den Göttern der Kanaaniter. Elia versammelt das Volk auf dem Berg Karmel sowie alle 450 Baals Priester und 400 Aschera Propheten. Ein Opfer solle entscheiden, welcher Gott der wahre ist. Elia und die Baals Priester errichten je einen Altar mit einem Jungstier als Opfertier. Da der Gott Israels das Opfer annimmt, indem er den Altar mit einem Blitz anzündet, das Baals Opfer aber nicht angenommen wird, ist der Beweis erbracht. Elias lässt darauf alle Baals Priester ermorden.

Die Morde an „Heiden“ und „Ketzern“ nehmen ihren Lauf durch die weitere Geschichte bis hin zu den Gräueln des dreißigjährigen Kriegs.

AM ANFANG WAR DAS PATRIARCHAT

Was soll ich tun? Der Kampf um die Gleichberechtigung der Frau wird uns mehrfach beschäftigen. Zunächst die Ausgangssituation: Ein Verbot, das so manches Rätselraten, aber auch manche Fehldeutung ausgelöst hat, findet sich in der Schöpfungsgeschichte des Jahwisten (er nennt Gott Jahwe). Dort heißt es: „Gott, der Herr, nahm den Menschen und setzte ihn in den Garten von Eden, damit er ihn bebaue und hüte. Dann gebot Gott, der Herr, dem Menschen: Von allen Bäumen des Gartens darfst du essen. Doch vom Baum der Erkenntnis von Gut und Böse darfst du nicht essen; denn sobald du davon isst, wirst du sterben". Da redet Gott die Unwahrheit, denkt die Schlange, denn: „Die Schlange war schlauer als alle Tiere des Feldes". Es gelingt ihr, die Frau mit dem Versprechen zu verführen, wenn sie von dem Baum inmitten des Gartens esse, werde sie wie Gott wissen, was Gut und Böse ist. „Da sah die Frau, dass es köstlich wäre, von dem Baum zu essen, dass der Baum eine Augenweide war und dazu verlockte klug zu werden. Also aß die Frau und gab auch ihrem Mann zu essen. Da gingen beiden die Augen auf------". Die Schlange hatte Recht behalten. Gott bestraft die Beteiligten, den Menschen, „weil du gehorcht hast der Stimme deines Weibes". Zu der Frau des Menschen - der Mensch nennt sie erst später Eva (Leben)-sagt er: „Viel Mühsal bereite ich dir, sobald du schwanger wirst. Unter Schmerzen gebierst du Kinder. Du hast Verlangen nach deinem Mann. Er aber wird dein Herr sein". Dann vertreibt Gott die Menschen aus dem Garten Eden und lagert davor „die Cherubim mit dem bloßen, hauenden Schwert, zu bewahren den Weg zu dem Baum des Lebens".

Eines an diesem Text ist einfach zu erklären, die Bestrafung Evas. Der Jahwist, wählt eine ätiologische Darstellung (Ätiologie bedeutet die Darlegung einer Ursache), d.h. er begründet die zu seiner Zeit, etwa um 1000 vor Christus, bestehenden Lebensverhältnisse, die Unterordnung der Frau gegenüber dem Mann, mit Ereignissen aus der Vergangenheit.

Der Mythos vom Sündenfall diente einer patriarchalischen Gesellschaft nahezu 2000 Jahre als Herrschaftsinstrument. Er wurde dazu missbraucht, die Herrschaft des Mannes über die Frau als gottgegeben hinzustellen. Die Frau galt als leicht verführbar. Ihr wurde es angelastet, dass die Sünde in die Welt kam. Bei unbefangener Lektüre des Schöpfungsberichts entdeckt man bei der Frau andere Qualitäten: sie ist mutig, sogar so waghalsig, dass sie sich mit Gott anlegt. Sie tut, was ihr angeblich den Tod bringt. Sie wollte gern klug werden und wie Gott wissen, was gut und was böse ist. Schließlich ist sie das, was Männer gerne von sich rühmen, eine Führernatur.

Heute wissen wir, es war nicht Gott, der die Menschen aus dem Paradies vertrieben hat, weil Adam und Eva vom Apfel der Erkenntnis gegessen haben. Wir Menschen haben es uns selber zuzuschreiben, dass wir nicht in einem Paradies leben. Welch ein Leben könnten wir ohne Kriege, ohne Streit und ohne Raubbau auf der Erde führen. Die Erde wäre ein Paradies.

Die Neigung, die Schuld letztlich bei Adam und Ewa zu suchen, ist uns erhalten geblieben, wie Paul Watzlawick in seinem Text „Das schicksalhafte Glas Bier“ humorvoll darlegt: „Eva und das bisschen Apfel“.

TAMAR

Bleiben wir bei der Rolle der Frau im israelischen Patriarchat. Frauen, die Ehebruch begingen wurden gesteinigt, Männer nicht. Hierzu die Geschichte von Tamar. Sie hat den ersten Ehemann verloren, dann auch den zweiten und lebt seitdem als Witwe im Hause ihres Schwiegervaters Juda. Da passiert das Schreckliche. Tamar ist schwanger. Juda will sie töten. Tamar bittet ihn um ein Gespräch unter 4 Augen. Sie legt Juda als Beweis ihrer Unschuld seinen Siegelring und seinen Knotenstock vor. Da dämmert es Juda. Vor einiger Zeit zog er zur Schafschur aus. An seinem Weg sitzt eine Tempelhure, derer er sich bedient. Da er ihr im Augenblick keinen Lohn zahlen kann, erbittet sie sich als Pfand Judas Siegelring mit Schnur sowie seinen Stab. Als Juda mit dem Lohn zurückkehrt, ist die Hure, Tamar als Tempelhure verkleidet, verschwunden. Juda muss Tamar nicht nur das Leben schenken, sondern sie sogar entsprechend dem israelischen Gesetz zur Frau nehmen. Man spricht von Leviratsehe — eigentlich Schwagerehe-, wonach ein Bruder die Witwe eines anderen Bruders zur Frau nehmen muss. Hier muss der Schwiegervater einspringen, da kein Schwager mehr lebt. Tamar setzt ihr Recht gegenüber Juda, dem Familienoberhaupt, durch. Das ist der erste Schritt auf dem Wege zur Gleichberechtigung der Frau.

DER WERFE DEN ERSTEN STEIN

Mit Jesus Christus beginnt ein neues Gerechtigkeitsdenken. Im Johannesevangelium in den Versen 7,53–8,11 findet sich die Geschichte von Jesus und der Ehebrecherin. Sie beschreibt eine Konfrontation zwischen Jesus und den Schriftgelehrten und Pharisäern zu der Frage, ob eine Frau, die soeben beim Ehebruch ertappt wurde, gesteinigt werden muss. Die Pharisäer und Schriftgelehrten bringen die

Frau zu Jesus, stellen sie in die Mitte und sagen zu ihm: „Lehrer, diese Frau ist auf frischer Tat beim Ehebruch ergriffen worden. In dem Gesetz aber hat uns Mose geboten, solche zu steinigen. Du nun, was sagst du? ---- Jesus aber bückte sich nieder und schrieb mit dem Finger auf die Erde. Als sie aber fortfuhren, ihn zu fragen, richtete er sich auf und sprach zu ihnen: Wer von euch ohne Sünde ist, werfe als Erster einen Stein auf sie. Und wieder bückte er sich nieder und schrieb auf die Erde. Als sie aber dies hörten, gingen sie, einer nach dem anderen, hinaus, angefangen von den Älteren; und er wurde allein gelassen mit der Frau, die in der Mitte stand. Jesus, aber richtete sich auf und sprach zu ihr: Frau, wo sind sie? Hat niemand dich verurteilt? Sie aber sprach: Niemand". Damit lassen wir das Thema der Gleichberechtigung von Mann und Frau vorerst ruhen, werden aber noch einmal darauf zurückkommen.

GASTFREUNDSCHAFT

Was sollen wir tun? Gastfreundlich sein. Die Gastfreundschaft ist religiösen Ursprungs. Im Alten Testament wird gelehrt, dass wir Gäste auf der Erde sind, die sich die Erde untertan machen und sich ihrer Gaben erfreuen, die Erde aber „bewahren" und unbeschadet zurückgeben sollen. Gott selber erscheint im 23. Psalm als Gastgeber: „Du deckst mir einen Tisch vor den Augen meiner Feinde. Du nimmst mich als Gast auf und salbst mein Haupt mit Öl. Du überschüttest mich mit Segen. Deine Güte und Gnade begleiten mich alle Tage meines Lebens, und ich werde für immer im Hause des Herrn wohnen". Aus der Tatsache, dass wir selber Gastrecht genießen, leitet sich die Verpflichtung ab, Fremdem gegenüber gastlich zu sein.

DER BESUCH DER DREI MÄNNER

Von Abraham wird berichtet: „Der Herr erschien Abraham bei den Eichen von Mamre. Abraham saß zur Zeit der Mittagshitze am Zelteingang. Er blickte auf und sah vor sich drei Männer stehen. Als er sie sah, lief er ihnen vom Zelteingang aus entgegen, warf sich zur Erde nieder und sagte: Mein Herr, wenn ich dein Wohlwollen gefunden habe, geh doch an deinem Knecht nicht vorbei! Man wird etwas Wasser holen; dann könnt ihr euch die Füße waschen und euch unter dem Baum ausruhen. Ich will einen Bissen Brot holen und ihr könnt dann nach einer kleinen Stärkung weitergehen; denn deshalb seid ihr doch bei eurem Knecht vorbeigekommen. Sie erwiderten: Tu, wie du gesagt hast."

Wenn man dieses Beispiel der Gastfreundschaft mit der Gastfreundschaft vergleicht, wie sie Beduinenvölker pflegen, dann ist es wahrscheinlich, dass der nomadische Ursprung Israels die Gastfreundschaft begünstigt hat.

Im Islam ist die Beziehung der Gastfreundschaft dreigeteilt; sie besteht aus dem Gastgeber, dem Gast und Gott. Gastfreundschaft ist eher ein Recht als ein Geschenk, und die Verpflichtung, sie dem Gast zukommen zu lassen, ist eine Verpflichtung vor Gott. Verwiesen wird auf den Propheten Mohammed, in dessen Leben es nicht viele Tage gegeben habe, an denen er keine Gäste oder bedürftige Menschen zum gemeinsamen Mahl in seiner Wohnstätte hatte. Gelehrt wird: „Wer an Allah und den Jüngsten Tag glaubt, soll seinen Gast großzügig behandeln".

PHILEMON UND BAUCIS

Eine verwandte Erzählung ist die von Philemon und Baucis, die im Altertum als die glücklichsten Menschen galten. Sie haben nie gelebt. Ovid hat sie in seinen Metamorphosen erschaffen: Jupiter, der Göttervater, und sein Sohn Merkur zogen als Wanderer getarnt durch Phrygien. In einer Stadt baten sie vergeblich um Nachtlager, bis sie zur ärmlichen Hütte von Philemon und Baucis gelangten, die das Wenige, was sie hatten, bereitwillig mit ihren Gästen teilten und selbst ihre einzige Gans opfern wollten. Die beiden Alten erkannten die Götter daran, dass der Wein Krug sich immer wieder füllte. Diese ließen die ungastliche Stadt zur Strafe in einem Sumpf versinken. Nur die Hütte von Philemon und Baucis blieb erhalten und verwandelte sich in einen Tempel, den Philemon und Baucis bis an ihr Lebensende hüteten. Die Götter erfüllten ihnen den Wunsch, „dass keiner von ihnen des Anderen Grab schauen müsse". Eines Tages wurden sie, als sie vom Alter gebeugt auf den Tempelstufen miteinander redeten, in Bäume verwandelt, eine Eiche und eine Linde.

DER WILDE

Johann Gottfried Seume verdichtet unter diesem Titel eine wahre Begebenheit: „Ein Kanadier, der noch Europens übertünchte Höflichkeit nicht kannte und ein Herz, wie Gott es ihm gegeben von Kultur noch frei, im Busen fühlte, brachte, was er mit des Bogens Sehne fern in Quebecs übereisten Wäldern auf der Jagd erbeutet, zum Verkaufe. Als er ohne schlaue Rednerkünste so wie man ihm bot, die Felsenvögel um ein kleines hingegeben hatte, eilt' er froh mit dem geringen Lohne heim zu seinen tiefverdeckten Horden in die Arme seiner braunen Gattin".

Unterwegs überrascht den Huronen ein Unwetter. Er erblickt in der Ferne ein rettendes Licht, wird aber von dem Eigentümer, einem Europäer, des Hauses unter Drohungen verwiesen. Kurze Zeit später verirrt sich der Europäer bei der Jagd und gerät ausgerechnet an die Hütte des Kanadiers, der ihn bereitwillig aufnimmt, zum Essen einlädt und dann zurück zum rechten Weg führt. Als der Europäer beim Abschied seinen Gastgeber erkennt, stammelt er Entschuldigungen. „Ruhig lächelnd sagte der Hurone: Seht, ihr fremden klugen, weißen Leute, seht, wir Wilden sind doch bessre Menschen! Und er schlug sich seitwärts in die Büsche".

NACHTS IM BORDELL

Mehrfach haben wir auf unseren Reisen voll Dankbarkeit Gastfreundschaft erlebt. Das eine Mal war es in Venezuela. Am 20. Januar 1991 kamen wir bei Einbruch der Dämmerung auf dem Busbahnhof in Caracas an. Es war die Rede, dass man Ausländer wegen des 3 Tage zuvor ausgebrochenen Irakkrieges internieren werde. Wir hofften 2 Tage später nach Deutschland zurückfliegen zu können. Aber zunächst mussten wir in einem der Hotels in der Nachbarschaft unterkommen. Im ersten wies man uns ab, ebenso im zweiten und als man uns im dritten, einem zwölfstöckigen Hochhaus ebenfalls erklärte, sie seien komplett, wussten wir, dass wir keine Unterkunft finden würden. Inzwischen war es dunkel. Die Angst beschlich uns. Caracas galt zu der Zeit als die gefährlichste südamerikanische Stadt. In einer Seitenstraße sahen wir Licht. Zu unserer Verwunderung öffnete man uns. Wir befanden und in einem Bordell, das gerade wegen Renovierung außer Betrieb war. Sie seien frei, erklärte uns eine Dame. Wir sollten uns unter keinen Umständen in der Dunkelheit draußen aufhalten. Also nächtigten wir vor Ort, bekamen auch am nächsten Morgen ein Frühstück und wurden, als wir bezahlen wollten, mit den Worten gehindert, sie hätten doch nichts geleistet.

WEITERE ZEUGNISSE ZUR GASTFREUNDSCHAFT

Zum Abschluss noch zwei persönliche Erinnerungen: Polnische Freunde berichten, bei ihnen zu Hause sei es üblich, beim Essen ein Gedeck mehr für den Fall aufzutragen, dass noch ein Gast komme.

Tante Mathilde, bei der meine Großeltern und wir nach dem Krieg untergeschlupft waren, betete vor jedem Essen „Komm, Herr Jesu, sei unser Gast und segne, was du uns bescheret hast". Als mein Großvater einwandte, gekocht habe aber die Oma, reagierte die Tante verärgert mit Belehrungen über die Gastfreundschaft.

DER FREMDLING

DIE RECHTSSTELLUNG DES FREMDLINGS IM ALTEN ORIENT

Zu den Schutzbedürftigen gehörten im alten Recht neben den Armen auch die Fremdlinge, die so gut wie rechtlos waren. Sie waren darauf angewiesen, dass sie in den Schutz der Familie und des Stammes aufgenommen wurden. Es gab allenthalben Bestimmungen, welche soziales Verhalten gegenüber Fremdlingen anmahnte. Hier einige Beispiele aus dem Alten Testament: „Gott hat den Fremdling lieb". „Einen Fremdling sollst du nicht bedrücken". „Denn ihr wisst, wie es einem Fremdling zumute ist; denn ihr seid selbst Fremdlinge im Lande Ägypten gewesen". Generell haben Fremdlinge im Alten Testament denselben Schutzstatus wie Witwen und Waisen. Näheres findet sich bei Hans Jochen Boecker „Recht und Gesetz im Alten Testament und im Alten Orient".

ASYL

Eine besondere Form der Gastfreundschaft ist das Asyl. Inzwischen wird es ausschließlich politisch Verfolgten gewährt. In der Bundesrepublik geschah dies zunächst uneingeschränkt. 1993 und 2015 wurde das Asylrecht zur Bewältigung der gestiegenen Flüchtlingszahlen überarbeitet und eingeschränkt.

Interessant ist der Entstehungsprozess. Grundlegend

für sämtliche Formen des Asylrechts war der Gedanke, dass einem Verfolgten an bestimmten geheiligten Stätten Schutz gewährt wurde. Wir finden das Asylrecht gleichermaßen bei Kultur- wie bei Naturvölkern. Im Einzelnen gab es wesentliche Differenzen.

In Ägypten beanspruchte die Priesterschaft das Asylrecht für ihre Tempel. Allerdings mussten Asylstätten eine größere Ausdehnung aufweisen. Das Asyl galt auf Dauer, vor allem für Schuldner, die vor ihren Gläubigern geflohen waren. Gläubiger verlangten daher von ihren Schuldnern häufig einen Verzicht auf Asyl.

In Israel waren Altäre und bestimmte Heiligtümer als Asylstätten anerkannt. Asyl wurde dem im Thronfolgestreit Unterlegenen und Totschlägern, denen Blutrache drohte, gewährt, nicht jedoch Mördern.

In Griechenland war das Asyl religiösen Ursprungs. Es wurde in Tempeln und Altären gewährt. So flohen Sklaven vor ihren Herren, um eine bessere Behandlung oder den Verkauf an einen neuen Herrn zu erreichen.

Über das Asyl in der Frühgeschichte Roms lesen wir bei Livius: „Damit die Größe der Stadt nicht leere Vorspiegelung bleibe, öffnete Romulus die Stelle, die man jetzt noch beim Herabsteigen als „Platz zwischen den zwei Gehölzen" eingezäunt findet, als ein Asyl, um die Bevölkerung zu vergrößern----- nach altem Brauch von Städtegründern, die niedriggeborene Elemente herbeiriefen und dann vorgaben, ihnen sei ein Volk aus der Erde erwachsen----". Später lehnte man das Asyl in Rom selber ab und hatte nur noch in den Provinzen Tempel mit und Tempel ohne Asylrecht. Die Missbräuche hatten sich gehäuft. „Es wurde nämlich Mode, dass nichtswürdige Menschen sich ohne Hemmungen kränkende Schimpfworte gegenüber Gutgesinnten herausnahmen, ohne eine Bestrafung zu gewärtigen, indem sie rasch das Bildnis eines Cäsaren anfassten." (Tacitus).

Wie in Rom so wurde auch in anderen Ländern das Asylrecht von Herrschern, die eine Beschneidung ihrer Macht nicht hinnehmen wollten, schrittweise zurückgedrängt. Auch ist es zweifelhaft, inwieweit ein offiziell existierendes Asylrecht realisiert wurde.

MORAL

Eine moralische Lebensführung hat strengeren Anforderungen zu genügen als ein gesetzestreues Leben. Der Satz „Liebe deinen Nächsten wie dich selbst" ist ein moralisches Gebot. Um gesetzestreu zu sein, braucht man seinen Nächsten nicht zu lieben. Die Einhaltung des Rechts lässt sich durchsetzen, eine moralische Gesinnung nicht.

Jeder Mensch entwickelt seine Moralvorstellungen. Entsprechend variantenreich ist das, was wir unter Moral verstehen.

Schwierigkeiten können sich daraus ergeben, dass sich die eigene Moral mit den staatlichen Gesetzen in Widerspruch setzt. Das gilt etwa für Eltern, die ihre Kinder selber beschulen, „weil sie es nicht verantworten können, ihre Kinder in staatliche Schulen zu geben".

Idealiter findet ein moralisches Leben seinen Lohn in sich, weil es eine beglückende Lebensführung mit sich bringt. So entsteht dort, wo die Jungen die Alten ehren und die Alten im Gegenzug bescheiden und dankbar sind, die angenehme Atmosphäre von Menschlichkeit. Hier decken sich Wunsch und Lebenswirklichkeit.

Die Moral lässt sich dazu missbrauchen, einen Menschen unter Druck zu setzen. Die Verletzung von Moralvorstellungen spielt beispielsweise unter dem Aspekt der Sünde im Christentum eine problematische Rolle. Diese Funktion ist nur schwer mit der eigentlichen Aufgabe jeder Religion in Einklang zu bringen, Trost und Lebenshilfe zu sein.

Man kann über Moral auch denken, wie es Erich Kästner getan hat:

Moral

Es gibt nichts Gutes, außer man tut es.

NATURRECHT

Zu Dionys, dem Tyrannen, schlich
Damon, den Dolch im Gewande:
Ihn schlugen die Häscher in Bande,
„Was wolltest du mit dem Dolche? sprich!"
entgegnet ihm finster der Wüterich.
„Die Stadt vom Tyrannen befreien!"
„Das sollst du am Kreuze bereuen."

Der Versuch, den Tyrannen Dionys zu beseitigen, ist für ihn ein todeswürdiges Verbrechen. Wechseln wir den Ort der Handlung. Im Dritten Reich stand der Wille Adolf Hitlers über jedem Gesetz. Hitler als „Führer" auf Lebenszeit forderte unbedingten Gehorsam ein.: „Befehl ist Befehl"! Jeglicher Widerstand gegen den „Führer" war damit verboten. Ein Widerstandsrecht ließ sich daher nur aus dem übergeordneten Naturrecht herleiten. Hierzu nochmal Schiller in Wilhelm Tell: „Nein, eine Grenze hat Tyrannenmacht, wenn der Gedrückte nirgends Recht kann finden, wenn unerträglich wird die Last — greift er hinauf getrosten Mutes in den Himmel und holt herunter seine ew'gen Rechte, die droben hangen unveräußerlich und unzerbrechlich wie die Sterne selbst. Der alte Urstand der Natur kehrt wieder, wo Mensch dem Menschen gegenübersteht. Zum letzten Mittel, wenn kein andres mehr verfangen will, ist ihm das Schwert gegeben".

Das Attentat vom 20.Juli 1944 gegen Hitler hatte seine Rechtfertigung im Naturrecht. Wir bewundern die Täter, weil sie ihr Leben für das deutsche Volk gelassen haben. (Näheres zum Hitlerattentat kann man in dem berühmt gewordenen Aufsatz von Gustav Radbruch in der Süddeutschen Juristenzeitung Nr.5 vom August 1946 nachlesen: Gesetzliches Recht und übergesetzliches Recht).

In der Bundesrepublik gelten Gesetz und Recht. Wir müssen das Naturrecht also nicht mehr „getrosten Muts" vom Himmel herabholen. Seine Geltung ist im Grundgesetz verankert. Theoretisch gibt es ein Widerstandsrecht gegen Willkürherrschaft. Praktische Bedeutung wird das Widerstandsrecht nicht gewinnen. Die Bundesrepublik ist durch eine ausgewogene Aufteilung von Macht und Verantwortlichkeiten und letztlich durch das Bundesverfassungsgericht, dem Hüter der Verfassung, bestens gegen eine Willkürherrschaft gewappnet.

Wer nach dem natürlichen Recht sucht, nach Rechtssätzen also, die sich aus unserer Natur ableiten lassen, die für alle Menschen gelten, von allen anerkannt werden, findet keine. Jede Epoche, jede Kultur entwickelt eigene

Naturrechtsvorstellungen. Eine besondere Form des Naturrechts bilden die 10 Gebote der Bibel, denen sich gläubige Christen verpflichtet fühlen.

DIE GNADE

Der Satz „Fiat justitia, pereat mundus“ (frei übersetzt: Hauptsache es geschieht Recht, auch wenn die Welt untergeht) beruht auf der Erkenntnis, dass Recht kein Selbstzweck ist und dass das Beharren auf dem Recht eher schädlich als nützlich sein kann. Deshalb braucht es die Gnade als Korrektiv. Zwischen Recht und Gnade besteht ein Spannungsverhältnis, das sich schwierig ausloten lässt. Erinnert sei an Kant: „das Begnadigungsrecht ist unter allen Rechten eines Souveräns das schlüpfrigste“. Wenn Art. 60 Absatz 2 Grundgesetz und § 452 StPO die Zuständigkeit für einen Gnadenerweis regeln, gehen sie davon aus, dass es die Gnade gibt, eine Entscheidung, die das Recht außer Kraft setzt, ohne ihrerseits justiziabel zu sein.

Die Gnade ist auch im heutigen Glaubens- und Lebensverständnis ein Schlüsselbegriff für das Verhältnis von Gott und Mensch. Prägend ist die Lehre Luthers, es sei unmöglich, sich die ewige Seligkeit durch gute Werke zu verdienen. Die Erlösung sei ausschließlich eine Gunst Gottes (favor dei). Nur durch den Glauben (sola fide) an Jesus Christus und seine Heilstat, die allein aus Gnade (sola gratia) geschehen sei, erlangten wir die Rechtfertigung vor Gott. Einzelheiten des Gottesgnadentums werden unter den Theologen kontrovers diskutiert, wobei nach katholischer Auffassung, gute Werke nach wie vor positiv zu bewerten sind.

Auch im täglichen Leben spielt die Gnade eine Rolle. Wer hat nicht mit Erleichterung den Satz vernommen: „Diesmal will ich noch Gnade vor Recht ergehen lassen".

DER IDEALE STAAT

Die Frage, was soll ich, was sollen wir tun, bekommt eine neue Perspektive, wenn wir die Rahmenbedingungen unseres Zusammenlebens betrachten. Der Mensch ist ein geselliges Wesen, ein „Homo Socialis", wie ihn der Begründer des Völkerrechts Hugo Grotius bezeichnet hat. Als gesellige Wesen brauchen wir eine Rechtsordnung, um nicht der Willkür Einzelner ausgesetzt zu sein, also einen Staat, der das Recht setzt und seine Einhaltung gewährleistet. Damit sind wir bei der Frage angelangt, die sich die Menschen, seit alters her stellen: Welches ist die beste Staatsform? Da wir als Bürger der Bundesrepublik unseren Staat mitgestalten, betrifft die Frage jeden von uns persönlich. Eine Demokratie erfordert aufgeklärte Bürger. „Aufklärung ist der Ausgang des Menschen aus seiner selbst verschuldeten Unmündigkeit. Unmündigkeit ist das Unvermögen, sich seines Verstandes ohne Leitung eines anderen zu bedienen", lesen wir bei Kant.

Politische Bildung lehrt uns, hinter verführerischen Parolen verfassungsfeindliche Bestrebungen zu erkennen. Etwas wie es am 18. Februar 1943 im Berliner Sportpalast geschah, sollte unter politisch gebildeten Menschen unmöglich sein. Bekanntlich riefen damals die 5000 geladenen Gäste auf die Frage Joseph Goebbels „Wollt ihr den totalen Krieg?“ begeistert „ja“, ohne einen Gedanken an die fatalen Folgen eines totalen Kriegs.

DER ERSTE GESETZGEBER - SOLON

Zunächst wollen wir die Vergangenheit bis hin zu der Rechtsordnung verstehen, in die wir hineingewachsen, bzw. hineingeboren sind, wie wir es eingangs geplant haben. Wir beginnen also mit einem Rückblick.

Es waren vor allem die Philosophen, die sich seit der Antike um den idealen Staat bemühten, als erster Solon. Er lebte im 6. Jahrhundert vor Christus in Athen. Seine Regierungsmacht als Archon (Herrschender) nutzte er zur Befreiung der Bauern aus der Schuldsklaverei. Er sicherte die Versorgung der ärmeren Bevölkerung durch ein allgemeines Ausfuhrverbot (mit Ausnahme von Olivenöl). Er schuf die Möglichkeit einer Popularklage bei Rechtsverletzungen und setzte, um die Rechte des Adels im obersten Rat (Areopag) zu beschränken, einen Rat der 400 ein. Solon wollte die Bürger am Staat teilhaben lassen. Bei der Verteilung von Macht und Einflussmöglichkeiten achtete er darauf, dass das Maß der Beteiligung der sozialen Stellung entspreche (Timokratie). Deshalb stufte er die Bürger in vier nach dem Einkommen gestaffelte Klassen, eine Idee die in Preußen mit der Einführung des Dreiklassenwahlrechts noch einmal aufgegriffen wurde.

Um seinen Reformen Dauer zu verleihen, sorgte er für eine schriftliche Fixierung seines Gesetzeswerks auf Holztafeln, die im Viereck mit einander verbunden an Pflökken so befestigt waren, dass man sie wie heutzutage einen Postkartenständer drehen konnte. Ursprünglich sollten die solonischen Gesetze für die Dauer von 100 Jahren gelten. Die meisten blieben aber wesentlich länger in Kraft. Solon war einer der sieben Weisen der Antike. Zu seinen Verehrern zählte Schiller (die Gesetzgebung des Lykurgus und Solon). Im Privatleben war Solon Dichter. Ihm werden Sätze zugeschrieben wie „Niemand ist vor seinem Ende glücklich zu preisen“ und „Älter werde ich stets, doch lerne ich niemals aus“.

DER PHILOSOPHENSTAAT - PLATON

Forschen wir weiter nach dem idealen Staat, so begegnet uns als nächstes Platon, der in seiner Schrift Politeia (die Stadt/der Staat) das Bild eines gerechten Staats entworfen hat. Das Buch ist als Dialog zwischen sieben Personen gestaltet. Platons Ideen haben sich teilweise bis in die jüngste Vergangenheit erhalten Er plädiert für die Abschaffung des Privateigentums, um die Vormacht der Reichen zu brechen. Er will Kinder frühzeitig aus der Familie herausnehmen und sie in öffentlichen Einrichtungen erziehen lassen, weil sie dort besser gefördert würden, wobei Jungen und Mädchen gleichbehandelt werden. Wer aber soll die Verantwortung im Staat übernehmen? Die Einsetzung eines Königs oder zweier Könige, die Idee eines Herrschers auf Zeit, die einer Adelsherrschaft, alles lehnt er wie schon Solon ab. Aber auch die von Solon privilegierte Demokratie verwirft er. Die Grundfehler der Demokratie seien ein Übermaß an individueller Freiheit zu Lasten des Gemeinwesens und die politische Teilhabe unvernünftiger, eigennütziger Personen. Platon träumt von der Heranbildung einer regierenden Philosophenaristokratie. Bei der insgesamt mehr als 20 Jahre dauernden Ausbildung zum Philosophen wird mehrfach streng ausgesiebt, so dass nur die Besten der Besten den Rang eines zum Regieren befähigten Philosophen erreichen. Ein Philosophenstaat gegenüber anderen Verfassungsformen „wie ein Gott unter den Menschen".

Es wird niemanden verwundern, dass sich Platons Idee des Philosophenstaats in Athen nicht hat durchsetzen können. Deshalb entschließt Platon sich, nach Syrakus zu gehen, wo Dionys I regierte, um ihn zu einem weisen Herrscher zu machen. Der Tyrann will jedoch nicht weise werden. Empört über den frechen Einmischungsversuch lässt er den Philosophen auf dem Sklavenmarkt feilbieten.

Platon hat Glück. Ihn entdeckt ein Freund, den der Zufall über den Sklavenmarkt führt, und der ihn freikauft. Nach Athen zurückgekehrt will Platon dem Freund den Kaufpreis erstatten. Der verweigert die Annahme. Die ersparte Summe verwendet Platon, um im Jahre 387 die „Akademie" zu gründen, die er zur Ausbildung von Philosophen bestimmt. Herrscher sind aus der Akademie nicht hervorgegangen. Immerhin wird ein Schüler Platons, Aristoteles, der Lehrer eines Herrschers, der jedoch, kaum dass er auf den mazedonischen Tron gelangt, seine Erziehung vergisst und ein berühmter Schlagetot und Weltenerober wird, Alexander der Große. Und die Akademie? Sie besteht viele Jahrhunderte fort. Noch heute erinnert die Bezeichnung Akademiker, für jemanden, der sein Studium erfolgreich abgeschlossen hat, an die platonische Bildungsstätte.

Um einen Blick in den Stil der Politeia zu werfen, hier ein Ausschnitt aus einem Dialog: Sokrates diskutiert mit Glaukon, einem Bruder Platons, über den guten Richter. „[Sokrates] „Der Richter aber, sagte ich, o Lieber, gebietet mit der Seele über die Seele, und die seinige darf nicht von Jugend an mit schlechten Seelen erzogen worden sein und umgegangen sein, noch auch selbst alle Verbrechen begangen und durchgemacht haben, so dass sie von sich selbst her recht genau alle Vergehungen Anderer wissen und beurteilen kann wie vom eigenen Leibe die Krankheiten. Vielmehr muss sie ganz unbekannt und unvermischt mit schlechten Sitten in ihrer Jugend gehalten worden sein, wenn sie als eine gute und edle Seele über das Recht gesund und richtig entscheiden soll. Daher erscheinen auch in ihrer Jugend die Rechtschaffenen einfältig und leicht zu hintergehen von den Ungerechten, weil sie in sich selbst gar kein Ebenbild finden von dem was in den Schlechten vorgeht".

UTOPIA - THOMAS MORUS

Platons Vorstellungen über den gerechten Staat würden wir heute eine Utopie nennen. Zu Platons Zeit gab es den Begriff „Utopia" (Nirgendland) noch nicht. „Utopia" ist der Titel eines Romans, den Thomas Morus im Jahre 1516 in Löwen Brabant veröffentlichte. Er handelt „Vom besten Zustand des Staates und der neuen Insel Utopia". Das Werk ist eine Kritik an den damaligen Verhältnissen und ein Gegenentwurf zum zeitgenössischen England.

Es begründet eine neue Literaturgattung, die anfangs aus Entwürfen für ein glückliches Leben, möglichst auf einer Insel besteht. Zu Goethes Zeit ist es die „Insel Felsenburg". In jüngerer Zeit mehren sich die „Utopien", die negative Zukunftsbilder entwerfen wie Orwell bei „1984" oder Huxley „Schöne neue Welt".

Der Icherzähler bei Thomas Morus ist ein portugiesischer Weltreisender, der Utopia als eine Insel der Glückseligkeit erlebt hat, während er sonst auf der Welt nur Missstände vorfand. Die Ursache besteht darin, „dass überall dort, wo es noch Privateigentum gibt, wo alle alles nach dem Wert des Geldes messen, es kaum möglich sein wird, gerechte oder erfolgreiche Politik zu treiben". „Die Utopier leben auf ihrer Insel teils in Dörfern, teils in Städten. Alle zwei Jahre tauscht ein bestimmter Prozentsatz von Land- und Stadtbevölkerung die Wohnung. Alle 10 Jahre werden die Häuser durch Verlosung gewechselt." „So gibt es keinerlei Privatbereich". Die Behörden werden gewählt und wechseln meist jährlich. Die tägliche Arbeitszeit beträgt 6 Stunden, um „den Bürgern möglichst viel Zeit ----- für die Freiheit und Pflege des Geistes sicherzustellen. Darin liegt nämlich nach ihrer Meinung das Glück des Lebens". Auf der Insel herrscht eine Art Kommunismus: Die Interessen des Einzelnen sind denen der Gemeinschaft untergeordnet. Grund und Boden sind gemeinsamer Besitz. Wie in einem Idealkloster ist jedermann zu gemeinschaftlicher Arbeit und Bildung verpflichtet. Die Utopier glauben an „ein einziges unbekanntes, ewiges, unendliches, unbegreifliches göttliches Wesen". Glückliches Leben bedeutet für sie naturgemäß leben, angenehm leben, lustvoll leben und tugendhaft leben. Vorehelicher Geschlechtsverkehr ist „verpönt“. Jedoch ist es üblich, dass sich ein Paar vor Eingehung der Ehe nackt betrachtet; denn man kauft nicht einmal ein Pferd, ohne ihm ins Maul zu sehen und es ohne Sattel und Decke zu betrachten, meint Morus. Die Tugendhaftigkeit hindert utopische Eheleute nicht, sich wieder zu trennen. Am Ende des Buchs steht die Erkenntnis, „dass es im Staat der Utopier sehr vieles gibt, was ich in unseren Staaten eher wünschen möchte als erhoffen kann“.

Thomas Morus schrieb sein Utopia im Alter von 38 Jahren. Als Diplomat im Dienst des englischen Königs Heinrich VIII, dem mit den 6 Frauen, von denen er 2 hat hinrichten lassen. Er kannte sich in der politischen Welt seiner Zeit aus. Ab 1529 war Morus Lordkanzler des Königs. Da das Kirchenrecht dem König die Annullierung seiner Ehe mit Katharina versagte, gründete der König eine eigenständige anglikanische Kirche, um die Scheidung durchzusetzen. Morus wollte keinem der katholischen Kirche abtrünnigen Herrscher dienen. So trat er 1532 zurück. Als Morus den Eid auf ein Gesetz verweigerte, das die Kinder von Heinrich VIII mit Anne Boleyn legitimierte, wurde er 1535 wegen Hochverrats zum Tode verurteilt. Zuletzt soll er den Scharfrichter gebeten haben, bei der Enthauptung seinen Bart zu schonen, da dieser keinen Hochverrat begangen habe. Was für ein Mensch, ein moderner Märtyrer!

DIE KLASSENLOSE GESELLSCHAFT - KARL MARX

Während Plato und Thomas Morus sich darauf beschränken, Utopien eines gerechten Staats zu entwerfen, in dem es kein Privateigentum gibt, ist Karl Marx ein Philosoph der Tat. Er ruft die Entrechteten zum gewaltsamen Umsturz der Gesellschaftsordnung auf, damit eine klassenlose Gesellschaft entstehen könne: „Die Philosophen haben die Welt nur verschieden interpretiert. Es kommt darauf an, sie zu verändern".

Karl Marx ist Zeit seines Lebens hoch verschuldet, die meiste Zeit so arm, dass er ohne die Unterstützung seines Freundes Friedrich Engels, eines Fabrikantensohns, hätte hungern müssen. Folgerichtig werden Armut und Hass auf die Kapitalisten im Privatleben wie im Philosophieren sein Lebensthema. So wie es in der Geschichte schon immer Klassen gegeben habe, zwischen Freien und Sklaven, Patriziern und Plebejern, Baronen und Leibeigenen, so sei durch die industrielle Revolution die Klasse der beständig reicher werdenden Kapitalisten und die der verarmten Proletarier entstanden. Die Arbeit sei zur Ware geworden. Der Mensch verwirkliche sich nicht mehr in ihr. Ohne „freie bewusste Tätigkeit" sei er sich „selbstentfremdet". „Es ist nicht das Bewusstsein der Menschen, das ihr Sein, sondern umgekehrt das Sein der Menschen, das ihr Bewusstsein bestimmt". Grundlage eines menschenwürdigen Lebens seien verbesserte wirtschaftliche Lebensbedingungen.

Die meistgelesene inzwischen in mehr als 100 Sprachen übersetzte Schrift ist das Manifest der Kommunistischen

Partei, auch Das Kommunistische Manifest genannt. Sie ist ein programmatischer Text aus dem Jahr 1848, in dem Karl Marx und sein Freund Friedrich Engels große Teile der später als „Marxismus“ bezeichneten Weltanschauung entwickelten. Das Manifest erscheint am 21. Februar 1848 in London, kurz vor der Februarrevolution in Frankreich und der Märzrevolution in Österreich und Preußen. Das 23-seitige Werk beginnt mit den Worten „Ein Gespenst geht um in Europa – das Gespenst des Kommunismus“ und endet mit dem bekannten Aufruf: „Proletarier aller Länder, vereinigt euch“!

Mit dem Kommunismus beginne die „wirklich menschliche“ Gesellschaft, verheißt Marx. Wie diese Gesellschaft auszusehen habe, lässt er unbeantwortet. Im Ostblock sind es vor allem Lenin und Stalin in der Sowjetunion und Mao Tse-tung in China, die die Ideen von Karl Marx umzusetzen versuchen. Jedoch ist keinem der kommunistischen Staaten eine „wirklich menschliche“ Gesellschaft gelungen.

Karl Marx hat nicht nur außergewöhnliches geleistet. Auch sein Leben verläuft ungewöhnlich. Er ist 1818 in Trier als das dritte von neun Kindern eines Rechtsanwalts geboren und 1883 als Staatenloser in London gestorben. Er studiert erst in Bonn, dann in Berlin zuerst Jura, dann Philosophie. Mit 23 Jahren wird er in Jena promoviert, ohne ein einziges Mal dort gewesen zu sein. Den Plan, sich für eine Professur zu bewerben, muss er fallen lassen. Seine staatskritische Gesinnung ist bekannt. Stattdessen versucht er sich als Herausgeber der Rheinischen Zeitung in Köln, muss die Tätigkeit aber binnen Kurzem auf polizeilichen Druck aufgeben. In Paris ist er Mitherausgeber der

„Deutsch-Französischen Jahrbücher". Auf Betreiben der preußischen Regierung wird er aus Frankreich ausgewiesen. Als Folge seines nächsten Versuches in Deutschland eine Zeitung zu gründen, weisen ihn auch die Deutschen aus. Das Gleiche passiert ihm in Belgien. In London findet er schließlich bis zu seinem Lebensende Unterschlupf. Dort veröffentlicht er den ersten Band des „Kapital". Die beiden anderen Bände erscheinen posthum. Wer sich ein Bild von Marx machen will, findet seine Beschreibung im Brief eines russischen Freundes: „---Er stellte den Typus eines Menschen dar, der aus Energie, Willenskraft und unbeugsamer Überzeugung zusammengesetzt ist, ein Typus, der auch der äußeren Erscheinung nach höchst merkwürdig war. Eine dichte schwarze Mähne auf dem Kopf, die Hände mit Haaren bedeckt, den Rock schief zugeknöpft---------".

DIE UNABHÄNGIGKEITSERKLÄRUNG DER VEREINIGTEN STAATEN

Die Geschichte des Kommunismus lehrt, dass es mit der Begründung einer klassenlosen Gesellschaft und der Abschaffung des Privateigentums nicht getan ist. Es bedarf nicht nur der Beseitigung eines Unrechtsstaats. Erforderlich sind außerdem unumstößliche Regeln bei der Neubegründung des Staats.

Der erste Staat, der die Abschaffung eines Unrechtsregimes und die Gründung eines Rechtsstaates mit einander verbindet, sind 13 englische Kolonien, die sich vom Mutterland getrennt und die Vereinigten Staaten von Nordamerika gegründet haben. Man fühlte sich in den

Kolonien vor allem durch willkürlich erhobene Steuern wie eine Stempelabgabe oder Eingangszölle für Waren aus den Kolonien und durch die Verweigerung jeglicher Mitsprache im englischen Parlament gegenüber anderen britischen Staatsbürgern benachteiligt. Der Streit zwischen Mutterland und Kolonien eskaliert durch die sogenannte Boston Tea Party vom 16. Dezember 1773. An jenem Tag dringen symbolisch als Indianer verkleidete Bostoner Bürger in den Hafen ein und werfen drei Ladungen Tee (342 Kisten) der britischen East India Company von dort vor Anker liegenden Schiffen ins Hafenbecken. Das Mutterland reagiert mit Strafmaßnahmen. Schließlich kommt es mit der Verkündung der folgenden Unabhängigkeitserklärung am 4: Juli 1776 endgültig zum Bruch:

„Wir halten diese Wahrheiten für ausgemacht, dass alle Menschen gleich erschaffen wurden, dass sie von ihrem Schöpfer mit gewissen unveräußerlichen Rechten begabt wurden, worunter sind Leben, Freiheit und das Bestreben nach Glückseligkeit. Dass zur Versicherung dieser Rechte Regierungen unter den Menschen eingeführt worden sind, welche ihre gerechte Gewalt von der Einwilligung der Regierten herleiten; dass sobald eine Regierungsform diesen Endzwecken verderblich wird, es das Recht des Volks ist, sie zu verändern oder abzuschaffen, und eine neue Regierung einzusetzen-----". Das Recht, sich von dem Mutterland zu lösen wird im Folgenden mit einer Serie schwerster Vorwürfe begründet.

Mit dieser Erklärung beginnt die moderne Verfassungsgeschichte, zu der auch das Grundgesetz der Bundesrepublik zählt. Sie ist das erste offizielle Dokument, in dem allgemeine Menschenrechte formuliert werden. Geistiger

Vater ist John Locke, der lehrt, Gott habe den Menschen nach seinem Bilde geschaffen, d.h. von Natur aus mit Rechten ausgestattet. Der Inhalt wird theologisch mit zahlreichen Bibelstellen begründet wie der Schöpfungsgeschichte (1. Mose 1 und 2), den 10 Geboten (2. Mose 20) oder der Lehre Jesu vom barmherzigen Samariter (Lukas 10,30-37). Rechtmäßig seien Regierungen, welche die natürlich gegebenen Rechte des Menschen schützen, rechtswidrig, die den Schutz versagten. Da eine rechtswidrige Regierung keine Existenzberechtigung habe, dürfe man sie absetzen.

Einmalig geblieben ist die verfassungsmäßige Verankerung des Rechts auf Streben nach Glückseligkeit, was nach Locke Gottes Willen entspricht: „to subsist and enjoy the conveniences of life" (zu leben und sich der Annehmlichkeiten des Lebens zu erfreuen). Gott will uns die Freude an den Annehmlichkeiten des Lebens erhalten. Bedauerlicherweise hat sich aus diesem hochherzigen naturrechtlichen Ansatz der Kapitalismus mit seinem sinn- und hemmungslosen Gewinnstreben entwickelt.

„DIE GEGLÜCKTE DEMOKRATIE“

So hat Edgar Wolfrum seine Geschichte der Bundesrepublik überschrieben. Dem kann ich trotz einzelner Kritikpunkte nur beipflichten. Der Grundsatz der Gewaltenteilung (Legislative, Exekutive und Judikative) ist zu einer Verflechtung der Gewalten verfeinert. So nehmen Regierungen, also Organe der Exekutive, Aufgaben der Gesetzgebung wahr, wenn sie Verordnungen erlassen. Wie sinnvoll es sein kann, auf eine Notlage mit einer Verordnung zu reagieren, hat die Coronakrise gezeigt, in der die Regierungen dem jeweiligen Gefahrenstand entsprechend direkt reagieren konnten. Parlamente wären durch die gebotene Eile überfordert.

Geglückt ist der auf Druck der „Hohen Kommissare" der westlichen Besatzungsmächte entstandene dreistufige Aufbau in Bund, Länder und Selbstverwaltungskörperschaften. Von besonderer Bedeutung ist die Selbstverwaltung von Gemeinden und Landkreisen. Sie gewährleistet die Bürgernähe.

Der Kern des Grundgesetzes bleibt unantastbar: so die Gliederung in Bund und Länder, Rechtsstaats- und Sozialstaatsprinzip, vor allem aber die Würde des Menschen und schließlich das Widerstandsrecht gegen jeden der versucht, die verfassungsmäßige Ordnung zu ändern, falls keine andere Abhilfe möglich ist.

Das Grundgesetz lebt. Es ist seit seinem Inkrafttreten am 23. Mai 1949 insgesamt 54mal ergänzt oder geändert worden. Nach dieser allgemeinen Würdigung werden drei Themenkomplexe genauer betrachtet.

DER FALL LÜTH

Wie bei allen modernen Verfassungen stehen die Grundrechte im Mittelpunkt des Grundgesetzes Sie dienen primär dem Schutz des Bürgers vor der Staatsgewalt. Um diesen Schutz effektiv zu gestalten, wurde 1951 das Bundesverfassungsgericht eingesetzt. Es hat in den 70 Jahren seines Bestehens eine Reihe bahnbrechender Entscheidungen gefällt. Eine von ihnen ist der Fall Lüth, den das Bundesverfassungsgericht zum Anlass genommen hat, aus den Grundrechten gegenüber dem Staat eine unser Recht beherrschende Werteordnung zu entwickeln. Zunächst die Vorgeschichte: Der Regisseur Veit Harlan und seine Ehefrau, die Schauspielerin Kristina Söderbaum hatten unter den Nazis glanzvolle Karriere gemacht, wobei der Volksmund Söderbaum für ihre Rollen den Titel einer „Reichswasserleiche" verlieh. Harlan war Regisseur des Antisemitismus Filmes „Jud Süß" nach dem gleichnamigen Roman von Lion Feuchtwanger, den mehr als 20 Millionen Deutsche sahen. Im Jahre 1949 wurde Harlan vor dem Schwurgericht Hamburg wegen Verbrechen gegen die Menschlichkeit angeklagt, weil sein Film die Wachmannschaften in den KZs zu den begangenen Grausamkeiten motiviert habe. Er wurde zum ersten Mal am 23.4.1949 freigesprochen und nachdem das oberste Gericht der britischen Zone das Urteil zwischenzeitlich aufgehoben hatte, im April 1950 endgültig freigesprochen. Als Feit Harlan seinen ersten Nachkriegsfilm „Unsterbliche Geliebte" mit seiner Ehefrau Christina in der Hauptrolle in die Kinos bringt, fordert der Direktor der staatlichen Pressestelle in Hamburg Erich Lüth die Kinobesitzer und das Publikum zum Boykott auf. Die Klage von Filmproduktion und -verleih gegen Lüth wegen sittenwidriger Geschäftsschädigung dringt bei den Fachgerichten durch. Das Bundesverfassungsgericht hebt die Entscheidungen auf (Urteil vom15.1.1958 BVerfGE 7, 198-230). Drei seiner Kernsätze sollen hier zitiert werden: „Die Grundrechte sind in erster Linie Abwehrrechte des Bürgers gegen den Staat; in den Grundrechtsbestimmungen des Grundgesetzes verkörpert sich aber auch eine objektive Wertordnung, die als verfassungsrechtliche Grundentscheidung für alle Bereiche des Rechts gilt". „Die allgemeinen Gesetze müssen im Lichte der besonderen Bedeutung des Grundrechts der freien Meinungsäußerung für den freiheitlichen demokratischen Staat ausgelegt werden". „Das Grundrecht auf freie Meinungsäußerung ist als unmittelbarster Ausdruck der menschlichen Persönlichkeit in der Gesellschaft eines der vornehmsten Menschenrechte überhaupt und für eine freiheitlich-demokratische Staatsordnung schlechthin konstituierend, denn es ermöglicht erst die ständige geistige Auseinandersetzung, den Kampf der Meinungen, der ihr Lebenselement ist".

DIE GLEICHBERECHTIGUNG

„Männer und Frauen sind gleichberechtigt", so lautet Artikel 3 Absatz 2 Grundgesetz. Für uns ist das eine Selbstverständlichkeit. Zu anderen Zeiten dachte man nicht so, wie bereits dargelegt. Der Weg zur Gleichberechtigung ist lang und mit Vorurteilen gepflastert.

DIE ARME GRIECHIN

Für Aristoteles, dem wohl einflussreichsten Denker der Antike, steht der Mann über der Frau. Für ihn sind Männer von Natur aus zum Regieren, Frauen Sklaven und Kinder zum regiert werden bestimmt. Männer hätten die höheren Tugenden wie Mäßigkeit, Tapferkeit, Gerechtigkeit, Besonnenheit etc. Er kommt zum Schluss, dass zwar alle Menschen tugendhaft sein sollten, dass es aber einen Unterschied gebe zwischen Regierenden und Regierten. Der Regierende brauche die sittliche Tugend in ihrer Vollendung, die anderen hingegen benötigten jeder nur so viel Tugend, wie es zur Erfüllung ihrer Aufgabe erforderlich sei. Die sittliche Tugend des Mannes bestimme ihn somit zum Regieren, die der Frauen zum Dienen.

DIE CLEVERE RÖMERIN

Anders als in Griechenland haben sich die Frauen in Rom frühzeitig emanzipiert und genossen wesentlich höheres Ansehen. Das begann bereits zur Zeit der Zwölftafel Gesetze, also um das Jahr 450 vor Christi. Damals unterstanden Ehefrau, Söhne und Töchter gleichermaßen der „patria potestas" (väterliche Gewalt) des Eheherren. Die 12 Tafeln kannten die Manusehe, einen von den Familienvätern ausgehandelten Kaufvertrag, durch den die „patria potestas" vom Vater der Braut auf den Vater des Bräutigams übertragen wurde. Bis zur Eheschließung unterstand eine Frau dem Familienvorstand der eigenen Familie, danach dem des Ehemanns. Wegen der Formstrenge der Manusehe entwickelte sich eine zweite Form der Eheschließung, die „Ersitzung" einer Frau, die dadurch zustande kam, dass die Frau ein Jahr lang ununterbrochen im Hause des Bräutigams lebte. Die Ersitzung einer Frau konnte dadurch verhindert werden, dass die Frau vor Ablauf des Jahres für 3 Tage in ihre Ursprungsfamilie zurückkehrte. Das taten die klugen Römerinnen regelmäßig. So hatte der Vorstand der neuen Familie ihr nichts zu sagen. Der für sie zuständige Familienvorstand konnte ihr nichts sagen. Er war außer Reichweite. Nach einiger Zeit sahen die Schwiegerväter ein, dass sie ihren Schwiegertöchtern nichts zu befehlen hatten, ohne dass letztere jährlich 3 Tage in ihrer Ursprungsfamilie verbringen mussten. Frauen hatten damit mehr Freiheit als ihre Ehemänner, die nach wie vor dem Vater zu gehorchen hatten.

Bald kam die Manusehe aus der Übung. Es blieb zunächst bei der Ersitzung, bis diese als zu langwierig und dem Wesen einer Ehe nicht mehr angemessen empfunden wurde.

DER RÜCKSCHRITT IN DEN USA

Viel weiter als zur Zeit des Aristoteles ist man 1776 in den USA noch nicht. Oben haben wir die Unabhängigkeitserklärung zitiert, die mit den pathetischen Worten beginnt „Wir halten diese Wahrheiten für ausgemacht, dass alle Menschen gleich erschaffen wurden-----“ In Praxi wird diese Gleichheit zunächst nur frei geborenen weißen Männern in vollem Umfang zugestanden, nicht aber Frauen, Sklaven und freien Schwarzen. Noch im Jahr 1896 billigt der U.S. Supreme Court die „Seperate but equal“-Doktrin, die für „Weiße und Neger“ getrennte Schulen, Bussitzplätze, Sanitäranlagen etc. vorschreiben.

FORTSCHRITTE IN DER WEIMARER REPUBLIK

In der Weimarer Verfassung heißt es: „Alle Menschen sind vor dem Gesetz gleich. Das Gesetz muss Gleiches gleich, es kann Verschiedenes nach seiner Eigenart behandeln. Jedoch dürfen die Grundrechte nicht angetastet werden". Diese Bestimmung ist zunächst mehr Programmsatz als Rechtswirklichkeit. Einen Fortschritt bringt die Weimarer Republik. Frauen erhalten das Wahlrecht und das Recht der politischen Betätigung. Ihr Selbstbewusstsein verbesserte sich entsprechend. Im Übrigen bleibt vieles zu wünschen offen, besonders bezüglich der Rechtsstellung einer verheirateten Frau.

DIE JÜNGSTE ENTWICKLUNG

In der verfassungsgebenden Versammlung 1949 neigt man dazu, den Text der Weimarer Reichsverfassung zu übernehmen. Dann hätte die Erlaubnis, „Verschiedenes nach seiner Eigenart zu behandeln" weiterhin einen Vorwand für die Benachteiligung von Frauen geliefert. Es ist dem unermüdlichen Einsatz einer der vier „Mütter des Grundgesetzes", der Sozialdemokratin Elisabeth Selbert, zu danken, dass es zu der geltenden Fassung des Artikel 3 Absatz 2 GG kam, wobei sie zunehmend die Unterstützung von Frauenverbänden fand. Die Konsequenzen erkannte am deutlichsten der spätere Justizminister Thomas Dehler: „Dann ist das Bürgerliche Gesetzbuch verfassungswidrig". Das ist richtig. Deshalb setzte man sich im Grundgesetz eine Frist bis zum 31.3. 1953, gleichheitswidriges Recht aufzuheben. Die Frist blieb ungenutzt. Das Gleichberechtigungsgesetz trat erst am 1.7.1958 in Kraft. Das war gerademal der erste Schritt. Bis in jüngste Zeit blieb namentlich im Familienrecht noch viel zu tun.

Wesentlich Gleiches gleich behandeln und im Wesentlichen Ungleiches ungleich.

Unter der Geltung des Grundgesetzes stellte sich immer wieder die Frage, was Gleichheit konkret bedeutet und wo die Eigenart von Mann und Frau keine Differenzierung fordert. Unsere Vorstellung von Gleich und Ungleich hat sich in den letzten 70 Jahren gewandelt. Dabei galt es einige Vorurteile zu überwinden, wenn auch nicht so krasse, wie sie uns bei Aristoteles und in den USA begegnet sind.

In einer Zeit, in der gleichgeschlechtliche Ehen zur Selbstverständlichkeit geworden sind, kommt uns eine Entscheidung des Bundesverfassungsgerichts aus dem Jahre 1957 wie finsteres Mittelalter vor. Das Gericht sah in der Strafbarkeit gleichgeschlechtlicher männlicher Sexualität und der Straflosigkeit gleichgeschlechtlicher weiblicher Sexualität keinen Verstoß gegen die Gleichberechtigung, weil Homosexuelle gefährlich seien, Lesben nicht. Ein Kuriosum ist ein Gerichtsurteil aus dem gleichen Jahr, wonach kein Verstoß gegen die Gleichberechtigung darin liege, dass die Leiterin einer Mädchenschule in Gießen ihren Schülerinnen das Tragen von Hosen während des Unterrichtes untersagte. Ein weiteres Beispiel für die Zählebigkeit überholter Gleichheitsvorstellungen ist das Namensrecht. Bis zum 30.6. 1977 war Ehename der Name des Mannes. Die Frau durfte lediglich ihren Mädchennamen anfügen. Am längsten mussten nichteheliche Väter warten, bis ihnen dieselben Rechte und Pflichten wie anderen Eltern zuerkannt wurden. Lange hatten sie die Rechtsstellung eines Erzeugers, dessen Rolle im Wesentlichen darin bestand, Alimente zu zahlen.

Der Prozess der Verwirklichung der Gleichberechtigung dauert an. Er ist schwieriger als man zunächst denkt. Hierzu ein Beispiel aus dem Versorgungsausgleich. Bei

Scheidung einer Ehe werden die während der Ehezeit von beiden Eheleuten erworbenen Anwartschaften auf eine Altersversorgung gleichmäßig zwischen ihnen aufgeteilt, so das Gesetz. Und jetzt das Problem: Angenommen ein Ehegatte hat eine kapitalgedeckte Altersvorsorge. Die kann auf zweierlei Weise in gleiche Hälften aufgeteilt werden. Entweder beide Ehegatten erhalten dasselbe Kapital, dann fällt die Rente der Frau wegen der um nahezu 5 Jahre höheren Lebenserwartungen geringer aus als die des Mannes. Oder beide erhalten die gleiche Rente. Dann steht der Frau ein entsprechend größerer Anteil des Kapitals zu. Der Europäische Gerichtshof für Menschrechte hat sich für die die Frauen begünstigende zweite Variante entschieden.

DAS EIGENTUM

Die Bemühungen von Plato bis Marx die Gleichheit und Freiheit der Bürger durch Abschaffung des Privateigentums zu sichern, haben sich als unrealistisch erwiesen. Das Grundgesetz gewährleistet das Eigentum und das Erbrecht in der Erwartung, dass Privateigentum die Unabhängigkeit der Menschen fördert.

Es gab mehrfach Bemühungen, die Bildung von Privateigentum zu erleichtern. Das geschah das erste Mal durch das Wohnungseigentumsgesetz aus dem Jahr 1951, das dem Wunsch von Menschen, deren Mittel nicht zum Bau eines Eigenheims ausreichten, nach einer eigenheimähnlichen Position entgegenkam. Das zweite Mittel war die staatliche Unterstützung der Vermögensbildung in Arbeitnehmerhand, die mit dem „312-Mark-Gesetz“ (1. VermBG) begann, das später zum „624-Mark-Gesetz“ (2. VermBG) und ab 1983 zum „936-Mark-Gesetz“ (4. VermBG) weiterentwickelt wurde. Beide Maßnahmen haben nicht verhindern können, dass in der Bundesrepublik wie fast überall in der Welt bei abschmelzendem Mittelstand die Armen immer ärmer und die Reichen immer reicher werden.

„Eigentum verpflichtet. Sein Gebrauch soll zugleich dem Wohle der Allgemeinheit dienen“.

So lautet Artikel 14 Absatz 2 GG. Die Vorschrift ergänzt Artikel 20 GG, wonach die Bundesrepublik ein Sozialstaat ist. Gesetze, die dafür sorgen, dass der Gebrauch von Eigentum dem Allgemeinwohl dient, fehlen bedauerlicherweise. Unverändert gilt „Der Eigentümer einer Sache kann, soweit nicht das Gesetz oder Rechte Dritter entgegenstehen, mit der Sache nach Belieben verfahren und andere von jeder Einwirkung ausschließen“ (§903 Satz1 BGB). Lediglich das Eigentum an Tieren ist durch die geltenden Tierschutzbestimmungen eingeschränkt (§903 Satz 2 BGB).

CONTAINERN

Immer wieder bleibt die Gelegenheit ungenutzt, Gesetze „im Lichte des Grundgesetzes“ auszulegen, wie es das Lüth Urteil (siehe oben) gebietet. Hierzu ein Beispiel: Zwei Studentinnen hatten nachts Obst, Gemüse und Joghurt aus dem Müll eines Supermarktes gefischt. Mit dem „Containern“ wollten sie dagegen protestieren, dass Geschäfte massenweise noch genießbare Lebensmittel wegwerfen. Weil der Container verschlossen zur Abholung bereitstand, hatte das Amtsgericht die Studentinnen im Januar 2019 wegen Diebstahls zu jeweils acht Sozialstunden sowie einer Geldstrafe von 225 Euro auf Bewährung verurteilt. Das Bayerische Oberste Landesgericht bestätigte dieses Urteil im Oktober. Im November 2019 legten die Studentinnen Verfassungsbeschwerde gegen ihre Verurteilung wegen Diebstahls ein.

Das Bundesverfassungsgericht nahm die Beschwerde nicht zur Entscheidung an. Es hielt das Eigentum des Supermarktbesitzers für schützenswert und die Verurteilung der beiden Frauen wegen Diebstahls für verfassungsrechtlich unbedenklich. Die Entscheidung ist ein Sieg der Wegwerfgesellschaft. Hätte das Verfassungsgericht mit der Sozialbindung des Eigentums Ernst gemacht, hätte es die Studentinnen freisprechen müssen. Wenn ein Eigentümer von Esswaren diese vernichtet, verletzt er seine Pflichten als Eigentümer. Jemand, der ihn demonstrativ bloßstellt und an seiner Stelle die Sozialbindung der weggeworfenen Ware verwirklicht, handelt im Sinne der Verfassung und damit rechtmäßig.

DIE GEGLÜCKTE REPUBLIK, FAZIT

Trotz obiger teilweise kritischer Anmerkungen sind unsere gegenwärtigen Lebensverhältnisse beneidenswert gut. Wir verfügen über ein dichtes Netz von Vorsorgen für den Fall des Alters, der Krankheit, der Arbeitslosigkeit oder sonstiger finanzieller Not. Die Rechtsprechung ist uneingeschränkt funktionstüchtig. Das Institut der Prozess/Verfahrenskostenhilfe ermöglicht Armen den gleichen Rechtsschutz wie Reichen. Wir haben Bibliotheken, Theater, Sportstätten, Bäder, Spielplätze, Kindergärten, Schulen, Universitäten und andere öffentliche Einrichtungen. Eine Seuche, wie sie zu früheren Zeiten ganze Landstriche entvölkert hat, vermögen wir bei einem gewissen Maß an menschlicher Vernunft mit vergleichsweise geringen Opfern zu überbrücken.

Wir haben unsere Schwierigkeiten mit Reichsbürgern, Wutbürgern, Holocaustleugnern, Pegida Demonstranten, Querdenkern, Längsdenkern und anderen Extremisten. Wesentliche Ursache für diese Phänomene ist ein Mangel an Bildung, eine selbstverschuldete Unmündigkeit also. Wer beispielsweise gegen die Corona-Auflagen in der Überzeugung demonstriert, der Staat greife damit in sein verfassungsmäßig gewährleistetes Freiheitsrecht ein, kennt nicht den Wortlaut des Artikel 2 Grundgesetz: „(1) Jeder hat das Recht auf die freie Entfaltung seiner Persönlichkeit, soweit er nicht die Rechte anderer verletzt und nicht gegen die verfassungsmäßige Ordnung oder das Sittengesetz verstößt. (2) Jeder hat das Recht auf Leben und körperliche Unversehrtheit. Die Freiheit der Person ist unverletzlich. In diese Rechte darf nur auf Grund eines Gesetzes eingegriffen werden". Bereits Hegel hat die Freiheit in seiner Rechtsphilosophie definiert: „Freiheit heißt nicht, dass man tun kann, was man will. Es ist vielmehr die Möglichkeit zur Wahl zwischen verschiedenen vernünftigen Wegen, klar zu differenzieren von Willkür".

Die Frage, was soll ich, was sollen wir tun? die seither im Mittelpunkt stand, wird von jetzt an zurücktreten, uns aber weiter begleiten. Zu dem abgeschlossenen Kapitel gehören wie zu allen Bildungsinhalten die Anschlussfragen: Was habe ich daraus gelernt? Was fange ich damit an?

TEIL 3

WAS DÜRFEN WIR HOFFEN?

Was machen wir aus unserem Leben? „Unser Leben währet siebzig Jahre, und wenn‘s hoch kommt, so sind‘s achtzig Jahre und wenn‘s köstlich gewesen ist, so ist es Mühe und Arbeit gewesen; denn es fährt schnell dahin, als flögen wir davon“ so beginnt der 90. Psalm. Begnügen wir uns vorerst mit dieser Aussage über den Sinn des Lebens.

Andere Fragen drängen, die sich die Menschen gestellt haben, soweit wir zurückblicken können: Was wird aus uns, wenn wir gestorben sind? Was dürfen wir dann hoffen? Auch wenn die Antworten so vielfältig wie die Menschen selber sind, durchzieht sie derselbe Grundgedanke. Wir Menschen hoffen, dass unser Leben mit den irdischen siebzig, achtzig Jahren Mühe und Schweiß nicht zu Ende geht sondern, dass es eine Fortsetzung anderer Art hat.

DER HERR VON SIPÁN

Wir befinden uns in einem überfüllten Kleinbus im Winter 2006 in Peru. An der Endhaltestelle steigt eine Schar Landfrauen wohlbehalten aus. Die Fracht von etwa einem Kubikmeter Eiern ist in beklagenswertem Zustand. Wir, wohlbehalten wie eine Landfrau, sind am Ziel, einer in unmittelbarer Nachbarschaft gelegenen Ausgrabungsstätte von Gräbern der Moche Kultur. Eines der 1987 entdeckten etwa 1700 Jahre alten Gräber enthält die Überreste des mit Waffen und den Insignien der Macht versehenen von Leibwächtern und Konkubinen umgebenen Herrschers. Die beiden anderen Gräber sind ebenfalls hochgestellten Persönlichkeiten zuzuordnen. Die Grabfunde erlauben es, den Totenkult zu rekonstruieren. Die Moche legten ihre Toten unter freiem Himmel aus, damit die Körper verwesten und die Seelen befreit wurden. Danach bestattete man die Gebeine bei höher gestellten Persönlichkeiten mit zahlreichen Grabbeigaben, angefangen von Gegenständen des täglichen Gebrauchs bis zu Ohr- und Nasenringen, kupfernen und vergoldeten Masken und Zeptern und Kronen.

DIE GEIER AM WERK

Der Mensch besteht aus einem sterblichen Leib und einer unsterblichen Seele. Daran glaubte man im Hochland von Anatolien bereits um das Jahr 8000 vor Christus, wo man die älteste bekannte menschliche Siedlung Tschatal Hüjük ausgegraben hat. Man fand unter den Wandgemälden riesige Geier, die kopflose in Hockerform abgebildete Menschen angreifen. Da Geier keine Menschen angreifen, war klar, dass es sich nicht um reale Szenen handelt. Die Kopflosigkeit konnte auch nichts mit einer Köpfung zu tun haben. Die Köpfe fehlten überhaupt. Hier hilft eine Eigenschaft von Geiern weiter. Es sind Aas fressende Vögel. Wenn sie auf Menschen herumhacken, sind die Menschen bereits tot. Wir haben es mit einer Szene aus einem Beerdigungsritual zu tun. Auch hier ging es darum, die Seele freizusetzen, eine Aufgabe, derer sich die Geier annehmen sollten. Die Gebeine wurden anschließend in Gräbern beigesetzt und mit Grabbeigaben ausgestattet: Wir haben ein in den Grundzügen gleiches Ritual im Zeitabstand von 8000 Jahren in einer Entfernung von mehr als 10000 Km.

CHARON

Der Vater Alexanders des Großen, der makedonische König Philipp II, machte mehr als 2000 Jahre nach seinem Tod noch einmal von sich reden. Im Jahre 1977 erkundete der Archäologe Manolis Andronikos das große Hügelgrab des makedonischen Königshauses in Aigai, der antiken Hauptstadt Makedoniens, dem heutigen Vergina. Von den drei Grabkammern waren zwei, darunter die Philipps II, noch unberührt. Die zum Museum umgebauten Grabkammern gehören heute zu den bedeutendsten Kunstschätzen Griechenlands. Philipp wurde ermordet. Wer von seinen vielen Feinden die Tat vollbrachte, blieb ungeklärt. Jedenfalls muss Philipp ausreichend Zeit gehabt haben, sein Grab mit königlicher Pracht zu richten. Philipps Gebeine und die einer Gemahlin sind in Goldsärge gebettet. Die Grabbeigaben beinhalten alles, was ein König im Totenreich benötigt, angefangen bei der Rüstung und den Insignien der Macht bis hin zu kostbarem Geschirr für große Gelage und vielfältigen Goldschmuck.

Um ins Totenreich, den Hades, zu gelangen, musste man Philipp über den Styx übersetzen. Der Fährmann Charon wollte bezahlt werden. Deshalb führte Philipp so reichlich Goldmünzen mit sich, dass sie allemal ausreichten, um den gesamten königlichen Haushalt mit in die Unterwelt zu nehmen.

Ob Philipp sich bei seinen Erwartungen an den Hades nicht geirrt hat? Es gibt einen Menschen, Orpheus, der die Unterwelt gesehen hat. Von großen Gelagen in der Unterwelt weiß der nichts zu berichten. Auf der Suche nach seiner an einem Schlangenbiss gestorbenen Geliebten Eurydike verzaubert er mit seinem Gesang Fährmann Charon, so dass der ihn über den Styx setzt, und ebenso den Höllenhund Zerberus, aber auch Hades und Persephone, die Herrscher der Unterwelt. So darf Euridice ihm zurück in die Oberwelt folgen, sofern Orpheus sich nicht nach ihr umdreht, solange sie den Styx noch nicht überquert haben. Aus Sorge, Eurydike könne ihm nicht folgen, dreht Orpheus sich doch nach der Geliebten um. Eurydike muss zurück zu den Schatten. Wir lernen bei dieser Gelegenheit den Hades als eine Welt ohne Licht kennen. Die Bewohner sind farblose Schatten. Der Hades ist ereignislos, eine Welt ohne Reiz und ohne Schrecken.

Noch einer hatte Erkundungen über den Hades eingezogen, Odysseus. Mittels eines Totenopfers gelingt es ihm während seiner Irrfahrten nach der Eroberung Trojas, den zwischenzeitlich verstorbenen Seher Teiresias aus der Unterwelt zu rufen und sich seine Zukunft voraussagen zu lassen. Der lockt auch die Schatten anderer toter Helden auf die Erde. Das Bild des Odysseus vom Hades gleicht dem des Orpheus: es ist ein Ort grauer Langeweile. Gleich, welchen Rang die Verstorbenen auf der Erde innehaben, was sie geleistet haben und ob sie Gutes getan oder gesündigt haben, im Hades haben alle dasselbe Schicksal: alle Seelen sind gleich.

DAS TOTENGERICHT

Wesentlich farbiger, fast märchenhaft geht es im alten Ägypten zu, dem „äffischen Ägypten“, wie es Thomas Mann nennt. Wie sich das Leben nach dem Tod gestaltet, erfahren wir aus dem Totenbuch, einen Ratgeber für das Jenseits. Man erfährt, dass der Tote vor ein Gericht gestellt wird, dem 42 Götter angehören. Das Gericht prüft, was der Verstorbene im Leben geleistet hat. Der Tote muss berichten, welche Freveltaten er „nicht“ begangen hat „Nicht hab ich bewirkt das Leiden der Menschen, noch meinen Verwandten Zwang und Gewalt angetan. Nicht habe ich das Unrecht an die Stelle des Rechtes gesetzt, noch Verkehr gepflegt mit dem Bösen“. Schließlich dürfen die Toten in die Unterwelt eintreten, die „rein sind und die Namen der Tore kennen“. Hier vereinigt sich die Seele wieder mit dem Körper, der Mumie. Das Leben im Jenseits ähnelt in vielem dem Leben im Diesseits. Jedoch bietet es mehr Abwechslung. So gibt es Zaubersprüche, die das Totenbuch lehrt, mit deren Hilfe man sich in jedes beliebige Geschöpf verwandeln kann.

Und was passiert mit den Verstorbenen, die nicht für würdig befunden werden? Die verlöschen.

DIE AUFERSTEHUNG DES FLEISCHES

Das Christentum kennt die Auferstehung des Fleisches. Im Mittelalter glaubte man allgemein, dass die Toten zum Jüngsten Gericht geweckt werden und auf Grund ihrer Taten in den Himmel oder in die Hölle gelangen.

Die zahlreichen Abbildungen des Jüngsten Gerichts, allen voran das Jüngste Gericht des Michelangelo in der Sixtinischen Kapelle veranschaulichen das. Auch wenn wir den grausamen Dualismus von Himmel und Hölle überwunden haben, bleibt die Frage, was wir uns unter der Auferstehung des Fleisches vorstellen. Papst Pius X. lehrt in seinem Katechismus, Auferstehung des Fleisches bedeute, dass jeder Mensch auferstehen wird, indem jede Seele jenen Leib in Besitz nimmt, den sie in diesem Leben hatte. Welcher Leib ist das? Für welchen Leib wird sich beispielsweise die Seele Lord Nelsons, des Helden von Trafalgar, entscheiden, für den des gesunden gutaussehenden aber unbekannten Matrosen oder für den zu Zeiten seines Ruhmes, den von vielen Krankheiten gezeichneten, mit einem blinden Auge und dem bis zur Schulter amputierten Arm? „Keine Sorge, Lord Nelson"! Vergängliches kann nicht unvergänglich werden. Gemeint ist mit der „Auferstehung des Fleisches", dass der Mensch nicht in eine unsterbliche Seele und einen verwesenden Leib zerfällt. Er bleibt eine einheitliche Persönlichkeit. „Das, was in dieser irdischen Existenz leibhaftiger Geistigkeit und durchgeistigter Leibhaftigkeit gereift ist, das besteht auf andere Weise fort" (Kardinal Ratzinger, später Papst Benedikt XVI). Christen glauben an die Zukunft der Welt und nicht nur an die eigene Vollendung am Jüngsten Tag.

DAS NICHTS

Viele Menschen, gefragt woran sie glauben, antworten: „an Nichts". Ob das „Nichts" existiert, halte ich für zweifelhaft. Bereits der griechischen Philosoph Parmenides hat vor 2500 Jahren die Existenz des „Nichts“ vehement bestritten. Eine Göttin habe ihm offenbart, so schreibt er, was es über die Wahrheit Sicheres zu sagen gibt: nur das Seiende ist. Das Nichtsein ist nicht. Wir seien außerstande, das „Nichts“ zu verstehen oder uns eine Anschauung vom „Nichts“ zu machen. Wenn jemand sagt, was nicht ist, kann er das nur mit Hilfe von Dingen tun, die sind.

Zur Veranschaulichung ein Gedicht, das den Aufenthalt im Nichts zum Gegenstand hat. Hier wird das Nichts durch Erlöschen des Seins bildhaft.

DAS ENDE COMPUTERGESTEUERT

Achtung hier spricht das System, vereinigte Himmel und Höllen
Beim Piepton ist Weltuntergang, das Ende von Raum und Zeit
Sogenanntes Jüngstes Gericht. Alle Daten sind gespeichert
Wir wünschen ihnen einen angenehmen Aufenthalt im Nichts.

(Aus Ernst Spangenberg „Ist der Dienstweg gestreut“?)

In gleicher Weise beschreibt jemand, der „an Nichts“ glaubt, woran er alles nicht glaubt. Zugleich präzisiert er seine Vorstellungen. Oft bekommt man zu hören, dass nichts verloren gehe, man selber also gleichfalls erhalten bleibe, wenn auch in anderer Form. Häufig wird dann über ein höheres Wesen und die Notwendigkeit seiner Existenz sinniert. Auf diese Weise nimmt das „Nichts“ reale Gestalt an, was die Auffassung von Parmenides bestätigt und zeigt, dass jeder Mensch an etwas glaubt.

DIE RETTUNG

Mit der Unausweichlichkeit des Todes verknüpft sich die Hoffnung auf eine Rettung, die in einzelnen Religionen unterschiedliche Gestalt angenommen hat. Die eine hat die Lehre von der Wiedergeburt zum Inhalt, die dem Menschen die Möglichkeit gibt, so oft wieder zu kehren, bis er die erforderliche Vollkommenheit erreicht hat, um ins Nirwana einzugehen, wo alle falschen Vorstellungen vom Dasein „verwehen" (Nirwana ist ein Sanskritwort, das wörtlich übersetzt „verwehen" bedeutet). Eine dem Verwehen verwandte Vorstellung ist die, dass der Mensch mit dem Tod seine Individualität verliert und in die Weltenseele eingeht, wie sie der arabische Gelehrte Averroes vertritt. Auch nach dem Pantheismus (pan: alles, Theos: Gott) Spinozas verliert sich das Individuum mit dem Tod. Die Welt sei nichts als eine Weise, wie Gott selber existiert, der Mensch nichts als eine Weise, wie Gott selber denkt. Gott allein sei die eine und einzige Substanz

Andere unterscheiden einen sterblichen Leib und eine unsterbliche unstoffliche Seele, die ins Totenreich eingeht. Unter den Totenreichen gibt es einige Varianten. In einigen sind alle Seelen gleich, in anderen bleiben die im irdischen Leben hochgestellten Persönlichkeiten dies auch im Jenseits wie der Herr von Sipán und Philipp II., der Vater Alexanders des Großen. In einigen Religionen werden die Seelen für das was sie auf der Erde geleistet haben, im Jenseits je nachdem belohnt oder bestraft, wie wir es beispielhaft bei den Ägyptern kennen gelernt haben.

Menschenverächtlich ist die zu Zeiten Luthers namentlich von Papst Leo X. verbreitete Lehre, man könne sein

Seelenheil statt durch gute Taten auch durch Geld, d.h. durch den Kauf von Ablasszetteln fördern.

Die Antwort auf die Frage, welches Jenseits das Wahre ist und welcher Glaube ins Leere geht, übersteigt unsere Vernunft. Da es in Glaubensfragen kein Richtig und kein Falsch gibt, bedarf es anderer Kriterien, um einen Jenseitsglauben zu bewerten. Das Wesentliche ist, inwieweit der Glaube an ein Jenseits dazu beiträgt, das irdische Leben zu erleichtern oder zu erschweren. Da wir von Natur aus Angst vor dem Tod haben, ist die Kernaussage einer lebenstauglichen Religion ein „Fürchte dich nicht", wie wir es aus dem Neuen Testament kennen. Bewahren sollte man Menschen vor Höllenängsten. Eine Religion, die mit ihnen arbeitet, erscheint mir unverantwortlich.

Eine Lebenshilfe kann daher der Glaube an das Nirwana sein, zu dem die unterschiedlichsten Beschreibungen existieren, etwa die Folgende: „Es kann als Freiheit von Anhaftungen an Zustände von Unglück, Zufriedenheit und Glück verstanden werden. Zugleich ist es die Erfahrung der Glückseligkeit im intensiven Wahrnehmen der eigenen Identität mit einem absoluten Bewusstsein". Ich selber hoffe auf die Auferstehung meiner Persönlichkeit und einen gnädigen Gott, wie ihn -nach meinem Verständnis- das Christentum verspricht.

Hören wir zum Abschluss noch einmal Kardinal Ratzinger: „An Gott zu glauben ist ein Sprung ins Ungewisse, ebenso wie nicht an Gott zu glauben".

CHAOS UND UR-EI

Die Frage nach dem Ende aller Dinge hängt eng mit der Frage nach der Entstehung der Welt zusammen, nicht nur, wenn man an einen ewigen Kreislauf ohne Anfang und Ende glaubt.

Mythologische Erklärungen über die Entstehung der Welt sind teilweise recht kindlich wie die von dem Krokodil, das im Urschlamm mit seinem Schwanz hin- und her wedelt und damit Land und Wasser scheidet.

Ein griechischer Mythos besagt, dass am Anfang die Nacht Nyx, ein Vogel mit schwarzen Flügeln war, aus dessen vom Wind befruchteten Ei der Liebesgott Eros mit seinen goldenen Flügeln schlüpfte.

Bei Hesiod war zuerst das Chaos da. Danach entstand die Erdmutter Gaia, die Uranos gebar, den Himmel über ihr, Pontos, das Meer und Eros. Himmel und Erde zeugten Riesen, drei einäugige Kyklopen und ein Dutzend Titanen, deren jüngster Kronos war, dessen Schwester und Gemahlin, die Titanin Rhea, Göttervater Zeus gebar.

Eine ältere sumerische Mythologie handelt von einem Welten Ei in einem Urozean, das sich in Himmel und Erde teilte.

In Mesopotamien war es der Gott Marduk, der zu Zeiten des Ur Chaos, als Himmel und Erde noch keine Namen hatten und die Ur Wasser noch miteinander vermischt waren, den weiblichen Drachen Tiamat besiegte und ihn in Sonne und Erde spaltete.

Die Vielfalt der Ursprungsmythen ist verwirrend. Tragende Rollen spielen das Chaos, das Ur Ei, die Sonne, der

Weltenbaum und der Kampf, meist der zwischen Gut und Böse, wobei das Gute siegt.

Zum Abschluss dieses Abschnitts mein Gedicht vom großen Schnatterer:

Damals,
als noch kein Mensch war,
kein Kraut, keine Binse,
nicht das lächelnde Krokodil,
kein Wurm, keine Maus auf der Erde,
nicht Käfer nicht Libelle, kein Surren kein Flügelschlag,
es gab nicht das plätschernde Wasser,
süß und salzig waren noch nicht geschieden
und hell und dunkel,
als noch kein Wind war, keine Morgenröte,
als Himmel und Erde noch nicht geschaffen,
als Drachen und Wunselgetier noch nicht dem Chaos entschlüpft,
als noch nicht war die vergängliche Zeit,
als die Räume noch nicht entfaltet,
kein Urknall gezündet,
kein Gott war und keine Schöpfung,
damals, als nur das Nichts war,
da beschloss der große Schnatterer zu sein,
zu sein der große Schnatterer und sein Ei.

(Aus „Ist der Dienstweg gestreut“?)

Es werde Licht

Während die seitherigen Kosmogonien eher in die Sagen- und Märchensparte gehören, bezeichnet man den biblischen Schöpfungsmythos als Offenbarung. „Gott sprach: Es werde Licht. Und es wurde Licht. Gott sah, dass das Licht gut war. Gott schied das Licht von der

Finsternis und Gott nannte das Licht Tag und die Finsternis nannte er Nacht", so beginnt er. Wer dieser Gott war, der sprach: „Es werde Licht" sagt uns der Evangelist Johannes: „Am Anfang war das Wort, und das Wort war bei Gott, und Gott war das Wort------ Alles ist durch das Wort geworden".

Besser kann man unserem begrenzten Auffassungsvermögen die Entstehung des Universums nicht nahebringen. Es ist die Magie des Wortes, die alles vermag, das Licht erschaffen, Hell und Dunkel trennen, die Erde und die anderen Planeten formen und die Erde beleben. Das Alles geschieht aus Nichts. Der Urknall Gottes ist das „Es werde!" Der Glaube an das Schöpferwort „Es werde", erspart uns nach einer Ursache des Urknalls zu forschen.

Der Schöpfungsbericht der Bibel ist eine sogenannte Doublette, d.h. er kommt doppelt vor. Der erste Bericht (Genesis 1,1–2 4a) entstammt der Priesterschrift, die vermutlich um 550 vor Christus im Exil in Babylon entstanden ist. Gott heißt in ihr Elohim. Er braucht 6 Tage für sein Schöpfungswerk. Am Ende heißt es „Lasset uns Menschen machen als unser Abbild.----- Als Mann und Frau schuf er sie".

Es folgt (Genesis 2 4b-24), der wesentlich ältere in Israel verfasste Schöpfungsbericht des Jahwisten (er nennt Gott Jahwe). Hier dauert die Schöpfung unbestimmte Zeit. Sie geschieht nicht durch das Wort, sondern ist eine handwerkliche Tat. So formt Gott einen Menschen aus der Erde des Ackerbodens und bläst in seine Nase „den Lebensatem". Dann stellte Gott fest: „Es ist nicht gut, dass der Mensch allein sei". Also lässt er den Menschen in einen tiefen Schlaf fallen, entnimmt ihm eine Rippe, und „Gott, der Herr, baute aus der Rippe, die er dem Menschen entnommen hatte, eine Frau und führte sie dem Menschen zu".

DER SCHÖPFUNGSBERICHT DES BEROSSOS

Eine große Ähnlichkeit zur Priesterschrift hat die Schöpfungserzählung des Marduk-Priesters Berossos, wonach am Anfang alles Finsternis und Wasser war. Da habe Bel die Finsternis mitten hindurchgeschnitten und so Erde und Himmel voneinander geschieden. Er habe die Welt geordnet. Zu den weiteren Gemeinsamkeiten zwischen dem Schöpfungsbericht des Berossos und dem der Bibel gehört die Erschaffung der Tiere. Man sieht, der Verfasser der Priesterschrift hatte Anteil an einem ostmediterrannahöstlichen Kulturaustausch, der von Mesopotamien inspiriert war.

DER SCHABAKA-STEIN

Auch ägyptische Motive sind in den Schöpfungsbericht der Priesterschrift eingegangen. Etwa zeitgleich lehrten die Priester von Memphis, Gott Ptah stehe über allem. Er sei der Schöpfergott, der alle Dinge in seinem Herzen entstehen lasse. Seine Zunge habe den Befehl übertragen. Nach Abschluss seines Schöpferwerks habe er wie der biblische Schöpfergott geruht. Diese Lehre ist auf dem heute im Britischen Nationalmuseum befindlichen nach dem Pharao Schabaka benannten Stein aufgezeichnet.

DER UR-GRUND

Der erste, der überzeugt war, die Welt sei aus einem Urstoff entstanden, war Thales, der Begründer der Philosophie, einer der sieben Weisen der Antike, der um 600 vor Christus in Milet lebte. Nach der Überlieferung hat er gesagt: „Alle Dinge sind aus dem Wasser entstanden". Er beobachtete, wie die Sonne das Meer verdunstet, wie sich daraus Nebel bildet, der sich in Form von Regen wieder auflöst. Für ihn war die Erde eine Scheibe, die im Meer schwamm. Der Gedanke an einen Schöpfergott ist ihm fremd. Das gilt auch für die weiteren Vorsokratiker.

Zeitgleich mit Thales lebte in Milet Anaximander, der von dem Gedanken ausging, eine Ursubstanz, aus der alle Dinge entstanden sind, könne kein einzelnes ihrer Elemente sein. Anaximander bezeichnet den Urstoff als das Unbegrenzte, was eine unendliche Fülle materieller Ausdehnung in alle Richtungen bedeutet. Aus dieser Fülle sei die Welt entstanden. Dahin werde sie wieder zurückkehren.

Von Heraklit aus Ephesus, einem Verächter jeglicher Religion, stammt der Satz: „Diese Welt, die die gleiche für alle ist, wurde von keinem der Götter oder Menschen gemacht: denn sie war immer, ist und wird immer ein ewig lebendiges Feuer sein, in Maßen sich entzündend und in Maßen erlöschend".

Platon kennt keinen Urstoff. Bei ihm sind die Ideen das Eigentliche. Unsere Welt und unser Erdenleben sind nicht mehr als eine unzulängliche Abbildung von Ideen.

Die Idee eines Menschen entspricht seiner Seele. Sie ist das, was bleibt. Im Dialog Phaidros, einer fiktiven Person beschreibt Platon, wie die Seelen im Gefolge der Götter oberhalb des Himmelsgewölbes im Zweigespann mit einem Wagenlenker dahinfahren und dabei die Urbilder des Wirklichen erblicken. Durch Betrachtung von Gerechtigkeit und Schönheit halten sie ihre Sehnsucht nach der eigentlichen Welt wach.

Am Ende der Kette antiker Philosophen steht Aristoteles. Ur-Grund allen Seins ist für ihn ein unbewegter Beweger.

GOTTESBEWEISE

Es ist leichter an Gott zu glauben, wenn man seine Existenz nachweisen kann. Also hat man sich immer wieder an Gottesbeweisen das Hirn zergrübelt.

DIE GOTTESBEWEISE DES THOMAS VON AQUIN

Einer, auf den die Welt jahrhundertelang gehört hat, Thomas von Aquin, hat von „fünf Wegen der Gotteserkenntnis“ gesprochen und das Wort Beweis vermieden.

Die erste Erkenntnis: Nichts bewegt sich, ohne dass es zuvor einen Beweger gibt. Jemand muss die erste Bewegung veranlasst haben, Gott.

Die zweite Erkenntnis ist die Kausalüberlegung: Jede Wirkung hat eine vorausgehende Ursache. Die erste Ursache ist Gott.

Die dritte Erkenntnis: Es gab eine Zeit, in der noch nichts existierte. Jemand muss den ersten Gegenstand erschaffen haben, Gott.

Die vierte Erkenntnis: Es gibt Abstufungen innerhalb menschlicher Tugend. Es gibt aber auch die Vollkommenheit der Tugend. Diese nennen wir Gott.

Und die fünfte Erkenntnis: Auch Geschöpfe ohne eigenes Erkenntnisvermögen streben nach einem Ziel. Das erfordert einen Lenker, Gott.

Alle diese fünf Erkenntnisse folgern aus Phänomenen der Schöpfung die Existenz eines Schöpfers. Man kann sie vereinfachen zu: Es gibt eine Schöpfung, also muss es einen Schöpfer geben.

Diese an sich einleuchtenden Erkenntnisse wurden für viele zweifelhaft, als 1751 das Erdbeben von Lissabon seine Zerstörungen bis nach Nordafrika anrichtete. Wir zweifeln an Gott, weil wir uns fragen: wie konnte Gott die Gräuel von Auschwitz zulassen. Heute leben wir in dem Dilemma, dass der Zustand der Welt uns gleichermaßen Argumente für wie gegen die Existenz eines Schöpfers liefert.

PFUHLSCHNEPFE KNUT UND CO,

„Sanderling, Pfuhlschnepfe oder Knut, klingt alles leicht einfältig bis dümmlich. Hinter allen vier Namen verbergen sich Zugvögel. Manche von ihnen habe ich im Herbst auf einer friesischen Insel gesehen. Sie kommen in Schwärmen oder kleinen Gruppen über Tausende von Kilometern aus der sibirischen Tundra oder dem grönländischen Eis. Auf dem Flug haben sie die Hälfte ihres Normalgewichts verloren. Dann machen sie eine Pause im niedersächsischen

Wattenmeer. Dort fressen sie sich das Doppelte ihres Gewichts an und fliegen weiter -manche in einem Rutsch bis ans Kap der guten Hoffnung in Südafrika. Dort brüten sie, bekommen Junge und fliegen wieder zurück...

Wer hat den Zugvögeln den Weg gezeigt? Woher wissen sie, welchen Vorrat an Fressen sie brauchen? Wie finden sie einen Platz zum Rasten, zum Brüten? Spüren sie Wind und Wetter"? (Sabine Müller-Langsdorf)

DER GOTTESBEWEIS DES ANSELM VON CANTERBURY

Anselms Beweis wirkt heute wie ein logischer Taschenspielertrick. Er definiert Gott als das, „worüber hinaus nichts Größeres (Vollkommeneres) gedacht werden kann". Seine Gegenspieler sind die Toren des 53. Psalms. Sie „sagen in ihrem Herzen: Es gibt keinen Gott". Es existiert also niemand, der der Definition von Gott entspricht, d.h. jemand, „über den hinaus nichts Größeres (Vollkommeneres) gedacht werden kann. Wenn die Toren das behaupten, haben sie notwendigerweise eine Vorstellung von dem, „worüber hinaus nichts Größeres (Vollkommeneres) gedacht werden kann". Was man sich aber vorstellen kann, das muss auch existieren.

Diesen „Beweis" hat Kant widerlegt. Aus dem Begriff eines vollkommenen Wesens kann nicht dessen Existenz als notwendig gefolgert werden. Sein (Dasein/Existenz) ist nicht einfach eine Eigenschaft wie andere. Gott ist nicht schon deshalb real, nur weil er gedacht werden kann, wie 100 Taler nicht schon deshalb existieren, weil man sie sich vorstellen kann.

KANTS GOTTESBEWEIS

Für Kant ist Glückseligkeit ein Endziel der Menschen. Dieses Ziel lässt sich nur durch ein Leben erreichen, das in Übereinstimmung mit dem moralischen Gesetz geführt wird. Um den Bestand eines solchen Gesetzes zu sichern, ist die Existenz eines gütigen, intelligenten Wesens von höchster Macht erforderlich. Aus dem Bedürfnis nach Gott wird auf seine Existenz geschlossen, was genau genommen ebenso wenig ein Beweis ist wie die „Wege der Erkenntnis“ des Thomas von Aquin.

Meine eigenen Gedanken knüpfen bei Kant an, wobei mir bewusst ist, dass sie kein Beweis sind. Wichtiger als eine moralische Ordnung ist dem Menschen eine göttliche Ordnung. Zu allen Zeiten gab es das Bedürfnis nach ihr. Selbst als man in Naturkräften noch das Walten von Göttern sah, war das Menschenleben ohne übergeordnete göttliche Verantwortung nicht denkbar. Es muss also ein höchstes Wesen existieren, das die Existenz einer göttlichen Ordnung unverzichtbar für uns macht.

STEPHEN HAWKINGS GEGENBEWEIS

Auf die Frage „Gibt es einen Gott“? schreibt Hawking: „Ich denke, das Universum ist spontan aus nichts entstanden----Als der Urknall eine gewaltige Menge positiver Energie erzeugte, produzierte er gleichzeitig dieselbe Menge negativer Energie-----. Da wir wissen, dass das Universum einmal äußerst klein war-kleiner als ein Proton- ergibt sich eine bemerkenswerte Konsequenz. In all seiner schwindelerregenden Ausdehnung---- könnte das Universum ganz einfach aus dem Nichts aufgetaucht sein".

Dieser Beweis der Entbehrlichkeit eines Schöpfers, ist ebenso wenig zwingend wie die Gottesbeweise. Im Gegenteil liegt der Gedanke an die Existenz eines allwissenden und allmächtigen Wesens, das aus dem Nichts etwas so Gewaltiges wie das Universum geschaffen hat, näher als der seiner Nichtexistenz.

Bei der Vorstellung, dass sich die Welt aus dem Nichts entwickelt hat, stellt sich wieder der Satz aus dem Johannesevangelium ein „Am Anfang war das Wort" und verbindet sich mit dem Schöpfungsbericht: „Und Gott sprach: Es werde----- und es ward". So muss es gewesen sein: es begann mit einem Machtwort.

DIE „PASCALSCHE WETTE"

Wer sich von keinem der „Beweise" überzeugen lässt, ist so weit wie es bereits Protagoras, der bedeutendste Sophist (griechisch= der Wissende) um 500 vor Christus war, der sein Buch „Über die Götter" wie folgt einleitet: „Über die Götter weiß ich nichts zu sagen, weder, dass sie existieren, noch dass sie nicht existieren, denn vieles behindert unsre Erkenntnis, die Dunkelheit des Gegenstandes und die Kürze des menschlichen Lebens."

Was tun, wenn wir die Existenz Gottes nicht beweisen können? Für diesen Fall hält es der Philosoph Blaise Pascal für sinnvoll an Gott zu glauben. weil man nichts verlöre, wenn er nicht existiere, aber auf der sicheren Seite sei, wenn es doch einen Gott gäbe: „Setzen Sie also ohne zu zögern darauf, dass es ihn gibt".

Eine Auflösung des Glaubensdilemmas ist dieser Nützlichkeitsglauben nicht. Etwas nur deshalb zu glauben, weil es nichts schaden, wohl aber etwas nutzen kann, ist Selbstbetrug.

EPIKUR

Jemand, der die Angst vor dem Sterben auf besondere Weise überwunden hat, ist der griechische Philosoph Epikur, der nach dem Lustprinzip ein Höchstmaß an Lebensfreude und die Vermeidung von Unlust erstrebte. Von ihm stammt der Satz, der uns die Angst vor dem Sterben nehmen soll: „Der Tod geht uns nichts an, denn solange wir existieren, ist der Tod nicht da, und wenn der Tod da ist, existieren wir nicht mehr."

In diesen Zusammenhang gehören die Abschiedsworte von Sokrates gegenüber seinen Freunden, ehe er den Schierlingsbecher trank: „Nun ist es Zeit wegzugehen, für mich, um zu sterben, für euch, um zu leben. Wer von uns dem besseren Zustand entgegen geht, ist jedem verborgen außer dem Gott".

„DER SIEBTE GOTTESBEWEIS"

Warum es ausgerechnet der siebte Gottesbeweis ist, kann ich nicht sagen. Jedenfalls ist so das Eingangskapitel eines lesenswerten Satireromans „Der Meister und Margarita" von Bulgakow überschrieben. Es handelt davon, wie eines Tages in der Karwoche der Teufel in Moskau, getarnt als der Ausländer Voland, Professor für schwarze Magie auftritt, sich erbietet zwei Moskauer Intellektuelle, die zu aufgeklärt sind, um an den Teufel zu glauben, die Existenz des Teufels zu beweisen. Er sagt einem der Ungläubigen voraus, er werde in wenigen Minuten den Kopf verlieren. Dieser rutscht beim Überqueren von Bahngleisen aus und wird von einem heranrasenden Zug enthauptet.

WAS DÜRFEN WIR HOFFEN?

Zurück zur Eingangsfrage! Wir haben eine Auswahl an Tatsachen, Gedanken und religiösen Glaubensinhalten zusammengetragen. Aus diesem Wissen allein entsteht keine Hoffnung. Dazu bedarf es zusätzlich einer inneren Bereitschaft, die den Prozess des Hoffens unterstützt. Diese Bereitschaft ist Teil der menschlichen Grundausrüstung. Die Vorstellungen vom Paradies auf der Erde oder im Himmel gehören zum menschlichen Hoffnungsinventar. Mir tritt dabei der im Prado in Madrid ausgestellte Garten der Lüste von Hieronymus Bosch vor Augen, der eine paradiesische Glückseligkeit ausstrahlt, aber auch der Bericht der Bibel: „Dann legte Gott, der Herr, in Eden, im Osten, einen Garten an und setzte dorthin den Menschen, den er geformt hatte. Gott, der Herr, ließ aus dem Akkerboden allerlei Bäume wachsen, verlockend anzusehen und mit köstlichen Früchten, in der Mitte aber den Baum des Lebens und den Baum der Erkenntnis von Gut und Böse".

Den Traum vom goldenen Zeitalter hatte Ovid. In seiner Beschreibung heißt es: „Es war ewiger Frühling, und sanfte Westwinde berührten zart mit lauen Lüften die ohne Samen gesprossenen Blumen. Bald trug auch die ungepflügte Erde Feldfrüchte, und der nicht wieder bestellte

Acker leuchtete von vollen Ähren. Bald strömten Flüsse von Milch, bald Flüsse von Nektar dahin, und goldgelber Honig tropfte von der grünen Steineiche herab".

WAS KÖNNEN UNSERE KINDER HOFFEN?

Auf die Frage, was dürfen wir hoffen, gibt es eine zweite Antwort, die das Leben im Hier und Jetzt betrifft. Wir haben die Erde von unseren Vätern übernommen und werden sie an unsere Kinder weitergeben. Das bedeutet, sie gehört uns nicht. In keinem Fall sind wir Eigentümer im Sinne des Bürgerlichen Gesetzes, die mit der Erde „nach Belieben verfahren und andere von jeder Einwirkung ausschließen" können (§903 BGB).

In der Sprache des Alten Testaments sind wir Fremde (hebräisch: ger) auf der Erde. Ein Fremder hat in Israel die Rechtsstellung eines „Schutzbürgers". Schutzbürger ist, wer sich dort auf Dauer niedergelassen hat. Gegenüber Gott haben wir folglich keine weitergehenden Rechte als die eines „Schutzbürgers". Die Bibel fordert, Schutzbürger nicht zu unterdrücken, sondern sie sogar zu lieben. Sie zählen zu den Armen und wirtschaftlich Schwachen. Deshalb haben sie das Recht der Nachlese nach der Ernte. Ein Schutzbürger hat jedoch nicht die gleichen Rechte wie die Israeliten. So darf er beispielsweise kein Land erwerben. Überträgt man diese Rechtsbeziehung auf das Verhältnis der Menschheit zu Gott, so bedeutet das, dass wir die Erde nicht als unser Eigentum betrachten dürfen, sondern als Gottes Land, das wir gut erhalten zurückzugeben haben.

Ähnliche Gedanken wie in der Bibel findet man in den meisten Religionen und Überlieferungen.

Wenn man sich unsere Rechtstellung auf der Erde frei von religiösen Überlegungen definiert, so gelangt man zu einem Generationenvertrag, der uns verpflichtet, alles zu unternehmen, um die Erde in einem bewohnbaren Zustand an unsere Kinder weiterzureichen.

DER ISTZUSTAND

Der Istzustand ist schnell beschrieben: die Erde befindet sich in einer so bejammernswürdigen Verfassung, dass sie in Gefahr ist, unbewohnbar zu werden. Der sechste Bericht des Weltklimarats vom August 2021 ist ernüchternd und belegt: Die globale Erwärmung ist eindeutig menschengemacht. Die Folgen sind fatal. Einer, der dafür ein ebenso schlichtes wie eindringliches Bild gefunden hat, ist der erfolgreichste deutschsprachige Kinderbuchautor Janosch. Als er 1972 Grimms Märchen neu erzählte, zeigte er eine Frau Holle, der die Helfer davongelaufen sind und die deshalb mit der gerechten Verteilung des Regens überfordert ist. Nüchterner hat es Greta Thunberg formuliert: „Die Hütte brennt".

CAJAMARCA

Es gibt genügend hoffnungsvolle Ansätze, um dem „Wärmetod" (Stephen Hawkins) zu entkommen.

Im Jahre 1990 gründeten Professoren und Studenten der Universität Sucre Bolivien in der Andenregion von Cajamarca in 3200 Metern Höhe das Centro Ecológico

Juvenil (CEJ) zur Wiederaufforstung einer verkarsteten Landschaft. Initiatorin war Annelie Dehmel, die finanzielle Unterstützung aus Deutschland vermittelte. Inzwischen hat sich die Felslandschaft in einen Wald mit einer Vielfalt an Andenvegetation verwandelt. Die Wasserversorgung von Sucre, die zum Erliegen gekommen war, ist wieder gesichert. Die Familien, die in Cajamarca siedeln, haben es zu für bolivianische Verhältnisse bescheidenem Wohlstand gebracht. Initiativen dieser Art gibt es weltweit.

EIN STÜCK WILDNIS IN DER STADT

Wesentlich einfacher als eine Andenregion aufzuforsten, ist es in deutschen Städten Miniwälder entstehen zu lassen, wie es Darmstadt plant. 35 heimische Gehölzarten, aber auch Sträucher und Stauden wie Bärlauch und Waldmeister sollen gepflanzt werden, um den ursprünglichen Wald in die Stadt zurückzuholen. Wenn vorher der Boden mit Holzkohle und Pilzmyzel versorgt wird, dauert es lediglich etwa 5 Jahre, bis sich ein Wald angesiedelt hat. Miniwälder sind nach dem Urteil eines Gartenexperten bis zu 2 Grad gekühlt, ihre dichte Vegetation nimmt Feinstaubpartikel auf, senkt den Lärmpegel und speichert hohe Mengen an Kohlendioxyd.

UNSER WISSEN

Als wir 1997 Cajamarca für eine Woche besuchten, hatten wir zwei Kilo Birkensamen im Gepäck, in der Hoffnung, damit ließe sich die Andenregion in einen Birkenwald verwandeln. Vom gegenwärtigen Wissensstand aus gesehen, war das ziemlich naiv. Heute weiß man zu viel, als dass ein solcher Fehlgriff bei der Wahl der zu pflanzenden Bäume noch möglich wäre. Dieses Wissen macht Mut. Je mehr ökologisches Wissen wir erwerben, je mehr Erfahrung wir sammeln, umso größer wird unsere Chance, die Erde bewohnbaren zu erhalten.

Denkanstöße zum Thema Wald finden sich beispielsweise in einem Buch von Peter Wohlleben „Das geheime Leben der Bäume". In dem Kapitel „Wasserpumpe Wald" geht er der Frage nach, warum es regnet. Jeder weiß, dass Meerwasser verdunstet, dass die sich bildenden Wolken landeinwärts treiben und sich dort abregnen. Dieser Mechanismus funktioniert auf eine Strecke von höchstens 600 m. Dann sind die Wolken weg, es sei denn es gäbe Wälder, in deren Blattwerk der Regen hängen bleibt und verdunstet, so dass sich neue Wolken bilden. So dienen die Wälder dazu, die Feuchtigkeit des Meeres über Tausende von Kilometern „weiterzureichen". Das Ganze funktioniert freilich nur, wenn die „Kette" intakt bleibt: großflächige Rodungen können aus „Regenwald" nackte Wüste machen. Dafür reicht schon die Vernichtung der küstennahen Wälder. Jetzt geht es darum, das Wissen in Taten umzusetzen.

TEIL 4

WAS KÖNNEN WIR WISSEN?

Als Kant herausgefunden hatte, dass man bei entscheidenden Fragen, wie der nach der Existenz Gottes, keine gesicherte Erkenntnis erlangen kann, hinterfragte er das Erkenntnisvermögen unseres Verstandes und erkannte, dass der Verstand keine leere Tafel ist, auf der sich die Wirklichkeit abbildet. Der Verstand bringt vielmehr Eigenes in den Erkenntnisprozess ein, wie das Vermögen Kausalzusammenhänge zu knüpfen, sowie die Fähigkeiten, räumlich wahrzunehmen und Zeit zu erleben, mit denen wir unsere Wahrnehmungen strukturieren. Das Bild unserer Wirklichkeit hat damit gleichermaßen Elemente von innen wie solche von außen. Weitere Einzelheiten des kantschen Denkens interessieren hier nicht, weil wir seinen Ansatz nicht aufgreifen.

Statt der philosophischen Perspektive Kants wählen wir eine eher psychologische Sichtweise. Es sind die menschlichen Charakterzüge und Ziele, die die Richtung und die Intensität unseres Strebens nach Wissen bestimmen. Da ist die Not, die Menschen aufs Meer getrieben hat, um sich dieses als Nahrungsquelle zu erschließen oder neue Handelswege zu öffnen.

Hinzu kommen Abenteuerlust und Ruhmsucht wie bei den großen Seefahrern Vasco da Gama und Columbus. Alexander von Humboldt und Charles Darwin kamen mit bahnbrechenden Entdeckungen und Erkenntnissen von ihren Weltreisen zurück.

Unrecht, angefangen beim Eigentumsdelikt bis hin zum Angriffskrieg und dessen Abwehr, sind ein Motor nach dem überlegenen Wissen zu streben, um den Sieg davon zu tragen.

Zwei weitere menschliche Eigenschaften, denen wir wichtige Erkenntnisse verdanken, sind ein fast grenzenloser Wissensdurst und eine erstaunliche Beharrlichkeit, die den Menschen veranlassen, den Bereich gesicherter Erfahrung zu verlassen., um die Grenzen seiner Erkenntnis zu erweitern, Qualitäten, die namentlich im Bereich der Wissenschaften erfolgreich sind. Erstaunlich wie menschliche Kreativität zur Quelle neuen Wissens wird.

Bei der Beschäftigung mit unserem Wissen wird sich zeigen, dass das Wissen lediglich ein Teilaspekt unseres Menschseins ist. Was uns vor allem interessiert, sind die menschlichen Wesensmerkmale, die dem Streben nach Wissen zugrunde liegen. Wir werden unser Augenmerk daher gleichermaßen auf das Wissen wie auf den dahinterstehenden Menschen und seine Qualitäten richten.

NICHTS IST UNERREICHBAR

Die Menschen siedelten in einer Ebene. „Dann sagten sie zu einander: Aufbauen wir uns eine Stadt und einen Turm mit einer Spitze bis in den Himmel, und machen wir uns dadurch einen Namen, dann werden wir uns nicht über die ganze Erde zerstreuen“ (Genesis 11, 4). Als der Herr das sah, sprach er: „Das ist erst der Anfang ihres Turmes.

Jetzt wird ihnen nichts mehr unerreichbar sein" (Genesis 11,6). Das Ende ist bekannt. Der Herr verwirrte die Sprache der Menschen und zerstreute sie über die ganze Erde. Der Turm blieb unvollendet. Theologen sehen das Vorhaben als Versuch des Menschen, sich selbst zu überheben und Gott gleich zu kommen.

Der biblische Turmbau hat seit dem 5. Jahrtausend vor Christus seine Vorläufer in Zikkurats („hoch aufragend/aufgetürmt, Himmelshügel, Götterberg"), Stufenbauten, auf deren oberer Terrasse sich ein Tempel befindet. Auch wenn die Zikkurats anders als der Turmbau zu Babel den Göttern gefällig waren, sind sie Ausdruck des gleichen Strebens, das wir heute in den beständig höher werdenden Wolkenkratzern wiedererkennen.

HOMO LUDENS

Der Begriff Homo ludens, der spielende Mensch, ist vor allem durch den Titel des gleichnamigen Buches von Johan Huizinga bekannt geworden. Kinder lernen spielend. Sie entdecken im Spiel ihre individuellen Fähigkeiten. Dabei entwickelt sich ihre Persönlichkeit. Das Spiel ermöglicht es ihnen, Hindernisse zu erfahren und zu überwinden. Im Spiel reift ihre Phantasie. Typisch für erfolgreiche Erwachsene ist, dass sie Neues auf die gleiche spielerisch phantasievolle Weise wie Kinder entdecken, erproben und, wenn sie sich „eingespielt" haben, Lebensernst werden lassen. Eine Personengruppe mit ausgeprägtem spielerischen Persönlichkeitsanteil sind die Erfinder und Künstler. Nicht überraschend ist daher die hohe Meinung, die Friedrich Schiller vom Spiel hat. Nur im

Spiel könne der Mensch alle seine Fähigkeiten zur Geltung bringen: „Der Mensch spielt nur, wo er in voller Bedeutung des Worts Mensch ist, und er ist nur da ganz Mensch, wo er spielt". Ein Leben ganz ohne spielerische Elemente erscheint mir unvorstellbar.

DER ERSTE FLUG

Ein Beispiel für das Bemühen des Menschen die Grenzen seiner Erkenntnis zu erweitern, ist die Geschichte des Dädalus, wie sie uns Ovid in seinen Metamorphosen erzählt. Der Mensch kann nicht fliegen. Er ist kein Vogel. Sein Traum trotzdem zu fliegen, ist alt. Der erste, dem das offensichtlich Unmögliche gelang, war Dädalus. Er stand in Diensten des Kreter Königs Minos. Für ihn konstruierte er das Labyrinth, in dem der Minotaurus, ein Mischwesen mit Menschenleib und Stierkopf, gefangen gehalten wurde. Da Minos Dädalus nicht fortlassen wollte und alle Häfen Kretas sperrte, baute Dädalus für sich und seinen Sohn Ikarus je ein Flugkleid aus Federn und Wachs und flog mit ihm davon. Als der Ikaros in seinem Übermut ungeachtet der Warnungen seines Vaters zu hoch stieg und der Sonne zu nahe kam, schmolz das Wachs, welches die Flügel zusammenhielt, und er stürzte in das Meer.

Längst hat der menschliche Erfindungsgeist bessere Flugapparate als Dädalus entwickelt. Wenn er auch nicht wie Ikarus, der Sonne nahekommt, so hat er es längst bis zum Mond geschafft.

Nach wie vor fliegen Menschen mit einem Flugapparat ohne Motor, wenn auch nicht aus Federn und Wachs wie Dädalus. Einer von ihnen Lübeck, hat in seinem Gleitflieger Flüge von mehr als 1300 km vollbracht: „Wer in den Wolken lesen kann, kommt weit", ist sein Geheimnis und der „Motor" für seine Rekordflüge: „Der größte Preis ist der Flug selbst".

Verlassen wir für einen Augenblick die reale Welt: Wer Onkel Popow kennt, einen der Kinderbuch Helden von Janosch, weiß worauf sich sein hohes Ansehen gründet: „Onkel Popow konnte ein wenig fliegen". Darum habe ich ihn immer beneidet und es ihm gelegentlich gleichgetan, wenn auch nur im Traum.

Das Fliegen hat unsere Welt kleiner und unsere Zeit schneller gemacht. Bei Nikolaus Lenau war es noch die Postkutsche, die im „Traumesflug" „der Dörfer Frieden" vorüberziehen ließ. Inzwischen brauchen Jets nicht länger, um die Schallmauer zu durchbrechen als ein KFZ, um die Geschwindigkeit von 100 km/h zu erreichen.

Fliegen fasziniert uns. Es hat sich vom Abenteuer der Sagengestalt Dädalus schrittweise zu einem unser Leben begleitenden Phänomen entwickelt. Inzwischen haben sich Sprachbilder des Fliegens sogar in unsere Sprache eingenistet. Die Redewendung „Nur Fliegen ist schöner" bezeugt das Besondere des Fliegens. In guten Momenten „fliegen" mir die Gedanken zu. Bei einem Überflieger tun sie es regelmäßig. Poeten vertrauen darauf, dass Pegasus, ein geflügeltes Fabeltier, ihre Phantasie beflügelt.

CHARLES DARWIN

Es gibt nur wenige Menschen, die unser Weltbild so grundlegend verändert haben, wie Charles Darwin.

Nachdem er ein Medizinstudium abgebrochen hatte, studierte er Theologie. Sein eigentliches Interesse galt jedoch den Naturwissenschaften, besonders der Biologie. Von 1831- 1836 nahm Darwin die Gelegenheit war, als unbezahlter wissenschaftlicher Mitarbeiter an der zweiten großen Reise der Beagle teilzunehmen, einem mit 10 Kanonen bestückten Vermessungsschiff der britischen Seestreitkräfte. Wie abenteuerlich die Reise war, verrät das nach Rückkehr veröffentlichte Tagebuch. Die Route verlief vorbei an Teneriffa, wo gerade die Cholera herrschte, nach der Kapverdischen Insel Santiago, dann über den Atlantik nach Bahia, von dort an die Südspitze Südamerikas nach Feuerland und Patagonien, entlang der Küste von Chile und Peru und zu den Galapagosinseln. Von dort ging es weiter nach Tahiti, Neuseeland, Australien, Mauritius, Madagaskar, noch einmal nach Bahia und zurück nach England. Das von Darwin zusammen getragene Material war so umfangreich, dass er es bis zu seinem Lebensende nicht komplett auswerten konnte.

Darwins Hauptwerk „On the Origin of Species" (Über die Entstehung der Arten) erschien 1859 und war binnen eines Tages vergriffen. Es enthält die wesentlichen Thesen des Darwinismus: zunächst die Überzeugung, zu der Darwin auf Galapagos gelangt war, dass alle Lebewesen dieselbe Wurzel haben und dass Arten sich in kleinen Schritten fortentwickeln, dann die Überzeugung, dass im Pflanzen- und Tierreich ein Konkurrenzkampf herrscht, der nach dem Grundsatz „The Survival of the fittest" entschieden wird. Wer glaubt, der Stärkere überlebe, missversteht Darwin. „The Fittest" ist „der am besten Angepasste". Das ist nur selten der Stärkere. Vielmehr verschwinden unvorteilhaftere Variationen einer Population. Neue Arten entstehen laut Darwin durch bessere Anpassung an die bestehenden Umweltbedingungen.

Erst in dem 1871 erschienenen Buch „The Descent of Man, and Selection in Relation to Sex" (Die Abstammung des Menschen und die geschlechtliche Zuchtwahl) legte Darwin dar, dass Menschen mit dem Affen mit einander verwandt sind, weil sie gemeinsame Vorfahren haben. Vor allem aus den Reihen der Theologen erhob sich ein Sturm der Empörung gegen die Idee, dass die Arten nicht in ihrer aktuellen Ausprägung von Gott erschaffen sind, sondern sich mit der Zeit selber entwickelt haben. Schlimmer noch: auch der Mensch war nun nicht mehr Gottes Ebenbild, sondern aus einem Tier entstanden. Die religiöse Überzeugung, nach der die Schöpfungsgeschichte der Genesis wörtlich zu nehmen sei, und Darwins Evolutionstheorie ließen sich nicht in Einklang bringen.

Das letzte Buch Darwins behandelt ein Thema, das ihn über 40 Jahre beschäftigt hatte: die Tätigkeit der Regenwürmer. „The formation of vegetable mould, through the action of worms, with observations on their habits" (Die Bildung der Ackererde durch die Tätigkeit der Würmer). Es kam 1881 heraus, wenige Monate vor Darwins Tod. Er widerlegte darin auch die damals weit verbreitete Meinung, Regenwürmer seien schädlich für den Gartenbau.

Wer heute Südamerika bereist, begegnet auf Galapagos den nach Darwin benannten Darwin Finken und durchquert bei Punta Arenas die Beagle Bucht.

DER MENSCHLICHE ERFINDERGEIST

Auf der Suche nach dem Besonderen an uns Menschen begegnen wir zu allen Zeiten und an allen Orten dem Erfindergeist. Das beginnt mit den ersten Werkzeugen und Waffen. Der Mensch eroberte sich Wasser und Luft. Er lernte, wie wohltätig des Feuers Macht sein kann. Es gibt herausragende Erfindungen wie das Schießpulver, das Rad, und es gibt berühmte Erfinder wie Johann Gutenberg (Buchdruckerkunst), James Watt (Dampfmaschine) und Thomas Alva Edison (Glühbirne), aber auch zahllose Erfinder im Alltag, denen wir den Kugelschreiber, die Sicherheitsnadel und den Klettverschluss danken. Wenn man den Erfindungstand zu meiner Kindheit mit dem von heute vergleicht, so findet man kaum eine Materie ohne Fortschritte. Eine Ausnahme ist die „Flotte Lotte", ein Gerät zum Durchrühren von Apfelbrei, die bereits zur Zeit unserer Großmütter so ausgereift war, dass sie bis heute unverändert geblieben ist. Sie sollte in keinem modernen Haushalt fehlen. Eine noch weit ältere aktuell gebliebene Erfindung ist das Nadelöhr.

DIE ANFÄNGE DER TELEPHONIE - „DAS PFERD FRISST KEINEN GURKENSALAT"

Beobachtet man heute die Menschen in der Öffentlichkeit, erlebt man fast eine größere Zahl von ihnen gerade in ein Gespräch vertieft als solche, die schweigen. Unser

Kommunikationsvolumen ist enorm. Die moderne Informationstechnologie (IT) schafft die Möglichkeit dazu. Das Handy, in dem man seinen Gesprächspartner nicht nur hört sondern auch sieht, hat seine Vorläufer.

Einer davon ist eine Apparatur, die der 27jährige Physiklehrer Philipp Reis am 26. Oktober 1861 im Physikalischen Verein zu Frankfurt am Main präsentierte. Er hatte sie zur Veranschaulichung für den Schulunterricht entworfen. In Anlehnung an das menschliche Ohr war über die Ausgangsöffnung einer aus Holz geschnitzten Ohrmuschel eine Membran aus Schweinsdarm gespannt, die als Trommelfell diente. Das auf der Membran befestigte Platinplättchen und ein Platinstift simulierten die Gehörknöchelchen. Dieser Platinkontakt war Teil eines durch eine Batterie betriebenen Stromkreises. Sprach man in das „Ohr" hinein, geriet die Membran in Schwingungen und erzeugte eine Modulation des Stromes. Die so entstandenen akustischen Schwingungen wurden in Stromimpulse übertragen und über eine Spule empfangen, die um eine Stricknadel gewickelt wurde (sprechende Stricknadel). Reis nannte den von ihm erdachten Apparat „Telephon". Der Titel seines Vortrags lautete: „Über Telephonie durch galvanischen Strom". Der erste von einem Telephon übermittelte Satz lautet: „Das Pferd frisst keinen Gurkensalat".

In seinen Lebenserinnerungen berichtet Reis: „Durch meinen Physikunterricht dazu veranlasst, griff ich im Jahre 1860 eine schon früher begonnene Arbeit über die Gehörwerkzeuge wieder auf und hatte bald die Freude, meine Mühen durch Erfolg belohnt zu sehen, indem es mir gelang, einen Apparat zu erfinden, durch welchen es möglich wird, die Funktionen der Gehörwerkzeuge klar und anschaulich zu machen; mit welchem man aber auch Töne aller Art durch den galvanischen Strom in beliebiger Entfernung reproducieren kann".

Die weitere Entwicklung verläuft rasant. Im Jahr 1910 waren weltweit 10 Millionen Fernsprecher an die Vermittlungsstellen angeschlossen, davon allein in Deutschland 941.000. 1930 gab es in Deutschland rund 3,2 Millionen Telefonanschlüsse. Das erste schnurlose Mobiltelefon kam im Juni 1983 auf den Markt. Heute bestehen allein in Deutschland rund 100 Millionen Handy-Verträge und 39 Millionen Festnetzanschlüsse.

WILHELM CONRAD RÖNTGEN

Unser Philosophielehrer hatte das bis zur Unkenntlichkeit verwahrloste Röntgengrab auf dem Gießener Alten Friedhof entdeckt und die Pflege übernommen. Es war uns eine große Ehre, wenn er einen von uns mit zum Grab nahm. Vor Ort sprach er über den Ruhm der Welt und wahre menschliche Größe. Was mir an Röntgen als erstes imponierte, war die Tatsache, dass er ohne Abschluss von der Schule gewiesen wurde, weil er irrtümlich für den Urheber einer Karikatur seines Klassenlehrers gehalten wurde. Trotzdem hatte er es mit unerschütterlicher Zielstrebigkeit zu etwas an sich Unmöglichem gebracht, zu einer ordentlichen Professur in Gießen im Alter von 34 Jahren. An seiner nächsten Wirkungsstätte in Würzburg gelang Röntgen in der Nacht zum 9. November 1895 seine größte wissenschaftliche Leistung: die Entdeckung der von ihm so genannten „X-Strahlen". Diese Entdeckung geschah zufällig. Röntgen experimentierte auch an diesem Abend mit Strahlungen in luftleeren Röhren. Später beschrieb er seine Entdeckung: „-----Ich schickte einen Strom durch die Röhre und bemerkte quer über das Papier eine eigentümliche schwarze Linie! [...] Bald war jeder Zweifel ausgeschlossen. Es kamen ‚Strahlen' von der Röhre, welche eine lumineszierende Wirkung auf den Schirm ausübten." Am 22. Dezember 1895 gelang Röntgen mit Hilfe der neuen Strahlen eine Aufnahme der Hand seiner Frau, bei der die Knochen und der Ehering klar zu erkennen sind. Das Foto befindet sich auf der Sonderbriefmarke, die zu Röntgens 150stem Geburtstag herausgegeben wurde. Röntgenstrahlen sind nicht nur aus der medizinischen Diagnostik nicht mehr wegzudenken. Sie helfen weiter bei der Erforschung des Mikrokosmos (Röntgenmikroskop) und bei der Erforschung des Weltalls. Doch ist die medizinische Diagnostik bis heute das wichtigste Anwendungsgebiet der Röntgenstrahlen. Unter den zahlreichen Ehrungen Röntgens ragt der Nobelpreis für Physik 1901 heraus.

Zurück nach Gießen. Dort liegt Röntgen gemäß seiner testamentarischen Anordnung an der Seite seiner Eltern begraben. Inzwischen ist er auch in Gießen wieder hoch geehrt. 1962 wurde neben dem Stadttheater ein Röntgendenkmal errichtet, das stilisierte Röntgenstrahlen darstellt.

DER „DEUTSCHE ERFINDERKÖNIG" ARTHUR FISCHER

Als mein Vater nach dem Krieg ein Podest für unseren Volksempfänger mit einem Dübel an der Wand befestigte, war das eine größere Arbeit: Loch ausstemmen, Klötzchen maßgerecht schnitzen einfügen, eingipsen und beiputzen.

Jetzt konnte die Holzschraube für die Podest Aufhängung in die Wand versenkt werden.

Die Mühe meines Vaters und anderer Väter sah Arthur Fischer, der nachmalige Deutsche Erfinderkönig. Er war der älteste Sohn eines Dorfschneiders. Ein Märklin-Metallbaukasten, den er 1929 als Weihnachtsgeschenk erhielt, weckte seine Spiel- und Entdeckerfreude. Zunächst hinderte ihn der Krieg, der ihn bis nach Stalingrad brachte, daran, seine Erfindergabe zu entdecken. Nach dem Krieg betrieb er als gelernter Schlosser eine Einmannwerkstatt. Als eine Bocholter Weberei per Annonce Webstuhlschalter im Tausch gegen Textilien suchte, war das der Startschuss für den Erfinder. Fischer fertigte aus dem Blech von Kartuschen den gewünschten Webstuhlschalter. Die nächste Erfindung war ein elektrischer Feueranzünder. Für die Fotografin, die 1948 Fischers Tochter fotografieren sollte und sich wegen Brandgefahr weigerte, in der kleinen Mansardenwohnung mit Magnesiumblitzlichtbeutel und Zündschnur zu hantieren, erfand er einen Synchronblitz. Auf die Erfindung des berühmten „Fischerdübels" mussten Deutschlands Handwerker bis 1958 warten, die Chirurgen auf einen Dübel zum Fixieren von Knochenbrüchen sogar bis 1970. Kaum ein Alltagsproblem widerstand Fischers Erfindergenie. Bis Ende 2013 meldete er insgesamt 1136 Patente und Gebrauchsmuster an. Bei seinem Tod mit 96 Jahren mögen es noch etliche mehr gewesen sein. Eine seiner letzten Ideen war ein kompostierbares und essbares Kinderspielzeug aus Kartoffelstärke und bunten Lebensmittelfarben.

Wer der größere Erfinder ist, Daniel Düsentrieb, der Mickymaus Held, oder Arthur Fischer soll nicht ausdiskutiert werden. Möglicherweise haben sie, wie es bei Erfindern nicht selten ist, heimlich voneinander abgekupfert. Ein wenig von einem Daniel Fischer- Düsentrieb haben die meisten von uns an sich. Ich selber habe einmal eine Lampe mit einem Schirm gebastelt, den ich mit Paketkordel bespannt habe. Leider war er unbrauchbar, weil er kaum Licht durchließ. Dadurch gewann ich einen Paketkordel Vorrat, der Jahre reichte. Es ist unglaublich, wozu man Paketkordel alles verwenden kann. Meine Paketkordel Erfindungen trugen mir meist Spott, gelegentlich aber auch Anerkennung ein.

DIE BESIEDLUNG DES WELTRAUMS

Die seither betrachteten Erfindungen sind geradezu Kleinkram verglichen mit der Vorstellung, wir könnten einmal den Weltraum besiedeln. Dabei handelt es sich keinesfalls nur um die Phantasie von Science-Fiction-Autoren. Stephen Hawkins, einer der angesehensten Astrophysiker der Gegenwart schreibt: „Wenn wir den Planeten Erde nicht verlassen, dann sind wir Schiffbrüchigen auf einer einsamen Insel vergleichbar, die nicht versuchen, von dort wegzukommen. Wir müssen das Sonnen System erforschen, um herauszufinden, wo Mensch leben könnten". Dann beschäftigt Hawkins sich mit der Besiedlung des Mars. Er empfiehlt, den Mond als Basis zu nutzen. Zu seinen Ratschlägen gehören auch die: „Wir müssen uns freilich davor hüten, das Ganze nicht dadurch zu vermasseln, dass wir den Planeten mit Leben von der Erde kontaminieren. Und ebenso müssen wir sorgfältig vermeiden, irgendwelche Formen von Leben auf den Mars mitzubringen". Hawkins räumt zwar ein, dass sich seine Ideen in absehbarer Zeit nicht umsetzen lassen. Realistisch betrachtet bleiben sie auch nach nicht absehbarer Zeit nur Gedankenspielerei. Man bedenke, wie unwirtlich der Mars ist und welchen Aufwand es kostet, einen Roboter dort zu landen, der sich zentimeterweise voran bewegt und nichts anderes kann als Gesteinsproben nehmen.

ASTROPHYSIK (ASTRONOMIE)

Es gibt Forschungen, die aus praktischen Gründen betrieben werden. Dazu zählen etwa die Entwicklung der Dampfmaschine oder die des Ottomotors. Bei anderen Wissensgebieten forschen wir ausschließlich um der Erkenntnis Willen. Dazu zählt die Astronomie. Hier boomt die menschliche Wissbegier. Es ist vom goldenen Zeitalter der Astronomie die Rede. Die Leistungen von Astronomen finden ein solches Maß an Anerkennung, dass in den letzten fünf Jahren fünf von ihnen mit dem Nobelpreis für Physik honoriert wurden. 2020 waren es der Deutsche Reinhard Genzel und die US -Amerikanerin Andrea Ghez, die zugleich das supermassereiche schwarze Loch inmitten der Milchstraße entdeckt hatten. Es umfasst mehr als eine Million Sonnenmassen. Forscher wie Genzel kennen sich auf der Milchstraße aus wie unsereiner in seiner Heimat. Ferne Galaxien sind ihnen so viel oder wenig vertraut wie mir die Ortschaften meines Landkreises. Genzel war aufgefallen, dass die Milchstraße eine rotierende Scheibengalaxie ist, während andere Galaxien wie eine

Ellipse aussehen. Da spielen schwarze Löcher eine Rolle, so vermutete er. Seitdem erforscht er das supermassereiche schwarze Loch, das durch seine Anziehungskraft die Milchstraße zur Scheibengalaxie formt.

Genzel schwärmt von unserer Galaxis: „Wenn sie ins Herz der Galaxis reisen, werden sie sich wundern, wie hell es dort ist. Die Sternendichte ist dort verglichen mit unserer Umgebung eine Million Mal höher. Und es sind nicht nur viele. Es sind auch riesige Sterne. Kurzum sie würden einen riesigen Sternenhimmel sehen“.

Man kann sich das All nicht riesig genug vorstellen. Die Einheit, mit der dort Entfernungen gemessen werden, ist das Lichtjahr, also die Strecke, die das Licht mit seinen 299792458 m/s in einem Jahr zurücklegt. Wenn man hört, dass es Galaxien gibt, die Millionen Lichtjahre von uns entfernt sind, fällt es schwer, sich ein Bild zu machen. Vielleicht hilft die Vorstellung, dass wir das Licht von Sternen sehen können, die bereits zu Lebzeiten Jesu erloschen waren.

Nicht genug mit dieser unvorstellbaren Größe, das All wird beständig größer. Es wächst über eine Strecke von einem Megaparsec - das sind 3,26 Millionen Lichtjahre - in jeder Sekunde um 73,8 Kilometer oder bildlich gesprochen wie ein aufgehender Hefeteig mit Rosinen. Alle Rosinen - die Galaxienhaufen - streben voneinander fort, wenn das Teigvolumen - der Raum - zunimmt. Irgendwann soll das Wachstum enden. Danach fällt das All wieder in sich zusammen. Wie es das tut, wird unter Astronomen noch diskutiert.

Die Großartigkeit des Alls fasziniert nicht nur Forscher wie Frenzel. Sie ist für jeden schwindelerregend. In dem Maße, indem wir uns damit befassen, entstehen Fragen. Wir wissen, dass der Urknall vor etwa 13,7 Milliarden Jahren die Geburtsstunde des Alls war. Was aber war vorher? Die Antwort der Wissenschaft lautet: nichts. Raum und Zeit sind erst durch den Urknall entstanden. Es gibt weder eine Zeit vor dem Urknall noch einen Raum außerhalb des Alls. Raum und Zeit existieren nur innerhalb unseres Universums.

Dieses Ergebnis ist unbefriedigend: Ein All kann nicht aus nichts entstehen. Ist es aber aus dem „Nichts“ entstanden, dann ist dieses „Nichts“ ein „Etwas“, und zwar ein gewaltiges „Etwas“. Zwischen Wissenschaft und gesundem Menschenverstand besteht ein offensichtlicher Widerspruch. Möglicherweise geht es uns wie den Bewohnern des „Flächenland“ in der Novelle von Edwin Abbott, die wie folgt beginnt: „Es war einmal ein Land, Flachland genannt. Die Bewohner von Flachland lebten in einer zweidimensionalen Welt, die nur aus Länge und Breite bestand. Die Bewohner, Quadrate, Kreise usw., beschränkten sich auf die Bewegung in dieser Oberfläche, da die dritte Dimension, die Höhe, unbekannt war. Ein Bewohner von Flachland namens „Quadrat“ hatte einen Traum und befand sich plötzlich in einer eindimensionalen Welt, dem Strichland“. Vergleichen wir uns mit dem „Quadrat“, so fehlt uns nicht die dritte sondern die vierte Dimension. Unser Verstand verfügt über die Fähigkeit, die eingehenden Sinneswahrnehmungen nach Raum,

Zeit und Ursächlichkeit zu strukturieren. Ein Organ für Wahrnehmung, die über unser Universum hinausgehen, fehlt uns.

„WEISST DU, WIEVIEL STERNLEIN STEHEN“?

Zu dem Interessantesten, was das All zu bieten hat, gehören die sogenannten Schwarzen Löcher, die anders als ihr Name verheißt, nicht leer sind. Im Gegenteil, ein Schwarzes Loch ist von einer solchen Masse, dass seine Anziehungskraft, die Abstrahlung von Licht verhindert. Messungen innerhalb eines Schwarzen Loches sind damit ausgeschlossen. Was sich im Inneren ereignet, wird verschluckt. Wir sind auf Vermutungen angewiesen. Jedoch rückt der „Ereignishorizont“, d.h. die Grenze, bis zu der wir mit unseren Messungen einem Schwarzen Loch nahekommen können, den schwarzen Löchern mehr und mehr auf den Leib. Schwarze Löcher spielen nicht nur bei der Entstehung der Milchstraße, sondern bei der Entwicklung des gesamten Alls eine wichtige Rolle. Einerseits werden Sterne, die in ihren Anziehungsbann geraten, angesogen und verschluckt. Andererseits verlieren Schwarze Löcher Energie und fallen irgendwann in sich zusammen. In den 13,7 Milliarden Jahren der Weltraumexistenz sind schwarze Löcher entstanden, gewachsen, geschrumpft und verschwunden. Es gab eine Zeit, da bestand die Gefahr, dass dem Weltall der Untergang durch schwarze Löcher drohte.

Das Gegenstück zu den schwarzen Löchern sind die „Weißen Zwerge“. Sie entstehen, wenn die Kernenergie, mit der Sterne ihre Größe bewahren, verbraucht ist. Dann fallen sie in sich zusammen. Es bleiben Kleinststerne von einem Radius von 7000 bis zu 14000 km mit geringer Leuchtkraft, aber einer Masse, die das 1,4 fache der Sonnenmasse erreichen kann.

Nach diesem Blick in eine Welt, die unser vernünftiges Fassungsvermögen übersteigt, ändert sich auch das Bild von ihrem Schöpfer. Es ist nicht mehr der, von dem wir singen: „Gott, der Herr, hat sie gezählet, dass ihm auch nicht eines fehlet an der ganzen großen Schar". Es ist jemand, der „höher ist als alle Vernunft", von dem wir nicht mehr wissen, als dass er allmächtig ist.

DIE VISION

Erlauben wir uns die Phantasie, dass „der Allmächtige" zunächst die unterschiedlichsten Möglichkeiten einer Schöpfung bedachte, dass er mit einzelnen Weltall Entwürfen experimentierte, dass er seine Probewelten mit Hilfe von schwarzen Löchern weißen Zwergen wieder zerfallen ließ, weil sie seinen Ansprüchen nicht genügten, bis ihm unser Weltall gelang, eine schöpferische Glanzleistung: Es bedurfte dabei keiner besonderen Mühe, aus dem Nichts Materie und Antimaterie zu erschaffen.

Gezögert hat der Allmächtige, ehe er die starke Kernkraft schuf. Anfangs schien sie ihm zu ungeheuerlich. Dann aber war klar, ohne diese würde das All nicht der große Wurf, den er plante. Eine geniale Schöpferidee war das Licht. Es galt weiter, Gesetze zu erschaffen, nach denen die Welt funktionieren würde. Da empfahlen sich die heutige Einstein Formel $E=mc^2$ und der heutige zweiten Hauptsatz der Wärmelehre. Um ein Chaos zu vermeiden, wählte der Allmächtige feste Elemente aus, allen voran den Wasserstoff. Die Idee von Perpetu Mobiles, von Vorgängen also, die keine Energie verbrauchen, verwarf er.

Lange grübelte er über den Menschen nach. Sollte er sie glücklich machen oder ihnen die Freiheit lassen, ihres Glückes Schmied zu sein? Sollte er ihre Wahrnehmung auf drei Dimensionen begrenzen oder noch eine vierte Dimension dazu tun? Wichtig war ihm, dem Menschen die Unsterblichkeit zu ersparen. Er sollte sich seiner Sterblichkeit bewusst sein. Allerdings sollten ihm Stunde und Art seines Todes bis zuletzt verborgen bleiben. Jedoch war ihm wichtig, jeden Menschen mit einer unverwechselbaren unsterblichen Seele auszustatten, die das Wesen des Menschen bestimmt, die wächst und reift, die aber für den Menschen selber verborgen bleibt. Am Ende stattete uns der Allmächtige mit den Qualitäten aus, von denen wir einige bereits erwähnt haben und anderen, die wir noch beschreiben werden. Schließlich befand er, dass dieses Universum ihm weit besser gelungen war als alles, was er vorher erprobt hatte: „Und Gott sah, dass es gut war".

Verlassen wir die Vision und blenden wir hier unsere Ausgangsfrage ein: was können wir wissen- so stellen wir noch ein wenig atemlos vom Tempo unseres Fortschritts fest, dass mit jeder Erweiterung unseres „Ereignishorizonts" sich neue Wissenslücken auftun und dass unser Unwissen schneller wächst als unser Wissen. Es ist nicht nur die „vierte" Dimension, die uns verschlossen bleibt.

ORION

Zum Abschluss der Weltallbetrachtungen ein anderer Blickwinkel, der des heimischen Balkons. Von dort aus sehe ich jetzt zur Winterszeit das Sternbild des Orion in seiner ganzen Schönheit. Um dieses Sternbild ranken sich von alters her Geschichten. In einer der Überlieferungen brüstet Orion sich damit, der größte Jäger der Welt zu sein. Das hätte er nicht tun sollen. Nicht Artemis, die Göttin der Jagd, verübelte ihm das. Sie liebte Orion so sehr, dass sie seinetwegen sogar ihrem Keuschheitsgelübde entsagt hätte. Es war Hera, die Gemahlin von Zeus, die strafte. Sie sandte einen Skorpion aus, der Orion einen tödlichen Stich zufügte. Gott Zeus versetzt daraufhin beide an den Himmel. Wenn das Sternbild Skorpion im Osten aufgeht, muss Orion den Himmel im Westen verlassen. Dadurch stehen die beiden Kontrahenten niemals zusammen am Himmel.

DAS UNTEILBARE

Wie im Großen, so im Kleinen. Diese Beobachtung machen wir immer wieder. Der erste, der das Große und das Kleine gleichermaßen bedacht hat, war der griechische Philosoph Demokrit, der in Abdera im heutigen Makedonien lebte. Es wird vermutet, dass ihn Beobachtungen an einem Sandstrand auf den folgenden Gedanken gebracht haben: Die Materie ist nicht unendlich teilbar. Es gibt ein Kleinstes, die Atome (atomos bedeutet unteilbar, gedacht hat das Unteilbare als erster sein Landsmann Leukipp). Die Atome sind qualitativ gleich. Qualitäten wie

Größe, Schwere, Temperatur oder Farbe entstehen aus unterschiedlichen Anordnungen von Atomen. Wenn etwas vergeht, zerfällt es in Atome, aus denen dann etwas Anderes entsteht. Den Prozess der Entstehung dachte sich Demokrit als eine Art Verwirbelung, wie er sie bei Sand am Meeresufer beobachtet hatte. Eines der von Demokrit überlieferten Zitate lautet: „Nur scheinbar hat ein Ding eine Farbe, nur scheinbar ist es süß oder bitter, in Wirklichkeit gibt es nur Atome im leeren Raum".

Raffael hat Demokrit in seiner „Schule von Athen" als den lachenden Philosophen dargestellt, der über die Torheit der Menschen lacht.

Inzwischen haben wir durch Experimente bestätigt gefunden, was Demokrit nur gedacht hat. Seit dem 19. Jahrhundert wissen wir, dass es Atome gibt. Wir kennen das Innere eines Atoms. Es besteht aus Elektronen und dem Atomkern. Atomkerne bestehen aus Neutronen und Positronen, die wiederum aus Up- Quarks und Down-Quarks. Im Grunde hat also Demokrit Recht behalten, nur dass nicht die Atome die Unteilbaren sind, sondern die Elektronen und die Quarks. Worin wir ihm nicht folgen, ist seine Vorstellung, auch die Seele bestehe aus Atomen, in die sie nach dem Tod eines Menschen wieder zerfalle. Bei allem Materialismus, der unser Denken beherrscht, eine Seele, die in Up-Quarks, Down- Quarks und Elektronen zerfällt, ist unserer Vorstellung fremd.

Während die Atome bei Demokrit noch ewig sind, sind sie für uns erst durch den Urknall entstanden. Die Atome, aus denen wir zusammengesetzt sind, haben eine lange Vorgeschichte. Sie sind unterschiedlicher Herkunft. Einige von ihnen stammen aus fernen Galaxien. Jedenfalls danke ich all meinen Atomen, dass sie sich zu mir zusammengefunden haben oder besser dem, der sie zu meiner Person zusammengefügt hat.

Einen weiteren Fortschritt haben wir inzwischen gegenüber Demokrit zu verzeichnen. Wir haben herausgefunden, dass es mehr als nur die „Verwirbelung" gibt, um die Wechselwirkung zwischen Körpern und Teilchen zu erklären. Wir kennen insgesamt vier fundamentale Wechselwirkungen, die Grundkräfte der Physik. Die „großen Vier" sind die Gravitation (verantwortlich für die großräumigen Strukturen des Universums), der Elektromagnetismus (verantwortlich für Phänomene wie Licht und Elektrizität), die schwache Wechselwirkung (spielt bei Fusionsprozessen eine Rolle) und starke Wechselwirkung (die mit Abstand stärkste Kraft, sie hält die Atome zusammen).

DIE MATHEMATIK

Auch wenn es schon immer Nutzanwendungen für die Mathematik gab, man denke an die Pyramiden, so wurde und wird die Mathematik primär zweckfrei betrieben: Forschen um des Forschens willen. Mathematik ist für ihre Jünger so begeisternd, wie es für gewöhnliche Sterbliche das Fliegen ist. Von Archimedes wird berichtet, er sei so sehr in einen mathematischen Beweis vertieft gewesen, dass er nicht mitbekommen habe, wie die römischen Truppen gerade Syrakus nach dreijähriger Belagerung erstürmten. Als er einen vorbeieilenden Söldner anflehte: „noli turbare circulos meos" (Störe meine Kreise nicht), reagierte dieser unwillig und erschlug den Mathematiker zum Leidwesen des römischen Feldherrn. Der hätte Archimedes gerne in seine Dienste genommen. Mit einem Mann, der von sich behauptet hat- „Gebt mir einen festen Punkt, und ich hebe die Welt aus den Angeln“-. ließe sich etwas anfangen.

Bereits Archimedes schien zu ahnen, wie wichtig die Mathematik einmal als angewandte Wissenschaft werden könnte. Heute ist sie zur Grundlage der Naturwissenschaften geworden.

PYTHAGORAS

Einer der bahnbrechenden Mathematiker und zugleich der Begründer einer Philosophenschule war Pythagoras. Er lebte im sechsten Jahrhundert vor Christus, die meiste Zeit im süditalienischen Kroton. In seinem Denken dominiert die Vorstellung der Harmonie. Die Harmonie sucht er in Zahlen. Alle Dinge bestehen für ihn aus Zahlen. Um die Welt zu verstehen, müsse man nur die Zahlen in den Dingen finden.

Stets waren die Pythagoräer auf der Suche nach neuen Harmonien. Zum Rechnen haben sie Kalksteine verwandt. Das dem Lateinischen entlehnte Wort „Kalkulation“ bedeutet eigentlich „Rechnen mit Kiesel-(Kalk)steinen“. Nimmt man beispielsweise vier Reihen, von denen die erste einen Stein, die nächsten Reihen 3 Steine, 5 Steine und 7 Steine zählen (die Folge der ungeraden Zahlen), so erhält man eine quadratische Zahl: 1+3+5+7=16=4x4. Nimmt man Reihen mit der entsprechenden Folge gerader Zahlen, ergibt sich eine „rechteckige Zahl“: 2+4+6+8=20=4x6.

Eine Entdeckung von Pythagoras, die sich bis in unseren Schulunterricht gerettet hat, ist „der Satz des Pythagoras“: Bei einem rechteckigen Dreieck hat das Quadrat über der Hypotenuse (Grundstrecke) denselben Flächeninhalt wie die Summe der Quadrate über den Katheten (Seitenstrecken). Ein wesentlicher Bestandteil des „Pythagoras“ ist insofern verschollen, als wir den ursprünglichen Beweis nicht mehr kennen.

Der Glaube an die Harmonie der Welt wird durch die Entdeckung der irrationalen Zahlen jäh erschüttert. Dazu kommt es, wenn man ein Quadrat in zwei gleiche Dreiekke aufteilt, eines der Dreiecke herausgreift und darauf den „Pythagoras“ anwendet. Das bedeutet, dass das Quadrat über der Diagonale denselben Flächeninhalt hat wie die beiden gleichgroßen Quadrate über den Seiten zusammengenommen. Bei einer Diagonale von 2 cm Länge, hat das Quadrat über der Diagonale einen Flächeninhalt von 4 Quadratzentimetern, die beiden Quadrate über den Seiten zusammengenommen denselben Flächeninhalt. Jedes von ihnen hat also eine Fläche von 2 Quadratzentimeter und eine Seitenlänge von Wurzel aus 2 Zentimetern, also 1,414212962------. Zentimetern. Wir haben eine Zahl mit unendlicher Ziffernfolge vor uns: eine irrationale Zahl.

Lange kann man diese peinliche Entdeckung nicht geheim halten. Es gibt das Gerücht, ein Mitglied der philosophischen Bruderschaft habe das Geheimnis verraten. Den Verräter habe man in einem See ertränkt.

Die Gemeinschaft der Pythagoräer zerfällt bald. Pythagoras selber genießt weiter hohes Ansehen. Die Gebildeten des Mittelalters sehen in ihm den Begründer der Musikwissenschaft und der Mathematik, einen prominenten

Verkünder der Unsterblichkeit der Seele und denjenigen, der den Begriff „Philosophie“ geprägt hat.

Am Rande sei bemerkt, dass Wurzel 2, also die Zahl, die mit sich selbst multipliziert 2 ergibt, der Star unter den irrationalen Zahlen geworden ist. Wurzel 2 kehrt bei den Din- Formaten A5, A4, A3 usw. wieder. Bei allen ist das Verhältnis Höhe zur Breite wie Wurzel 2 zu 1.

DIE SACKGASSE

Ein Mathematiklehrer erwartet seine Schüler. 5 kommen und 6 gehen. Wenn jetzt noch einer kommt, denkt der Lehrer, ist die Klasse wieder leer.

Wir sind bei den negativen Zahlen gelandet. Ihr Anwendungsbereich ist begrenzt. Bei Temperaturen haben sie einen Sinn, bei Schülern nicht. Lässt sich mit negativen Zahlen genauso rechnen wie mit positiven Zahlen? Grundsätzlich ja. Einen Haken gibt es, nämlich beim Wurzel ziehen. Welche Zahl zum Quadrat erhoben, ergibt -1? Keine. Um dieses Ärgernis zu beseitigen, hat man kurz entschlossen die Zahl deren Quadrat -1 ergibt „i“ genannt. Jetzt rechnet es sich wie geschmiert. Dass Rechnungen mit „i“ keinen Nutzen bringen, weil „i“ irreal ist, hat noch keinen Mathematiker gestört.

DAS UNENDLICHE

In der Alltagssprache ist der doppelt falsche Satz gebräuchlich: Parallelen schneiden sich im Unendlichen. Denn Parallelen schneiden sich nicht, und im Unendlichen schneidet sich nichts. Was sich schneidet, tut es im

Endlichen. Das Unendliche erscheint für unser Denken unnahbar. Und doch hat sich die Mathematik damit befasst, zweckfrei, wie sich versteht.

Die erste Frage, ob es eine größte Zahl gibt, hat bereits Euklid um 300 vor Christus mit „nein" beantwortet. Nehmen wir an, es gäbe eine größte Zahl, so kann man 1 addieren und erhält eine neue größte Zahl, zu der man wieder 1 addiert usw.

Es war der Mathematiker Georg Cantor, der als erster die Unendlichkeit näher betrachtet hat. Er fand heraus, dass es Unendlichkeiten verschiedener Mächtigkeit gibt. Zunächst erstaunt es den Nichtmathematiker, dass die Menge aller geraden Zahlen, also 2,4, 6 usw. die gleiche Mächtigkeit wie die Menge der natürlichen Zahlen, also 1,2,3, usw. hat, weil man jeder geraden Zahl eine natürliche Zahl zuordnen kann. Am 7.12.1873 bewies Cantor in einem Brief, dass die reellen Zahlen zwischen Null und Eins, also alle Kommazahlen (solche mit endlich vielen und solche mit unendlich vielen Stellen hinter dem Komma) eine größere Mächtigkeit als die natürlichen Zahlen haben, weil sie sich nicht auf den natürlichen Zahlen abbilden lassen. Mit diesem Brief hat Cantor eine neue mathematische Disziplin begründet, das Rechnen mit verschieden großen Unendlichkeiten.

Etwas vom Unanschaulichen der Unendlichkeit haftet dem Licht an. Bekanntlich ist es nie langsamer, aber auch nie schneller als 299792458 Meter pro Sekunde. Wenn in einem Gedankenexperiment zwei Züge mit einer Geschwindigkeit von je 200 Stundenkilometern an einander vorbeirasen, ist die Begegnungsgeschwindigkeit 400 Stundenkilometer. Beschleunigen sie jeweils auf Lichtgeschwindigkeit, ist die Begegnungsgeschwindigkeit nicht etwa 2 Lichtgeschwindigkeiten. Sie bleibt unverändert die einfache Lichtgeschwindigkeit. Physiker sprechen in diesem Zusammenhang seit Einstein von Raumzeit, in der Raum und Zeit sich bedingen. Sie sagen das, ohne sich darunter mehr vorstellen zu können als Nichtphysiker.

Einen schlichteren Umgang mit einer Unterart des Unendlichen, der Ewigkeit, kennt die Alltagssprache. Dort gibt es die „halbe Ewigkeit", eine gefühlte Zeit, deren Dauer die jeweilige Lebenssituation bestimmt. Manchmal dauert etwas aber auch „eine Ewigkeit". Die Dauer einer Ewigkeit ist gleichfalls gefühlsabhängig. Eine halbe Ewigkeit kann durchaus länger sein als eine Ewigkeit. Beide Male ist entscheidend, wie sehr es pressiert. Der Mensch ist ein unlogisches von Natur aus für mathematisches Denken ungeeignetes Geschöpf. Könnte man Cantor in diesem Zusammenhang um eine Stellungnahme bitten, so würde der darauf hinweisen, dass der Bruchteil einer Ewigkeit ebenso ewig ist wie die ungekürzte Ewigkeit, was logisch ist, mehr aber auch nicht.

BINÄR (PAARWEISE)

Wir sind es gewöhnt in gegensätzliche Paaren zu denken: „Innen- Außen", „Links -Rechts", „Oben- Unten", „Offen- Geschlossen", „An – Aus". Eine Erfindung, die inzwischen unser Leben dominiert, der Rechner (Computer) ist ein Beispiel für unsere Art zu denken. Er „arbeitet" mit nur zwei Zuständen: „An" und „Aus". In der Datenverarbeitung werden daraus „Null" und „Eins". Die Zahl der

„Null-“ und „Eins- Daten“ ist beliebig. Wenn ein komplexer Sachverhalt beim Programmieren in Computersprache übersetzt wird, ist die Zahl der dazu benötigten Nullen und Einsen schier unvorstellbar. Es hat sich als sinnvoll erwiesen, Maßeinheiten für die Menge der jeweils benötigten Daten festzulegen. Die kleinste Datenmenge bestehend aus einer „Null“ und einer „Eins“ ist ein „Bit“. Acht Bit ergeben ein Byte, 1024 Byte entsprechen 1 Kilobyte (KB). 1024 Kilobyte sind dann 1 Megabyte (MB) und 1024 Megabyte entsprechen 1 Gigabyte (GB). Inzwischen ist es uns zur Selbstverständlichkeit geworden mit Datenmengen von Mega- und Gigabyte zu arbeiten. Dass die dabei uns erstehenden Wunderwerke nichts anderes sind als viele Nullen und Einsen, ist uns nicht mehr bewusst.

PARADOXIEN

Der altgriechische Begriff „paradoxos“ bedeutet unerwartet. Unerwartet kann vieles sein′. Eine Zunft, die sich mit Paradoxien beschäftigt, sind die Mathematiker. Aber auch andere Wissenschaften thematisieren sie.

Bekannt sind die Paradoxien des Zenon von Elea, darunter „Der Wettlauf von Achilles mit der Schildkröte“. Da Achilles um vieles schneller ist, gewinnt er jeden Wettlauf, meint man. Das ist zweifellos zutreffend, wenn beide von derselben Linie aus starten. Dann kann die Schildkröte nur noch Achills Fersen bewundern. Gibt Achill der Schildkröte dagegen einen Vorsprung, so wird er sie nie überholen. Das „beweist“ Zenon. Denn jedes Mal, wenn Achilles den letzten Ort der Schildkröte erreicht, ist die Schildkröte schon fort. Der Vorsprung schmilzt, aber die

Schildkröte behält den Kopf vorne, zuletzt einen Zentimeter, dann nur noch einen Millimeter usw. Einen Mathematiker interessiert, wann genau Achill die Schildkröte erreicht. Für denjenigen, der das Rechnen mit unendlichen Reihen beherrscht, ist das eine kleine Übung. Zenon benutzte seine Paradoxien als Argument im Philosophenstreit, ob die Welt teilbar oder, wie Zenon glaubte, ein Kontinuum ist.

Eine andere Form der Paradoxien ist die, dass zwei Aussagen zu etwas Widersprüchlichem zusammengefügt werden. Hierzu zählt die Barbierparadoxie. „Man kann einen Barbier als jemanden definieren, der all jene und nur jene rasiert, die sich nicht selbst rasieren. Die Frage ist: Rasiert der Barbier sich selbst? Bei dem Versuch, die Frage zu beantworten, ergibt sich ein Widerspruch. Denn rasiert der Barbier sich selber, gehört er laut Definition zu denen, die sich nicht selber rasieren. Rasiert er sich aber nicht selber, dann rasiert er sich laut Definition selber. Die Paradoxie ist die Folge einer falschen Berufsdefinition. Richtigerweise ist der Dorfbarbier, derjenige, der von den anderen Dorfbewohnern, die rasiert, die sich nicht selbst rasieren.

Man kann beliebig viele Paradoxien konstruieren, die diesem Schema unterliegen, etwa „Dieser Satz ist falsch" oder: „Alle Bürgermeister dürfen nicht in ihrer eigenen Stadt leben, sondern müssen in die eigens dafür eingerichtete Bürgermeister-Stadt Bürgstadt ziehen". (Wo nun lebt der Bürgermeister von Bürgstadt?)

Hierher gehört auch das bekannte Allmacht Paradoxon: Bei einem ihrer Treffen diskutieren Gott und Satan über Allmacht. Du hältst dich für allmächtig? bezweifelt Satan. Wieso zweifelst du? fragt Gott. „Wenn du allmächtig wärest, dann könntest du einen so schweren Stein erschaffen, dass selbst ein Allmächtiger ihn nicht zu heben vermag".

In der Alltagssprache finden wir paradoxe Formulierungen. Sie sind Stilmittel, um einer Aussage Prägnanz zu verleihen. Hier einige Beispiele: Weniger ist mehr. Geben ist seliger als nehmen. Das einzig Beständige ist die Veränderung. Wir sind uns einig, dass wir uns nicht einig sind. Unsere Erfahrung ist, dass der Mensch aus Erfahrungen nicht lernt.

Von den Paradoxien, die dadurch als Stilmittel wirken, dass sie einen scheinbaren Widerspruch enthalten, sind solche Paradoxien zu unterscheiden, die einen tatsächlichen Widerspruch beinhalten und dadurch zum Problem werden, etwa die Aufforderung an jemanden, der sich vergeblich um eine zündende Idee bemüht. „Nun sei doch mal spontan". Hierhin gehört ein Phänomen gegenläufiger Botschaften, das Gregory Bateson als „double bind" bezeichnet. Gemeint sind doppeldeutige Verhaltensweisen wie die, dass jemand einem anderen seine Liebe mit Worten versichert, ohne entsprechende körperliche Signale zu senden. Sprachliche und körperliche Botschaft klaffen auseinander.

Der menschliche Erfindungsgeist ist beim Thema Paradoxien nicht zu bremsen: Ein Zeitreisender, der in der Vergangenheit seinen Großvater umbringt, würde nie geboren werden, und könnte daher seinen Großvater nicht umgebracht haben. Ein wenig juristische Spitzfindigkeit und schon hat man die nächste Paradoxie: Auf der Wiese steht ein Schild „Betreten der Wiese verboten". Man fragt sich, wie war es möglich, das Schild aufzustellen?

Etwas so Anregendes, wie es Paradoxien sind, hat seinen Weg auch in die Kunst gefunden. So gibt es im öffentlichen Raum vielfältige Darstellungen von Penrose Dreiecken. Ideengeber ist Roger Penrose, (Nobelpreisträger für theoretische Physik im Jahre 2020 gemeinsam mit Andrea Ghez und dem Deutschen Reinhard Genzel, siehe oben), der (nebenher) auch „unmöglichen Figuren" entworfen hat, darunter ein Dreieck, das scheinbar drei rechte Winkel hat.

Das Thema Paradoxien hat uns von der Mathematik über einige Seitenwege zurück zur Mathematik geführt. Gemeinsam ist allen Teilbereichen, dass Erwartungen getäuscht werden. Das ist es, was Paradoxien so reizvoll macht.

Wir haben mit Hilfe der Mathematik einiges über den Menschen erfahren. Die Kombination aus zweckgerichteter und zweckfreier, spielerischer Neugier ist offensichtlich das Erfolgsrezept, um die Grenzen dessen, was wir wissen können, beträchtlich hinauszuschieben.

DAS PRAKTISCHE LEBEN

Im Jahre 1951 nach den Sommerferien zogen Günter und ich nach Gießen und kamen in die Liebigschule. Die erste Stunde beim SF (Dr. Fritz Schmidt) begann mit Kopfrechnen. Die Klasse stand. Wer die Lösung als erster hatte, durfte sich setzen. Obwohl ich mich für einen guten Kopfrechner hielt, dauert es eine Weile, bis ich mich setzen konnte. Der SF hatte mit der Klasse Rechenvorteile geübt, die mir fremd waren, darunter 7 x11x13=1001. Es hat sich gelohnt, dieses Ergebnis zu behalten. Wenn man es geschickt anstellt, gelingt es einem immer mal wieder, damit andere zu verblüffen.

Es gibt Vorurteile, die unausrottbar scheinen wie das, es gäbe eine Spezialbegabung für Mathematik. Diese sei dem männlichen Geschlecht und auch dort nur wenigen in die Wiege gelegt. Die Wirklichkeit ist anders. Menschen lassen sich mehr oder weniger von der Mathematik begeistern. Wir hatten einen Lehrer, der ließ uns den Beweis des „Pythagoras" selber entdecken. Schon glaubten etliche, darunter ich selber, an unser mathematisches Talent, mit der Folge, dass sich dieses Talent bis zu einem gewissen Grad einstellte.

Was mir an der Mathematik imponierte, war die Lebensfremdheit. Das beginnt bei schlichten Textaufgaben wie der folgenden Dreisatzaufgabe: Ein Becken wird aus 3 Röhren mit Wasser gefüllt. Die erste bräuchte für sich genommen 4 Stunden, die zweite 3 Stunden, die dritte 2 Stunden. Wie lange dauerte die Füllung, wenn alle Röhren gleichzeitig Wasser speien? Diese Aufgabe kommt mir regelmäßig in den Sinn, wenn ich im Sommer meine Wasserbecken eines nach dem anderen mit demselben Schlauch nachfülle.

Bei dieser Gelegenheit sei meiner Schwiegermutter gedacht, die immer wieder Gelegenheit fand, ihre Dreisatzleidenschaft auszuleben, etwa wenn sie die Gesamtmietnebenkosten auf die Bewohner ihres Hauses teils nach Personenzahl pro Monat, teils nach Quadratmeterzahl pro Monat umlegte.

DAS URMETER

Im Laufe der Zivilisationsgeschichte gab es zahlreiche Längenmaße: Faden, Seemeile, Schritt, Yard, Stadion, Klafter, Arschin, Elle, um einige zu nennen. Weltweit durchgesetzt hat sich inzwischen das Meter. Die Entstehungsgeschichte macht das verständlich. Sie ist ein zähes Ringen um absolute Genauigkeit.

Am 26. März 1791 beschloss die verfassunggebende Versammlung in Paris die Einführung einer universellen Längeneinheit. Das neue, noch nicht „Meter" genannte Längenmaß solle der zehnmillionste Teil des Erdmeridianquadranten (Strecke vom Pol zum Äquator) sein. Im Jahr 1795 wurde ein erster Messing-Prototyp der inzwischen bereits Meter genannten Maßeinheit von1000,325 Millimetern Länge hergestellt. Am 26. September 1889 hat die Generalkonferenz für Maß und Gewicht dieses Urmeter durch einen neuen Meterprototypen ersetzt. Man verwandte für diesen eine Legierung aus 90 % Platin und 10 % Iridium, goss einen Barren von 1,02 Metern Länge und einem Querschnitt von 20 mm × 20 mm, auf dem man das Meter abmaß, das man zum Schutz gegen Wärmeausdehnung bei einer Temperatur von 0 °C in einem Stahlschrank aufbewahrte. Am 20. Mai 1875 beschloss die „internationale Meterkonvention" von siebzehn Staaten die Übernahme des Urmeters als allgemein gültige Maßeinheit. Mit dem Fortschritt der Messtechnik traten die Nachteile des Urmeters immer deutlicher zutage: Ein körperlicher Gegenstand ist nie ganz stabil, sondern verliert an Substanz. Messungen können den Gegenstand beschädigen und können auch nur dort vorgenommen werden, wo er sich befindet. Die Lösung dieser Probleme gelang 1960, als man die Wellenlänge von Licht als Maßstab wählte. Seit 1983 ist die Lichtgeschwindigkeit Referenzgröße.

Vom ersten Versuch das Meter als Längeneinheit zu eichen bis zur modernen auf zahlreiche Kommastellen genauen Berechnung mit Hilfe des Lichts haben sich viele qualifizierte Wissenschaftler Blasen ans Hirn gedacht, jeweils in dem Bewusstsein, Wichtiges für die Menschheit zu leisten.

Werfen wir kurz einen Blick auf das Nachbarmaß, die Sekunde. Dort ist die Präzision der Messung vergleichbar. Im Jahre 1946 wurde die Atomuhr erfunden, die in 300000 Jahren höchstens eine Sekunde nachgeht. Wie wichtig es für manche Menschen ist, eine genau gehende Uhr zu haben, erkennt man daran, dass inzwischen weltweit 260 dieser Uhren von Menschen installiert wurden, denen es auf jede Sekunde in 300000 Jahren ankommt.

WIE HOCH IST DER MOUNT EVEREST?

Die Höhe des Mount Everest, des höchsten Berges der Erde, wurde in vielen Messungen bestimmt. Die Ergebnisse schwanken zwischen 8840 und 8850 m. Die Messungen gestalteten sich schwierig, einmal wegen der Eisschicht auf dem Gipfel und dann wegen der Notwendigkeit, unter den gefährlichen klimatischen Bedingungen der „Todeszone“ arbeiten zu müssen. Die Eisschicht auf dem Gipfel wird nicht in die Höhe mit eingerechnet, da sie starken Schwankungen unterliegt. Die exakte Höhe muss sich folglich auf die Höhe des Felssockels darunter beziehen. Bei den ersten Messungen war dies noch nicht möglich. Ein weiteres Problem ist die Bezugsgröße Meeresspiegel. Die Angabe für die Gipfelhöhe des Mount Everest ist seit der ersten Messung im Jahre 1848 mehrfach korrigiert worden. Das Bedürfnis nach Exaktheit und danach alle Vorgänger hierin zu übertreffen, hat zu einem steten Fortschritt der Messmethoden geführt. 1856 wurde aus Angaben von sechs verschiedenen Vermessungsstationen eine Höhe von 8840 m errechnet. Die lange Zeit geltende Höhenangabe von 8848 m war 1954 aus den Messdaten von insgesamt zwölf Vermessungsstationen als Mittelwert errechnet worden. 1975 wurde die Höhe mit 8848,13 m bestimmt. Die nächste Überprüfung im Jahre 1992 ergab eine Höhe von 8848,82 m. Ab Mai 2005 galten 8844,43 m als exakte Höhe. 2020 vermaßen China und Nepal den Berg gemeinsam neu und stellten eine Höhe von 8848,86 m fest. Wer glaubt, wir seien damit am Ende der Messungen angekommen, kennt die Menschen schlecht. Der Nepalese Khim Lal Gautam, der mit seinem Team im Jahre 2019 bei -43 Grad Celsius zwei Stunden lang auf dem Gipfel gemessen hatte, beabsichtigt nach Abgleich mit den Daten der chinesischen Expedition ein noch genaueres Ergebnis vorzulegen.

DIE SCHRIFT

Unter unseren elementaren Bildungsgütern ist die Schrift ebenso bedeutsam wie die Mathematik. In der Gegenwart ist das Leben eines Analphabeten das Dasein eines sozial Behinderten. Unsere aktuelle Schrift hat eine lange Vorgeschichte. Die ersten Schriftzeichen sind mehr als 8000 Jahre alt. Weltweit entwickelten sich die unterschiedlichsten Schriften. In Mesopotamien entstand vor etwa 6000 Jahren die Keilschrift, die zunächst aus Piktogrammen, also vereinfachten Bildzeichen bestand. Sie diente in erster Linie dazu, landwirtschaftliche Listen und Tabellen zu führen. Mit der Zeit wurde die Schrift leistungsfähiger. Die Zahl der Piktogramme verringerte sich von 1500 auf 600 Zeichen, weil einzelne Zeichen mehrere Bedeutungen annehmen konnten.

Wesentlich höheren Anforderungen musste die Hieroglyphenschrift genügen. In ihr wurden landwirtschaftliche und medizinische Texte, aber auch Texte zu Erziehungsfragen, Gebete, Legenden, Rechtstexte und verschiedenartige Literatur niedergeschrieben. Sie war daher weit ausdifferenzierter als die Keilschrift, obwohl sie gleichfalls Piktogramme verwandte.

Hieroglyphen wurden von den Ägyptern als ein Geschenk der Götter und insofern als heilig betrachtet.

Die Schreiberzunft bildete eine privilegierte Schicht innerhalb der ägyptischen Gesellschaft. Schreiber kontrollierten die Steuereinnahmen. Außerdem bestimmten sie, an wen sie die Schreibkunst lehrten. Wegen der Vielfalt der Hieroglyphen war Schreiben sehr kompliziert. Kein Wunder, dass die Hieroglyphenschrift uns lange ein Buch mit Sieben Siegeln blieb. Noch heute ist in unsere Umgangssprache ein „Hieroglyphen Schreiber“ jemand, dessen Schrift unleserlich ist.

Vieles von dem, was wir wissen, danken wir der fast grenzenlosen mit Beharrlichkeit gepaarten Neugier. Ein Musterbeispiel ist die Erforschung der Hieroglyphen.

Eine Sensation bahnte sich 1799 an, als französische Soldaten, welche die Küste Ägyptens gegen die Engländer sicherten, bei Bauarbeiten in Rosette, einer alten ägyptischen Hafenstadt im westlichen Nildelta, einen der bedeutendsten archäologischen Funde aller Zeiten machten, einen mit Schriftzeichen bedeckten schwarzen Stein. Beim näheren Betrachten erkannte man, dass der Stein dreierlei Schriftzeichen enthielt. Der obere stark beschädigte Teil des Steins war mit Hieroglyphen bedeckt, der mittlere mit demotischen Schriftzeichen, der untere mit griechischen Buchstaben. Das Griechische war für die Gelehrten leicht zu entziffern. Zu lesen war eine Verordnung der altägyptischen Priester aus Memphis aus dem Jahr 196 vor Christus. Die letzte Zeile des griechischen Textes barg die Sensation. Sie besagte, dass der Beschluss in drei Schriften aufgeschrieben werden sollte. Damit war klar, dass die Texte inhaltsgleich waren. Abschriften des Steines wurden angefertigt und an europäische Gelehrte verteilt. Welcher Text war so bedeutsam, dass möglichst alle Bevölkerungsschichten Ägyptens ihn lesen sollten? Viele Gelehrte bemühten sich jedoch vergeblich um die Entschlüsselung, weil sie der falschen Annahme waren, bei den Hieroglyphen handele es sich um eine reine Bilderschrift. Erst im Jahre 1822 gelang es dem Franzosen Jean-François Champollion, die Schrift zu entziffern. Das Dokument enthielt wesentliche Zugeständnisse von Ptolemaios V an die

Priesterschaft u. a. einen Verzicht auf ausstehende Steuern. Das Entziffern des ersten Hieroglyphentextes war der Startschuss zur modernen Ägyptologie.

GUERNICA

Auch im Zeitalter der Buchstabenschrift leben Bildschriften fort, wenn auch auf eine spezielle Weise, etwa als Piktogramme (von lateinisch pictum=‚gemalt' und griechisch gráphein=schreiben'), aber auch in der bildenden Kunst. Das berühmteste Beispiel ist das Gemälde Guernica von Pablo Picasso. Es entstand als Reaktion auf die Zerstörung der spanischen Stadt Guernica durch den Luftangriff vom 26.4.1937 der deutschen Legion Condor und der italienischen Corpo Truppe Volontarie, die während des Spanischen Bürgerkrieges auf Seiten Francos kämpften. Guernica war eines der ersten Bombardements mit dem Ziel, die Zivilbevölkerung auszulöschen. Auf einer Bildfläche von mehr als 27 Quadratmetern komponiert Picasso eine Vielfalt an Symbolen wie ein von einem Speer durchdrungenes Pferd, einen Krieger mit einem zerbrochenen Schwert in der rechten und einem aus der Faust des Kriegers wachsenden Olivenzweig, einer brennenden Frau, einer fliehenden Frau und einer Mutter mit totem Kind. Picasso hat stets abgelehnt, seine Symbole selber zu deuten, die seien für jedermann verständlich.

Das Gemälde wurde zum ersten Mal im spanischen Pavillon der Pariser Weltausstellung gezeigt.

Nach der Weltausstellung konnte man im Bürgerkriegsspanien keine derartig eindringliche Ermahnung zum Frieden brauchen, so dass Picasso das Bild selber zurücknehmen musste. Eine Kopie in Form eines Wandteppichs im Vorraum zum Sitzungssaal des UN-Sicherheitsrats wurde als störend empfunden, als US-Außenminister Colin Powells mit gefälschten Beweismitteln die Zustimmung der Sicherheitsrats zum Krieg gegen Saddam Hussein erstrebte. Es wurde deshalb auf Wunsch der US-Regierung mit einer Fahne verhängt. Seit 2021 ist der Wandteppich beseitigt. Ob es zu vielen ein schlechtes Gewissen macht?

Das Original hat 1992 im Museo Reina Sofía in Madrid seine endgültige Heimat gefunden.

TEIL 5

WAS IST DER MENSCH?

Mit den Antworten auf die Fragen „was sollen wir tun“? „was dürfen wir hoffen“? und „was können wir wissen“? haben wir bereits einiges Charakteristische zu der eigentlichen Frage nach dem Menschen zusammengetragen. Gleichwohl bleibt vieles offen. Nichts verrät so viel über den Menschen wie seine Sprache. Sie ist deshalb unser nächstes zentrales Thema.

DIE SPRACHE

Um Lebensnotwendiges zu kommunizieren, bedürfte es keiner so komplexen Sprachen wie der, die sich im Laufe der Menschheitsentwicklung gebildet haben, was wir an den Tieren sehen, deren Ausdruckmöglichkeiten wesentlich schlichter sind. Unsere Sprache trägt dazu bei, Gefühle zu übermitteln und Beziehungen zu verfeinern. Sie ist die Voraussetzung, um komplexere Sachverhalte zu erforschen und zu verstehen. Sie ist ein Machtinstrument. Schließlich ist Sprache der Rohstoff der menschlichen Phantasie. Sie liefert Waffen für Streit und Krieg, Werkzeuge für Frieden und Versöhnung, Werkstoff für Gespräch und Therapie, für Gedichte und Prosatexte.

Robert Gernhardt hat seine Frankfurter Literaturvorlesung mit dem Satz überschrieben: „Was das Gedicht vermag- alles". Über das Vermögen der Sprache möchte ich weniger provokativ urteilen: sie kann vieles.

OTFRIED VON WEISSENBURG

Ehe wir veranschaulichen, was Sprache vermag, soll stellvertretend für die vielen, denen wir das heutige Niveau unserer Muttersprache verdanken, einer ihrer Wegbereiter zitiert werden, ein Mönch, aus dessen Leben wir lediglich sicher wissen, dass er im Jahre 830 Konvent Angehöriger in Weißenburg war. Heute erinnert in Weißenburg nichts an ihn außer einer unscheinbaren Steinplatte an der Mauer der Zehntscheuer. Um so besser erhalten ist Otfrieds Hauptwerk, sein zwischen 863 und 868 entstandenes Evangelienbuch, von dem sogar noch das von Otfried korrigierte Original existiert. Dabei handelt es sich um eine entgegen dem Zeitgeist nicht in Latein, sondern in der fränkischen Muttersprache verfasste poetische Wiedergabe des Lebens Jesu. Darin ersetzt Otfried den seither in der Poesie üblichen Stabreim durch den Endreim. Damit vollbringt Otfried bereits 700 Jahre vor Luther eine der Bibelübersetzung vergleichbare Leistung. Er beklagt, die fränkischen Eliten wählten „für ihre Darstellung lieber die Sprache fremder Völker, d.h. der Römer oder Griechen. Sie hüten sich vor Fehlern in den fremden Sprachen, in der eigenen aber scheuen sie sie nicht. – Es ist erstaunlich, dass Männer von außergewöhnlichem Urteilsvermögen und voller geistiger Beweglichkeit — im Schreiben der eigenen Sprache keine Übung haben". Dann schildert er die Franken als ein Völk, das auf sich stolz sein kann und sich auch seiner Sprache nicht zu schämen braucht, einer

Sprache „rihti in sconeru slitthi“ (der Gradlinigkeit und schönen Schlichtheit).

„MIT ZWEI WORTEN“

Was zwei Worte vermögen, veranschaulicht ein Gedicht von Conrad Ferdinand Meyer. „Am Gestade Palästinas, auf und nieder, Tag um Tag. London?”, frug die Sarazenin, wo ein Schiff vor Anker lag. „London! bat sie lang vergebens, nimmer müde, nimmer zag“. Schließlich gelingt es ihr, an Bord eines Schiffs zu kommen, das sie nach England mitnimmt. In London fragt sie nach „Gilbert“. Man erklärt ihr „Tausend Gilbert gibt‘s in London!”. Sie wird nicht müde, bis man den gesuchten Jerusalempilger Gilbert Becket findet „Liebe wandert mit zwei Worten gläubig über Meer und Land“.

In ihrer Novelle „Zwei Worte“ zeigt Isabel Allende, wie kreativ Sprache sein kann und wie vielfältig sich Worte nutzbar machen lassen. Heldin ist ein Mädchen aus ärmlichsten Verhältnissen. Als sie erfährt, dass Worte niemandem gehören, beschließt sie, Worte zu sammeln und mit ihnen zu handeln. So lernt sie lesen und schreiben und gibt sich den wohlklingenden Namen Belisa Crepusculario (Crepusculo =Dämmer, crepuscular= dämmrig, Crepusculario= Titel einer Gedichtsammlung von Pablo Neruda). Dann zieht sie mit ihrem Wagen von Dorf zu Dorf und handelt mit Sprache. „Sie verkaufte zu gerechten Preisen. Für 5 Centavos zitierte sie Gedichte aus dem Gedächtnis, für 7 Centavos verbesserte sie die Qualität von Träumen, für 9 schrieb sie Briefe von Verliebten, für 12 erfand sie Beleidigungen für unversöhnliche Feinde----Wer ihr 50 Centavos zahlte, dem schenkte sie ein Geheimwort, das die Melancholie vertrieb“. Kein Wort vergibt sie ein zweites Mal. Das wäre für sie Betrug. Mit der Zeit erwirbt Belisa Crepusculario den Ruf einer Sprachzauberin.

METAPHERN

Wenn wir versuchen, jemandem etwas zu erklären und es gelingt uns nicht auf Anhieb, liegt das oft an einer zu knappen abstrakten Ausdrucksform. Im zweiten Versuch wählen wir daher meist Bilder, um uns zu verdeutlichen. Was wir sagen wollen, „übertragen“ wir ins Sinnliche, vorzugweise ins Bildhafte (das aus dem Griechischen stammende Wort Metapher bedeutet „Übertragung“). Metaphern beleben eine Sprache. Eine an Metaphern reiche Sprache ist farbig und eine Freude für den Zuhörer: „Ja, eher geht ein Kamel (eigentlich: Schiffstau) durch ein Nadelöhr, als dass ein Reicher in Gottes Reich kommt“. Man sieht ein Kamel sich verzweifelt an einem Nadelöhr abmühen. Unzweideutig ist auch die Kritik des Virologen Drosten an den Impfnörglern. „Sie finden ein Haar in der Suppe und betrachten es mit der Lupe“. Unsere Sprache ist von Metaphern wie von einem Pilzgeflecht durchwachsen. Entsprechend vielfältig sind die Einsatzmöglichkeiten. Viele von ihnen sind in der Sprache so verwurzelt, dass uns das Metaphorische nicht mehr auffällt. Sammeln wir Beispiele.

DER BERG EIN MENSCH

Beim Blick aus meinem Fenster „erhebt sich“ vor mir der Melibokus. Der „Fuß des Berges“ ist wenige hundert Meter von hier entfernt. Der „Rücken des Berges“ „streckt sich“ in südlicher Richtung bis zur „Schulter des Berges“ in 450 Metern Höhe. Im Augenblick trägt der Melibokus eine „Schneekappe“. Wir übertragen bei der Beschreibung des Berges auf ihn unbewusst das Bild eines sich erhebenden Menschen, wobei wir ihm menschliche Körperteile und eine Kopfbedeckung zueignen.

Nur ein Schritt ist es von der Alltagssprache zur lyrischen Vermenschlichung der Bergwelt, wie Willi Michel zeigt, der die Liebe zweier Alpengipfel besingt: „wie der Waxenstein der Almerspitz seine Lieb verspricht seit vielen hunderttausend Jahr, und die Geschichte ist wirklich wahr“. Schließlich ist Willi Michel durch Zufall in einer Mondnacht Zeuge der Liebeserklärung gewesen.

„UM MITTERNACHT“

Damit sind wir bei den Bergen als Metapher angekommen. Die Berge als Kulisse für den mitternächtlichen Wechsel zwischen zwei Tagen, wählt Eduard Möricke in folgendem Gedicht, zu dem ich eine persönliche Beziehung habe. Während meiner Hochpubertät, als mir nichts so fern lag wie lyrische Gedichte, gelang es unerwartet einem Referendar, unsere gesamte Schulklasse für Mörickes Gedicht zu begeistern. Die Begeisterung ist bis heute geblieben“ Als, wie berichtet, unsere jüngste Enkeltochter anrief, weil sie für die Schule das Lieblingsgedicht ihrer

Großeltern herausfinden sollte, war es noch immer das Möricke Gedicht. Hier sind die ersten Zeilen:

„Um Mitternacht
Gelassen stieg die Nacht ans Land,
Lehnt träumend an der Berge Wand,
Ihr Auge sieht die goldne Waage nun
Der Zeit in gleichen Schalen stille ruhn“;

Die Nacht ist für mich eine schöne Frau, die ohne Eile aus dem Wasser an Land steigt, sich leicht schläfrig an eine Bergwand lehnt und zusieht, wie die goldenen Waagschalen der Zeit, die sich vom Gestern zum Morgen hinneigen, ein Geringes innehalten, wenn das Gleichgewicht der Schalen erreicht ist. Erst jüngst habe ich die Nacht gemalt, wie sie träumend an der Berge Wand lehnt (siehe Titelbild).

„HÖFLICHE MANSCHETTEN“

Bergmetaphern sind mit gutem Grund beliebt. Sie eignen sich dazu, Schönheit, Kraft oder Großmut zu verkörpern. Berge sind erstaunlich aktiv: sie „rufen“, sie „verdüstern ihr Antlitz“ „sie „grollen“, sie „strafen“, sie „hüllen sich in eine Wolke“ oder sie „schweigen“.

Dem Studenten Heinrich Heine war die Stadt Göttingen nach Abschluss des Wintersemester 1820/21 so zuwider, während die Berge ihn magisch anzogen, dass er sich zu seiner „Harzreise“ entschloss. Ein Gedicht bildet den Prolog des Reiseberichts. Die Eingangszeilen handeln von der Göttinger Gesellschaft. Man liest die Beschreibung der Kleidung und weiß genug:

„Schwarze Röcke, seidne Strümpfe,
weiße, höfliche Manschetten“.

Hier haben wir wieder ein „Lebewesen“, die höflichen Manschetten, die neugierig und geschwätzig aus den Ärmeln der Herrschaften schauen. Dann wendet sich Heine den Bergen zu, die für ihn den Inbegriff von Freiheit, Redlichkeit bilden.

„Auf die Berge will ich steigen,
Wo die frommen Hütten stehen,
Wo die Brust sich frei erschließet,
Und die freien Lüfte wehen“.

Am Ende bricht bei Heine die Lebensfreude durch:

„Auf die Berge will ich steigen,
Lachend auf euch niederschauen“.

„EIN GLEICHES“

An der Bergmetapher lässt sich gut die Vielfalt unserer Sprache veranschaulichen. Hier noch ein letztes Beispiel:

Das wohl berühmteste deutsche Gedicht schreibt Goethe wahrscheinlich am Abend des 6. September 1780. Er ist in seiner Eigenschaft als Bergbauminister von Weimar zum mehr als 50 km entfernten Nordrand des Thüringer Waldes geritten und hat auf dem über 800 Meter hohen Berg Kickelhahn Quartier genommen. Vermutlich ist er bei einem derart langen Ritt gelegentlich eingenickt. Als er aus dem Dämmer des Halbschlafs auftaucht, präsentiert ihm sein geniales Unterbewusstsein, was es in der Zwischenzeit vollbracht hat, ein Gedicht, dessen Einmaligkeit Goethe sofort erkennt. Um diesen Schatz nicht wieder zu verlieren, nutzt er die erste Gelegenheit, das Gedicht dingfest zu machen, und schreibt es mit Bleistift an die Holzwand der Jagdaufseher Hütte. Das Gedicht ist wie eine Tagebuchnotiz. Diesmal sind die Berggipfel ein Ort wunderbarer Ruhe, wie wir sie uns in unserer schnelllebigen und lauten Zeit immer wieder ersehnen:

„Ein Gleiches
Über allen Gipfeln
Ist Ruh,
In allen Wipfeln
Spürest du
Kaum einen Hauch;
Die Vögelein schweigen im Walde.
Warte nur, balde
Ruhest du auch“.

Goethe hat dieses Gedicht immer mal wieder in seinem Herzen bewegt, verschiedene Überschriften ausprobiert oder sich damit herumgequält, ob die letzte Zeile besser „Ruhest du auch“ oder „Ruhest auch du“ heißt, ehe er es 1815 erstmals- in der oben zitierten Fassung drucken ließ. Wieviel das Gedicht Goethe bedeutete, mag man daraus ersehen, dass er noch ein halbes Jahr vor seinem Tod ein letztes Mal die Jagdhütte auf dem Kickelhahn besuchte.

WEINWERBUNG

Wenden wir uns von den Metaphern ausdrucksvoller Schönheit dem praktischen Leben zu, als erstes dem Metapher Verbrauch der Werbung. Ein Hobbywinzer wie ich staunt über die Weinwerbung. Der Erfolg von Werbung beruht im Wesentlichen darauf, dass sie unsere Sinne durch eine Schwemme von Metaphern reizt, unser Vertrauen in die Sicherheit, die Verlässlichkeit des Produktes weckt und unsere Empfänglichkeit für das beworbenen Produkt steigert.

Um einen Wein attraktiv zu machen, hat man eine breite Palette verlockender sinnlicher Lebensgenüsse, vor allem Geschmacksverfeinerungen zur Auswahl. Weine sind nicht sauer, sondern „unbekümmert jung", „von „lebhaftem Säurespiel", „feiner Gerbsäure", „herber Rhabarbertönung" oder „rau ohne Rohheiten im Abgang". Weine, bei denen Süß und Sauer sich die Waage halten, haben „einen großzügig ausgeglichenen Charme", sind „muskulös ausbalanciert", mit einem „Anklang von Mittelmeergewürz" oder bilden „im Munde eine kompakte gelungene Komposition mit edel ausgewogenen Tanninen". Weine, die weder süß noch sauer sind, nennt man „balsamig geschmeidig". Man lobt die „mandelartigen Töne", die „intimen Aromen", oder den „floralen Hintergrund". Jeder Wein hat einen „Charakter", beispielsweise einen „aristokratischen von beeindruckender Tiefe" und „Temperament", das „von verführerischer Blumigkeit" sein kann.

Meinen eigenen Wein habe ich in einer Art Parodie auf die Werbung einmal so angepriesen: „Die kernreiche Kleintraube gibt dem Wein sein unverwechselbares Frostbeulenlila. Seine Spuren sind fleckentfernerresistent. Trotz seiner abführenden Wirkung ist „der rote Karl" von einer Kennersekte in einem bis zur Hörigkeit reichenden Maß geschätzt".

THERAPEUTISCHE METAPHERN

In der Konfliktberatung zeigt sich immer wieder, dass sich für schwierige Aussagen die Metapher Form anbietet. Sie bewahrt den Betroffenen davor, um den heißen Brei herum zu reden, Nebensächlichkeiten in den Vordergrund zu rükken, das Wesentliche auszublenden oder auf missverständliche Weise zu verklausulieren. Wer Rat sucht, geht daher gerne auf den Vorschlag ein, ein Bild für sein Problem zu wählen. Der Eine hat das Gefühl, „ihm werden die Füße unter dem Leib weggezogen", der Andere „steht mit dem Rücken an der Wand", dem Dritten „erscheint die Zukunft wie ein undurchdringlicher Nebel". Depressive Patienten quälen sich häufig mit einem „schwarzen Loch" herum. Der Therapeut greift die angebotene Metapher auf, lässt das Problem zunächst auf der metaphorischen Ebene lösen und dann die Lösung in die Realität übertragen. Hier ein verkürztes Beispiel: A „befindet sich in einem schwarzen Loch". Das Gespräch beginnt metaphorisch, also mit einer Beschreibung des schwarzen Lochs. A erklärt, wie er hineingeraten ist. Dann werden auf der Metapher Ebene Ideen gesammelt, wie A aus dem schwarzen Loch entkommt. Es stellt sich heraus, dass A in das Loch gestoßen wurde, dass das Loch nicht sonderlich tief ist und dass A jemanden bitten kann, ihm eine Strickleiter zu reichen. Der zweite Teil, die Übertragung vom Metaphorischen ins Reale ist eine Tätigkeit, die der des Fremdsprachenübersetzers ähnelt. Das Problem von A ist eine gescheiterte Beziehung. A hat gute Freunde, deren Hilfe er in Anspruch nehmen wird.

AUF EINER BURG

Der gezielte Einsatz von Metaphern ist in der Konfliktvermittlung aus denselben Gründen wie bei der Therapie ein wertvolles Werkzeug. Bei Beziehungskonflikten häufen sich die Ritterburg Metaphern. „Gräben werden aufgerissen“, „die Zugbrücke hochgezogen“. „das Visier herabgelassen“. Jemand „gerät in Harnisch“, kommt „mit eingelegter Lanze angesprengt“, teilt „Streiche aus“ und „verschanzt sich“. Metaphern sind vom Gegner leichter zu verkraften als konkrete Vorwürfe und erschweren eine Vermittlung nicht in dem Maß, wie es wirkliche Vorwürfe tun. Bei einer Vermittlung wählt man die korrespondierenden Versöhnungsmetaphern. Wer bereit ist „die Zugbrücke herabzulassen“, „Gräben zuzuschütten“ oder auch „neue Brücken zu bauen“ oder „vom hohen Ross herabzusteigen und auf den Anderen zuzugehen“., zeigt damit an, dass er gewillt ist, an einer Lösung des Konflikts mitzuarbeiten.

Wer professionell in Konflikten vermittelt, hütet sich davor, zu früh fertige Lösungen zu präsentieren.

Behutsamer ist es, ähnlich wie in der Therapie zunächst eine metaphorische Lösung anzustreben und erst dann konkret zu werden.

DIE KUH AUF DEM EIS

Ein Konflikt lässt sich außer mit Ritterburg Metaphern auf vielfältig andere Weise umschreiben. Da gibt es „den Wassertropfen, der das Fass zum Überlaufen gebracht hat“. Andere fühlen sich verstanden, wenn sie vom „außer Kurs geratenen (Ehe)schiff“ sprechen dürfen. Um eine Konfliktlösung metaphorisch zu begleiten, können sich eigene Metaphern als sinnvoll erweisen. Wenn sich Rechtsanwälte in meinen Gerichtsverhandlungen zu zerstreiten drohten, habe ich gelegentlich gefordert, den Parteien „keine

Steine statt Brot zu geben“ oder ich habe gefragt „Wie bekommen wir die Kuh vom Eis?“. Ein anderes Mal habe ich empfohlen „über seinen Schatten zu springen“ oder gelobt: „Das war ein Schritt in die richtige Richtung“.

DAS FUSSBALL - EIN KRIEGSSPIEL

Unsere Sprache ist von Kriegsmetaphern durchzogen. Betrachten wir zum Beispiel den Fußball. Aus einem Spiel wird schnell eine „Schlacht“, in der „Schüsse abgefeuert“ und auch mal „Granaten geballert“ werden. Da gibt es den „schusssicheren Scharfschützen“, „Angriffe, die die gegnerische Verteidigung überrollen“, aber auch „Elfmetertöter“ und „Abseitsfallen“, die mal „zuschnappen“, mal nicht. Unversehens wird der Landkrieg zur Seeschlacht, wenn „Bälle im Netz zappeln“ oder „versenkt werden“, oder er wird zum Luftkrieg“, bei dem der „der Bomber der Nation“ zum Einsatz kommt, der „die Lufthoheit ausübt“, „bombensicher“ ist und „alles zusammenschießt“.

Es geht auch anders. Fußballexweltmeister Thomas Müller, äußerte einmal in einem Interview. „Wer gegen uns Bayern spielt, muss sich vorkommen, als gerate er in ein Haifischbecken“.

KRIEG UND FRIEDEN

Erschreckend ist die Macht von Kriegsmetaphern. Welcher Schaden aus einem falschen Wort entstehen kann, haben wir am 6. Januar 2021 mit ansehen müssen, als Donald Trump seine Anhänger aufforderte, zum Kapitol zu marschieren, und „wie Hölle zu kämpfen“. Die Metapher

„kämpfen wie Hölle" regt Gewaltphantasien an, ohne präzise Vorgaben zu machen. Jeder soll vor dem Kapitol das Maß an Gewalt ausüben, was er sich zutraut. So haben die einen geschrien, die anderen sind in den Sperrbezirk eingedrungen und haben Sicherheitskräfte angegriffen, wieder andere haben sich bis ins Kapitol gewagt und dort Verwüstungen angerichtet. Menschen sind ums Leben gekommen.

Bei der Gelegenheit sei an die Hunnenrede unseres Kaisers Wilhelm II am 27. Juli 1900 in Bremerhaven erinnert, als er das deutsche Expeditionskorps zur Niederschlagung des Boxeraufstandes im Kaiserreich China verabschiedete. Der Kaiser verlangte, die Soldaten sollten „wie die Hunnen" kämpfen. Das taten sie auch. „Man kann mit Sicherheit sagen, dass auf einen wirklichen Boxer, der getötet wurde, fünfzehn harmlose Kulis und Landarbeiter, unter ihnen nicht wenige Frauen und Kinder, kamen, die erschlagen wurden", so ein Augenzeuge.

DIE KANAILLEN

Erfreulich ist die Macht von Friedensmetaphern. Wie man mit wenigen Worten Frieden stiften kann, lehrt uns eine Begebenheit aus der Zeit der französischen Revolution. Eine Menschenmenge hatte sich drohend vor dem Schloss versammelt. Der Garnisonskommandant sollte den Aufruhr niederschlagen. Der Befehl lautete: „die Kanaillen niederzuschießen". Der Kommandeur trat hinaus auf den Platz, wo die Aufständischen versammelt waren, und sprach: „Ich soll Kanaillen niederschießen, sehe aber keine Kanaillen. Ich sehe nur ehrbare Bürger, welche ihre

Pflichten kennen und deshalb jetzt von sich nach Hause gehen". Diesen Worten konnten die „ehrbaren Bürger" nicht widerstehen. Das Geschick des Kommandanten hat zahlreiche Leben gerettet.

LEBENSERFAHRUNGEN IN METAPHER FORM

Jedes Volk hat zahlreiche Lebenserfahrungen, die sich von Generation zu Generation überliefern in eindringliche Bilder gekleidet. Maßvoll verwendet machen sie die Sprache lebendig. Hier einige Beispiele

- Wer zuerst kommt, mahlt zuerst (deutsch).
- Zerbrich dir nicht den Kopf über ungelegte Eier (deutsch).
- Der Mensch ist das einzige Tier, das zweimal über denselben Stein stolpert (spanisch).
- Wasser, das vorbeigeflossen ist, treibt keine Mühlen (spanisch).
- Es hat keinen Sinn mehr, über verschüttete Milch zu klagen (englisch).
- Ideen sind wie Kaninchen, hast du die ersten zwei, sind es bald viele (englisch).
- Eine kleine Last wiegt auf die Dauer (französisch).
- Zu viel Lärm für ein Omelette (französisch).
- Der Teufel ist nicht so beängstigend, wie er gemalt wird (polnisch).
- Lob und Kohl schmecken gut, aber sie blähen auf (polnisch).
- Ein gesprochenes Wort ist ein Spatz; einmal ausgeflogen, fängst Du es nicht mehr ein (russisch).

- Die Arbeit ist kein Wolf; sie rennt nicht in den Wald (russisch).
- Ein guter Strick soll lang, eine gute Rede kurz sein (maghrebinisch, Gregor von Rezzori).
- Bakschisch ist das Öl im Räderwerk des Lebens (maghrebinisch, Gregor von Rezzori).
- War kütt (was kommt), wird gewickelt (meine aus Köln stammende Mutter).

FABELN

Den Metaphern verwandt sind Fabeln, denn auch sie sind „Übertragungen", Geschichten (das lateinische fabula heißt Geschichte) mit einer Moral. Im Handeln von Tieren oder Gegenständen spiegelt der Dichter Charaktereigenschaften und Verhaltensweisen, in denen der Mensch sich wiedererkennen soll, ohne sich persönlich beleidigt oder bloßgestellt zu fühlen. Ältester bekannter Fabeldichter und Vorbild für moderne Fabeldichter wie La Fontaine oder Gotthold Ephraim Lessing war Äsop, der um 600 vor Christus als Sklave gelebt haben soll. Äsops Fabeln waren bereits im Altertum wegen ihrer bildkräftigen Kürze und ihres bissigen Humors berühmt.

DER WOLF UND DIE HIRTEN

Als der Wolf die Hirten ein Schaf verzehren sah, ging er hin und sagte: „Was würdet ihr für einen Lärm machen, wenn ich das gleiche täte".

DES ESELS SCHATTEN

Als Demosthenes einmal von der Volksversammlung der Athener niedergeschrien wurde, bat er um Gehör für eine Geschichte. Sie schwiegen. Er begann: „Ein junger Mensch mietete einmal im Sommer einen Esel von einem Eseltreiber aus Megara. Als mittags die Sonne brannte, wollten beide im Schatten des Esels unterkriechen. Sie hinderten sich jedoch wechselseitig. Der eine sagte, er habe den Esel vermietet, nicht aber den Schatten. Der andere behauptete, als Mieter könne er über den ganzen Esel verfügen". Als Demosthenes das gesagt hatte, wollte er weggehen. Da hielten ihn die Athener zurück und baten ihn, die Geschichte zu Ende zu erzählen. „Da wollt ihr nun", sagte er, „von des Esels Schatten hören, doch wenn ich über wichtige Staatsangelegenheiten spreche, wollt ihr es nicht".

MÄRCHEN

Während Fabeln sich durch eine klare Moral auszeichnen, sind Märchen vielschichtig und variantenreich. Jedes Volk hat seine Märchen. Märchen erzählen gehört zum Mensch sein dazu. Märchen werden erzählt, um lange Weile einer Pilgergruppe zu überbrücken wie die Canterbury Tales von Chaucer oder um die Angst zu vertreiben, wie das Wirtshaus im Spessart von Wilhelm Hauff. Sie können Überlieferungen aus dem Volk sein wie die berühmte Sammlung von Kinder- und Hausmärchen, welche die Gebrüder Jacob und Wilhelm Grimm von 1812 bis 1858 herausgaben.

DIE MÄRCHEN AUS TAUSEND UND EINER NACHT

Unter diesem Titel kennen wir die wohl weltweit berühmteste Märchensammlung, eingebettet in die Erzählung eines Königs, der über die Untreue seiner Frau so entsetzt ist, dass er sich alle drei Nächte eine Jungfrau zuführen lässt, die am nächsten Morgen sterben muss, damit sie keine Gelegenheit zur Untreue hat. Um das Morden zu beenden, will Scheherazade, die Tochter des Wesirs, die Frau des Königs werden. Sie beginnt ihm Geschichten zu erzählen. Am Ende der Nacht ist sie an einer so spannenden Stelle angelangt, dass der König unbedingt die Fortsetzung hören will und die Hinrichtung aufschiebt. In der folgenden Nacht erzählt Scheherazade die Geschichte weiter, unterbricht am Morgen wieder an einer spannenden Stelle usw. Nach tausendundein Nächten hat sie ihm in den orientalischen Druckfassungen drei Kinder geboren, und der König gewährt ihr Gnade.

HANS CHRISTIAN ANDERSEN

Die 168 in 80 Sprachen übersetzten Märchen Andersens sind an Ideenvielfalt und Originalität ohne Gleichen. Das beginnt meistens mit dem ersten Wort „In China, weißt Du wohl, ist der Kaiser ein Chinese, und Alle, die er um sich hat, sind auch Chinesen“ beginnt das Märchen „Die Nachtigall“. Im Märchen von der Stopfnadel heißt es: „Es war einmal eine Stopfnadel, die dünkte sich so fein, dass sie sich einbildete, sie sei eine Nähnadel“. Das Märchen vom hässlichen jungen Entlein beschreibt als erstes einen wunderlichen Storch: „Es war so herrlich draußen auf dem Lande! Es war Sommer, das Korn stand gelb, der Hafer grün, das Heu war unten auf den grünen Wiesen in Schobern aufgesetzt, und der Storch ging auf seinen langen, roten Beinen und plapperte ägyptisch, denn diese Sprache hatte er von seiner Frau Mutter gelernt".

Wir sind es gewohnt, die Tiefe des Meeres auszuloten. Andersen misst sie dagegen in seinem Märchen „Die kleine Seejungfrau" in Kirchturmhöhen: „Weit draußen im Meer ist das Wasser so blau, wie die Blätter der schönsten Kornblume, und so klar, wie das reinste Glas. Aber es ist sehr tief, tiefer, als irgendein Ankertau reicht; viele Kirchtürme müssen auf einander gestellt werden, um vom Boden bis über das Wasser zu reichen. Dort unten wohnt das Meer Volk".

Zum Abschluss ist hier ein längerer Abschnitt des längsten und zugleich an Motiven und Ideen reichsten Märchens: „Die Schneekönigen, in sieben Geschichten: Erste Geschichte, welche von dem Spiegel und den Scherben handelt.

Seht! nun fangen wir an. Wenn wir am Ende der Geschichte sind, wissen wir mehr, als jetzt, denn es war ein böser Kobold! Es war einer der allerärgsten, es war der Teufel! Eines Tages war er recht bei Laune, denn er hatte einen Spiegel gemacht, welcher die Eigenschaft besaß, dass alles Gute und Schöne, was sich darin spiegelte, fast zu nichts zusammenschwand, aber das, was nichts taugte und sich schlecht ausnahm, hervortrat und noch ärger wurde. Die herrlichsten Landschaften sahen wie gekochter Spinat darin aus, und die besten Menschen wurden widerlich oder standen auf dem Kopfe ohne Rumpf; die

Gesichter wurden so verdreht, dass sie nicht zu erkennen waren, und hatte man einen Sonnenfleck, so konnte man überzeugt sein, dass er sich über Nase und Mund verbreitete. Das sei äußerst belustigend, sagte der Teufel. Fuhr nun ein guter frommer Gedanke durch einen Menschen, dann zeigte sich ein Grinsen im Spiegel, so dass der Teufel über seine künstliche Erfindung lachen musste. Alle, welche die Koboldschule besuchten, denn er unterhielt eine Koboldschule, erzählten rings umher, dass ein Wunder geschehen sei; nun könnte man erst sehen, meinten sie, wie die Welt und die Menschen wirklich aussähen. Sie liefen mit dem Spiegel umher, und zuletzt gab es kein Land oder keinen Menschen mehr, welcher nicht verdreht darin gewesen wäre. Nun wollten sie auch zum Himmel selbst auffliegen, um sich über die Engel und den lieben Gott lustig zu machen. Je höher sie mit dem Spiegel flogen, umso mehr grinste er; sie konnten ihn kaum festhalten; sie flogen höher und höher, Gott und den Engeln näher; da erzitterte der Spiegel so fürchterlich in seinem Grinsen, dass er ihren Händen entfiel und zur Erde stürzte, wo er in hundert Millionen, Billionen und noch mehr Stücke zersprang".

Wer die Märchenwelt des H C Andersen näher kennen lernen möchte, der begebe sich in das im Sommer 2021 eröffnete in einem Park zu Odense gelegene Andersen Haus. Es hat die Geburtsstadt Andersens nicht weniger als 43 Millionen Euro gekostet und zählt zu den modernsten Museen der Gegenwart. Während der Besucher dort die Rampe hinabsteigt, werden Person und Lebenswerk des großen Märchenerzählers gegenwärtig.

„KINDER BRAUCHEN MÄRCHEN."

Mehr und mehr wird in den Märchen ein tieferer Sinn entdeckt. Einer der Pioniere war Bruno Bettelheim mit seinem Buch „Kinder brauchen Märchen". Darin behandelt er anhand spezieller Märchen die Themen: das „Ringen um den Sinn des Lebens", die „Kraft der Verzauberung", „Gestalten und Ereignisse der Phantasie", „Phantasie und Realität" und „Optimismus versus Pessimismus". Die Bedeutung der Märchen besteht, so Bettelheim, darin, Kindern den Zugang zu diesen ihren elementaren Lebensthemen zu erschließen.

„MÄRCHEN FÜR SCHEIDUNGSKINDER"

Den speziellen Problemen von im Elternkonflikt zerriebenen Scheidungskindern widmet sich Brigitte Spangenberg, die die Idee, diesen Kindern mit „Hilfen aus der Zauberwelt" beizustehen, übernommen hat. Ihre Erfahrung, dass dort, wo Vernunft nicht mehr weiterhilft, das Unterbewusstsein der bessere Ansprechpartner ist, verwendet sie, um ihre Botschaften in eine Märchensprache zu kleiden: Einem Mädchen, das immer wieder unnötig Kraft bei dem vergeblichen Versuch verbraucht, die unheilbar zerrüttet Ehe ihrer Eltern zu kitten, erzählt sie das Märchen einer Prinzessin, deren Eltern abends eine kostbare Vase im Garten vergessen haben, so dass der Blitz sie in zwei Teile spaltet. Da die Vase nicht mehr zu kitten ist, verwendet die Prinzessin künftig beide als Schalen.

DAS MÄRCHEN VOM SCHWARZEN RITTER

Wenn wir uns von der Überzeugung verabschieden, Märchen seien etwas für Kinder, irgendwann sei man der Märchenwelt entwachsen, werden wir uns dessen bewusst, dass die Faszination von Märchen sich nicht erschöpft hat. Sie sprechen das Unterbewusste eines Erwachsenen genauso an, wie sie es bei Kindern tun. Deshalb gibt es hilfreiche Märchen auch für Erwachsene. Was sich mit dem älter werden ändert, sind die Probleme eines Menschen. Bei Erwachsenen sind es immer wieder Beziehungszweifel. Zur Veranschaulichung erzähle ich nach Motiven aus den Canterbury Tales das Märchen vom Schwarzen Ritter. Es handelt von falschen Erwartungen an eine Partnerschaft:

Unter den Rittern am Hofe des Königs ragte einer hervor. Er führte das Schwert wie kein anderer und hielt sich im Sattel seines Pferdes mit solch natürlicher Gewandtheit, als sei er dort aufgewachsen. Da man nichts über seine Herkunft wusste und der Ritter selber sich beharrlich ausschwieg, nannte man ihn nur den „schwarzen Ritter", nach der Farbe seiner Haare, seines Pferdes und seiner Rüstung. Meist blickte er finster drein. Dennoch war manche Hofdame in ihn verliebt und träumte in banger Hoffnung davon, sein Geheimnis zu lüften, so auch die Königstochter. Der König, dem die Sehnsucht seiner Tochter nicht verborgen blieb, lud die Edlen seines Hofes zu einem Turnier und versprach dem Sieger die Hand seiner Tochter. Wie erwartet triumphierte der schwarze Ritter. Zum Erschrecken aller schlug er die Hand der Königstochter aus. „Ich bin noch zu jung und zu geringen Standes für die Ehe mit einer Königstochter". Da ergrimmte der König und wollte den schwarzen Ritter auf der Stelle töten lassen. Doch dann besann er sich und sprach: „Die Strafe wird dir erlassen, wenn du dich bis Sonnenuntergang vermählt hast. Ich will nicht, dass in meinem Reich noch eine Frauenträne deinetwegen fließt". Leichten Herzens machte sich der Ritter auf die Suche, denn er kannte seine Wirkung auf Frauenherzen. Er ritt bei einer Prinzessin vor, dann bei einer Gräfin, einem Ritterfräulein, einer Ratsherrentochter und einer Bauerntochter. Alle antworteten in der gleichen Weise, als hätten sie sich miteinander verabredet: „Gerne nähme ich dich zum Manne, denn du tust meinen Augen gut. Aber wirst du mich auch glücklich machen, kannst du mir das versprechen, Ritter?" Das konnte der Ritter nicht. Deshalb lehnten alle die Schönen von hohem und niederem Stand die Werbung ab. Mit fortschreitendem Tag wurde sich der Ritter der Bedrohlichkeit seiner Situation bewusst, nicht dass ihn Furcht beschlich, er war ein Ritter, aber er haderte mit dem Schicksal. Er hatte schon mehrfach das Leben für seinen König gewagt, hatte mit Bravour das große Turnier bestanden und hatte wahrheitsgemäß seine Selbstzweifel geäußert. Wie hätte er sich anmaßen können, eine Frau und gar eine Königstochter glücklich zu machen? Was war an alle dem todeswürdig? Die Sonne neigte sich zum Horizont. Da stand vor ihm eine Alte, bucklig und warzig, einen Raben auf der Schulter. „Rette mich", sprach der Ritter. „Ich kann dich nur retten, wenn du mich zur Frau nimmst, du kennst den Richterspruch des Königs." „Ich weiß nicht, ob ich dich lieben kann mit deinen Warzen und dem Buckel" entgegnete der Ritter. „Wenn das deine Zweifel sind", entgegnete die Alte, „ich kann für dich noch einmal jung sein. Du hast die Wahl zwischen mir, der Alten und mir, der Jungen. Entscheidest du dich für die Alte, so werde ich dir bis ans Ende unserer Tage treu und liebevoll zur Seite stehen. Wählst du meine Jugend, so verspreche ich dir nicht mehr als ein flüchtiges Glück." In diesem Augenblick standen zwei Frauen vor dem Ritter, eine leicht gewandete verführerische Junge und die hässliche Alte. Der Ritter sah von der einen zur anderen und von der anderen zur einen. Je öfter er den Blick wechselte, um so unsicherer wurde er. Die Sonne hatte unterdessen den Horizont erreicht. „Entscheide du", sprach der Ritter in seiner Not, „entscheide du, was für uns das Beste ist". In diesem Augenblick kam ein mächtiges Rauschen auf. Das Licht wurde unnatürlich hell. Der Ritter wurde von einem Sog erfasst. Die Frauengestalten vor ihm wurden durchsichtig, begannen zueinander hinzufließen und sich zu vermengen. Als die Erscheinung vorbei war, stand vor dem Ritter eine wunderbare Frau, jung und alt zugleich, und sprach: „Ich werde dir treu und liebevoll zur Seite stehen bis an das Ende unserer Tage".

Das Märchen ist insofern zeitlos aktuell, als es eine Standardproblem der Partnerwahl betrifft. Viele Beziehungen scheitern, weil die falschen Auswahlkriterien maßgebend waren. Wer die Verantwortung für das Glück des Anderen von sich fordert oder wer den Anderen für das eigene Glück verantwortlich macht, errichtet eine hohe Hürde für das Gelingen der Beziehung. In jedem Fall sollte man sich mal die Frage gestellt haben: „Was ist für uns das Beste"?

Die Struktur einer helfenden Geschichte hat einen exemplarischen Verlauf, wie vorstehendes Beispiel zeigt. Sie beginnt mit einem Problem, das in seiner Struktur der realen Problemlage entspricht. Vom Problem führt die Geschichte in die Krise. Wenn alles verloren scheint, kommt Hilfe. Damit wird dem Hörer/Leser bedeutet, er tue gut daran, es nicht zur Krise kommen zu lassen, sondern sich beizeiten um eine Problemlösung zu kümmern. Der Helfer, der in der Geschichte auftaucht, symbolisiert die eigenen Ressourcen, des Hörers. Das Märchen zeigt sie auf und macht sie zugänglich.

Wer sich näher für helfende Geschichten interessiert, der wird bei „Therapeutische Metaphern" von David Gordon fündig.

TRÄUME

Träume sind wie Märchen unwirklich geheimnisvoll. Unsere Beziehung zu ihnen ist jedoch wesentlich näher. Sie sind ein Teil von uns. Jeder Mensch träumt ein Leben lang, und zwar gleich mehrfach pro Nacht in den sogenannten REM-Phasen. Erkennbar machen sich diese Phasen durch schnelle Augenbewegungen, die namensgebend sind, denn REM steht für „Rapid Eye Movement" - schnelle Augenbewegungen. Die Mehrzahl der Träume bleibt unbewusst. Aber es gibt auch Träume, die uns beschäftigen, und die würden wir gerne verstehen.

In gewissen Naturvölkern gehört das sich beschäftigen mit Träumen wie Essen und Trinken zum Alltag. Träume werden dort von den Göttern gesandt. Sie enthalten Vorhersagen, Hinweise für die Zukunft: Was haben die wichtigsten Mitglieder des Dorfes geträumt, der Häuptling oder der Medizinmann? Haben am Ende mehrere denselben Traum gehabt? In anderen Kulturen, in denen Träumen nicht diese schicksalhafte Schwere zugemessen wird, ist das Erzählen besonderer Träume ein gesellschaftliches Ereignis.

Eine große Rolle spielen Träume in der Bibel. Dort beinhalten sie schicksalhafte Vorhersagen, wichtige Einsichten, Warnungen oder Trost. Einen Schlüsseltraum hatte Jakob, der spätere Stammvater Israels: Eine Leiter ragte von der Erde in den Himmel, Engel stiegen hinauf und herunter, und ganz oben stand Gott und verhieß ihm nicht nur unzählige Nachkommen, sondern auch absolute Treue: „Niemals lasse ich dich im Stich; ich stehe zu meinem Versprechen, das ich dir gegeben habe." Jakobs Lieblingssohn Joseph ist ein echter Traumexperte. In seiner Jugend kosten ihn seine Träume beinahe das Leben. Er träumt, dass elf Garben, die seine Brüder errichten, sich vor seiner Garbe verneigen. Ein anderes Mal verneigen sich „die Sonne, der Mond und elf Sterne" vor ihm. Dieser geträumte Hochmut bringt die elf Brüder so in Rage, dass sie Joseph erst in eine Grube werfen und dann nach Ägypten verkaufen. Dort kommt seine Fähigkeit der Traumdeutung dem Pharao zu Ohren, der ihm seine Träume vorlegt. Sie handeln von sieben fetten Kühen von sieben mageren Kühen gefolgt, die die fetten Kühe auffressen. Dann kamen sieben fette Ähren, die von sieben mageren Ähren verschlungen werden. Joseph erkennt im Traum sieben fette Jahre, denen sieben Hungerjahre folgen. Aus Dankbarkeit ernennt Pharao Joseph zu seinem Stellvertreter und beauftragt ihn für die Jahre der Not vorzusorgen (In der ägyptischen Realität hat es diesen Stellvertreter Joseph nicht gegeben).

Bei uns haben Träume ihre schicksalhafte Bedeutung verloren. Sie werden uns nicht von Göttern gesandt und enthalten keine Voraussagen. Manche Träume erscheinen uns wirr und unverständlich. Manche lassen sich leicht deuten. In der Nacht vor meiner ersten Corona Impfung träumte ich, dass ich mich gegen den Angriff eines fremden Mannes zur Wehr setzen musste. Klar, dass es sich dabei um die Bedrohung durch das Virus handelte. Das Problem war mit der Impfung gelöst.

SIEGMUND FREUD

Andere Träume wie Angstträume oder nachhaltig belastende Träume lassen sich nicht so einfach abtun. Sie sind Gegenstand von Wissenschaft und Therapie. Bahnbrechend war Sigmund Freud mit seinem 1899 erschienenen Werk „Traumdeutung“. Für Freud ist der Traum der „Königsweg zum Unbewussten“. Träume äußern nach Freud verbotene Wünsche. Was wir nicht bewusst denken dürfen, verschlüsselt das Unbewusste in der Nacht zu symbolischen Geschichten. Zwar gehen auch äußere Eindrücke des Vortags, die „Tagesreste“, in den Traum ein. Im Wesentlichen stammt das Traumgeschehen jedoch aus „verdrängten Triebregungen infantil-libidinöser Art“. Diese werden in der Verschlüsselung des Traums an der innerpsychischen Zensur vorbeigeschleust und hoffähig gemacht. Um die verschlüsselten geheimen Wünsche aufzudecken, verwendet Freud die Methode der freien Assoziation, einer Technik, die noch heute angewandt wird. Dabei berichtet der Patient über alles, was ihm dazu einfällt. Jede Assoziation, gleichgültig wie absurd sie im ersten Moment erscheinen mag, kann einen Hinweis auf die eigentliche Ursache des Traumes liefern.

Die engen Moralvorstellungen, die zur Zeit Freuds galten, sind die Ursache dafür, dass es damals eine Vielzahl an in den Traum verdrängten verbotenen Wünschen gab. Freud hat die Notlage der Träumer erkannt, die verdrängten Wahrheiten aufgedeckt und seine Patienten von ihrer Traumlast befreit. Heute teilen wir nicht mehr die Überzeugung Freuds, Träume bestünden aus verdrängten Triebregungen. Die zwanghaften Moralvorstellungen haben sich in einer in mehreren Stufen verlaufenen sexuellen Befreiung gelöst. Es gibt kaum noch Grund, Triebwünsche zu verschlüsseln. Sexuelle Träume sind nur noch zum geringen Teil tabu. Es ist eines der Verdienste Freuds, diese Entwicklung angestoßen zu haben.

CARL GUSTAV JUNG

Unter den Schülern Freuds ist C G Jung der bedeutendste und einflussreichste. Während bei Freud das Unbewusste lediglich Aufbewahrungsort für verdrängte Wünsche ist, bildet es für C G Jung einen ebenso realen Bestandteil des individuellen Lebens wie das Bewusstsein. Das Unbewusste ist die Welt der Instinkte, der Empfindungen, der Intuitionen und der Gefühle. Die Empfindungen, d.h. die Sinneswahrnehmungen sagen, dass etwas existiert, das Denken sagt, was es ist, das Gefühl sagt, ob es angenehm oder unangenehm ist und die Intuition sagt, wo es herkommt und wo es hingeht.

C G Jung bemüht sich, die Zwiesprache zwischen Bewusstsein und Unbewusstem zu fördern. Für eine solche

Zwiesprache bedarf es eines Einblicks in die Sprache des Unbewussten. Diese hat eine eigene Symbolik. Dafür gibt es keine generelle Grammatik.

Zentrale Ausdrucksform des Unbewussten ist der Traum. Er kann keine klaren Gedanken hervorbringen. Sobald er anfängt, das zu tun, ist er kein Traum mehr. Die allgemeine Funktion der Träume besteht in dem Versuch, uns das psychische Gleichgewicht wiederzugeben. Dazu produziert der Traum Material, das diese Aufgabe auf subtile Weise erledigt. Hier ein Beispiel Jungs: Eine Dame, die für ihre törichten Vorurteile und ihre Unbelehrbarkeit bekannt ist, träumt eines Nachts, sie nehme an einem wichtigen gesellschaftlichen Ereignis teil. Die Gastgeberin begrüßt sie mit den Worten: „Wie nett, dass sie gekommen sind! Ihre Freundinnen erwarten sie schon", führt den Gast zu einer Türe und heißt sie eintreten. Die Träumerin betritt einen Kuhstall. Man sieht an diesem Beispiel, dass dort, wo logische Argumente verhallen, der Traum eine unmissverständliche Symbolsprache bereithält.

Nicht immer sind Traumsymbole leicht zu deuten. Es gibt zwar eine Vielzahl von Deutungen für spezielle Traumsymbole, die sich aber in der Traumwirklichkeit meist als falsch erweisen. Traumsymbole sind höchst individuell. Sie entstehen aus den Besonderheiten der jeweiligen seelischen Veranlagung, deren im Laufe des Lebens entstandenen Ausprägungen und der aktuellen Lebenssituation des Träumers. Hier ein Beispiel. Der Zufall will es, dass ein junger und ein alter Mann denselben Traum haben und C G Jung zur Deutung vorlegen: der Träumer reitet innerhalb einer Gruppe anderer Reiter, die alle außer dem Träumer selbst beim Sprung über einen Graben stürzen. C.G. Jungs Deutungen fallen trotz gleichen Traummaterials unterschiedlich aus. Der Traum will den jungen Mann ermutigen, den alten warnen.

Nach C G Jung hat jeder Mensch einen männlichen und einen weiblichen Anteil, Animus und Anima, die eine mehr oder weniger wohltuende Verbindung mit einander eingehen. Träume können dazu beitragen, ein Missverhältnis beider Persönlichkeitsanteile aufzudecken und auszugleichen: ein Patient C G Jungs träumt von seiner eigenen Frau als einem vulgären betrunkenen Wesen, was bei oberflächlicher Betrachtung eine schockierende Unwahrheit ist. Bei genauerem Hinsehen findet der Patient „seine weibliche Seite nicht schön". Wir sehen, die Sprache von Träumen ist eindringlich, farbig und primitiv.

C. G. Jung war selber aufgeschlossen für die Botschaften von Träumen. Deshalb zum Abschluss ein Traum C. G. Jungs: ein Mann versucht, C. G. Jung von hinten auf den Rücken zu springen, von dem er nicht mehr weiß, als dass er einmal eine Bemerkung C. G. Jungs grotesk verzerrt wiedergegeben hat. Die Deutung führt zu der Metapher „Du kannst mir mal auf den Buckel steigen" in dem Sinne „was du über mich sagst, interessiert mich nicht".

Betrachtet man C. G. Jungs Werk, in Sonderheit seine Traumdeutungen aus 60 Berufsjahren, so war es sein Ziel, den Menschen zu mehr Selbsterkenntnis und mehr Handlungsfreiheit zu helfen.

HANSCARL LEUNER

Inzwischen gibt es einige Verfahren, die wie Freud auf die Ressourcen des Unterbewussten zurückgreifen, so das Katathyme („aus dem Gefühl heraus") Bilderleben nach Leuner. Bei diesem Verfahren wird der Patient in Tiefenentspannung versetzt, in der er Zugang zum Unterbewussten hat. Leuner gibt ausgewählte Motive vor. In der Grundstufe sind das beispielsweise Wiese, Bach oder Berg. Löwe und Auto zählen zu den Motiven der Mittelstufe, Höhle und Vulkan zu denen der Oberstufe.

Greifen wir das Motiv der Wiese heraus. Statt einen Patienten nach seiner momentanen Stimmung zu befragen und nach seinen Lebensgewohnheiten, erhält Leuner ein wesentlich aussagekräftigeres Bild, indem er den Patienten auf eine Wiese versetzt und ihn dort assoziieren lässt. Die Stimmung spiegelt sich in der Üppigkeit oder Kargheit, Weite oder Begrenztheit der Wiese, im Wetter oder der Jahreszeit im erlebten Bild wider. Die Handlungen, die der Patient in seiner Vorstellung ausübt, zeigen seine übliche Herangehensweise an die Welt. Der eine macht es sich gemütlich, der zweite will etwas erleben und macht die Wiese zur Spielwiese. Der Dritte will die Welt verändern, er sät und pflanzt, er besiedelt und verschönt.

Schritt für Schritt wird mit der Auswechslung des Bildmotivs das Thema eingekreist, so dass am Ende Entwürfe für die Lösung des anstehenden Problems entstehen.

DER KLARTRAUM

Ein Phänomen im Grenzbereich zwischen Wachbewusstsein und Traumbewusstsein ist der Klartraum. Bei ihm behält der Träumer die Herrschaft über sein inneres Erleben im Traum. Er programmiert den Traum und nutzt die anders gearteten Strategien des Unbewussten zur Lösung von Aufgaben und Problemen. Die Fähigkeit des Klarträumens ist für jedermann erlernbar. Paul Tholey, der bekannteste deutsche Klartraumforscher, nutzt Klarträume systematisch, um komplexe Bewegungsabläufe zu optimieren, wie sie bei anspruchsvollen Sportarten zu erlernen sind, etwa dem Hochsprung. Durch das Training im Klartraum und die Traumwiederholungen wird die Leistung im Wachzustand vorbereitet.

Ein anderes Einsatzgebiet für Klarträume ist die Behandlung von Albträumen. Man steuert bereits im Wachen den Traum, bei einem Fall im Traum aus großer Höhe beispielsweise die sichere Landung oder beim Traum von einem gefährlichen Hund das entscheidende Wort, das ihn zum Gehorsam zwingt.

Klarträume können zur Lösung von verdrängten bzw. unbewussten persönlichen Konflikten oder Problemen beitragen. Da Lösungen von Klarträumen nur Lösungsoptionen sind, bleibt es Aufgabe des Wachbewusstseins, diese kritisch zu überprüfen und gegen etwaige andere Optionen abzuwägen.

GEDICHTE

Käme ein Außerirdischer auf die Erde, um die Menschen kennen zu lernen, würde ich ihm empfehlen, sich mit unseren Gedichten zu befassen. Sie sind eine prägnante Darstellung von allem, was uns bewegt. Offensichtlich gehören sie zum Menschsein dazu.

Gedichte vermögen den Leser in eine andere Welt zu entführen oder zum Nachdenken anregen wie es bereits im Mittelalter Walther von der Vogelweide getan hat.

„Ich saß auf einem Steine
und deckte Bein mit Beine,
Den Ellenbogen stützt ich auf
Und schmiegte in die Hand darauf
Das Kinn und eine Wange.
So grübelte ich lange:
Wozu auf Erden dient dies Leben?“

In der Gegenwart der Pandemie sind es zwei Zeilen aus dem 1803 entstandenen Gedicht Patmos von Friedrich Hölderlin, die häufig zitiert werden, weil sie unsere Hoffnung spiegeln. Es ist die Form, die etwas Bedenkenswertes zum Gedicht adelt. Welch ein Unterschied, ob man sagt: „Das schaffen wir“! oder ob man zitiert:

„Wo aber Gefahr ist,
wächst das Rettende auch“.

Ein Merkmal eines guten Gedichtes ist uns bereits oben begegnet, die Wahl einer ausdrucksstarken Metapher. Oben war es die Bergwelt. Wenn wir in lauen Sommernächten bei halbem Mond in unserer Hollywood Schaukel sitzen und ins Sinnieren geraten, begleitet ein Grundmotiv unsere Reden, wie es niemand besser formuliert hat als Mathias Claudius in seinem Abendlied. „Der Mond ist aufgegangen“, in dem er den Mond doppelt, als Realität und Metapher, besingt. Hier die (metaphorische) fünfte Strophe:

„Seht ihr den Mond dort stehen?
Er ist nur halb zu sehen,
und ist doch rund und schön.
So sind wohl manche Sachen,
die wir getrost belachen,
weil unsre Augen sie nicht sehn“.

Welchen Reiz das Lied hat, beweisen die inzwischen mehr als 70 Vertonungen, von denen die von Johann Abraham Peter Schulz am besten den allgemeinen Geschmack trifft.

Schon mehrfach im Leben hat mich die Frage beschäftigt: Lohnt es sich ein Gedicht auswendig zu lernen? Mit 10 Jahren musste ich die 12 Strophen von „Befiehl du deine Wege“ in mein Gedächtnis zwängen, später die 9 Strophen von „O Haupt von Blut und Wunden“. Wenn wir damals den Sinn des Auswendig Lernens anzweifelten, erklärte man uns, in den Gefangenenlagern nach dem Krieg habe man in solchen Liedern Trost gefunden und sich die Langeweile mit dem Aufsagen von Gedichten vertrieben. Und heute? Das eine oder andere Gedicht sollte im eigenen Gedächtnis abrufbereit sein. Zu diesem Gedächtnisschatz gehört für mich „Der Mond ist aufgegangen“. Ich würde mich wohl kaum aus meiner Hollywoodschaukel erheben, um die fünfte Strophe im Internet nachzuschlagen.

„BELSAZAR“

Einen Kontrast zu den lyrischen Gedichten bilden die Balladen, einen Kontrast zur Mondseligkeit heimischer Sommernächte die mitternächtliche Revolte gegen den König von Babylon., wie sie Heinrich Heine zu Belsazar verdichtet, wobei ihm der Text aus Kapitel 5 des Buches Daniel als Informationsquelle dient. Der König zecht mit seinen Knechten bis tief in die Nacht.

„Und blindlings reißt der Mut ihn fort,
und er lästert die Gottheit mit sündigem Wort,
und er brüstet sich frech und lästert wild.
Die Knechteschar ihm Beifall brüllt“.

In seinem Größenwahn lässt Belsazar sich einen aus dem Tempel Jehovas geraubten Becher mit Wein füllen. Er leert ihn mit einem Zug und ruft:

„Jehova, dir künd ich auf ewig Hohn,
ich bin der König von Babylon".

Damit ist das Maß voll. Es wird totenstill im Saal.

„und sieh, und sieh an weißer Wand,
da kams hervor wie Menschenhand
und schrieb und schrieb an weißer Wand
Buchstaben wie Feuer und schrieb und schwand".

Das Gedicht endet:

„Die Magier kamen, doch keiner verstand
zu deuten die Flammenschrift an der Wand.
Belsazar ward aber in selbiger Nacht
von seinen Knechten umgebracht".

Die im Gedicht offen gebliebene Frage nach dem Inhalt der Flammenschrift findet ihre Antwort im Buch Daniel. Da die babylonischen Weisen die Schrift nicht deuten können, wird Daniel zum König gebracht. Ihm geht der Ruf voraus, er wisse jegliche Art von Traum oder Rätsel zu deuten. Daniel liest die Worte „Mene mene tekel u-parsin" und erklärt dem König, seine Königsherrschaft sei beendet, weil er gegen Jehova gefrevelt habe. Das Wort Menetekel verwenden wir noch heute für eine Warnung vor einem Unheil.

Mir sind die „Buchstaben wie Feuer" solange nachgegangen, bis ich sie gemalt hatte. Das Bild betrachtet man am besten nachts, da wirkt es gruselig, weil es dann hinterleuchtet ist.

„DIE BÜRGSCHAFT“

Die Balladen von Friedrich Schiller sind von theatralischer Großartigkeit. Ich widerstehe der Versuchung, eine von ihnen im Volltext wiederzugeben und begnüge mich mit den Eingangszeilen der Bürgschaft, die den Meister verraten.

„Zu Dionys, dem Tyrannen, schlich
Damon, den Dolch im Gewande:
Ihn schlugen die Häscher in Bande,
„Was wolltest du mit dem Dolche? Sprich“!
Entgegnet ihm finster der Wüterich.
„Die Stadt vom Tyrannen befreien!“
„Das sollst du am Kreuze bereuen“.

Die Verschwörung ist aufgedeckt, der Attentäter gefasst, der Attentäter gesteht, das Urteil wird gesprochen. Hier ist jedes Wort ein Paukenschlag. Wie das Gedicht ausgeht? Glücklich! Es endet mit den inzwischen oft zitierten Worten des Tyrannen: „Ich sei, gewährt mir die Bitte, in eurem Bunde der Dritte“.

DIE IM DUNKELN SIEHT MAN NICHT

Im Jahre 1957 gab es in Marburg etwas für damalige Germanisten Einmaliges, eine Vorlesung über einen noch lebenden Dichter, Berthold Brecht. Wegen des Hörerandrangs musste die Vorlesung ins Auditorium Maximum verlegt werden. Bert Brecht lebte zu dieser Zeit in Berlin, hatte dort seine eigene Bühne, das Theater am Schiffbauer Damm, und genoss einen Ruhm wie kein anderer deutscher Autor. Was ihn auszeichnete, waren seine Songs, allen voran die von Kurt Weil vertonte Dreigroschenoper. Sie beginnt damit, dass ein Moritatensänger die Untaten des Gangsters Macheath, genannt Mackie Messer, aufzählt:

„Und der Haifisch, der hat Zähne
und die trägt er im Gesicht
und Macheath, der hat ein Messer,
doch das Messer sieht man nicht“.

Es folgen einige der Gräueltaten, ein Mord am Strand und die Schändung einer minderjährigen Witwe. Dann breitet sich Dunkel aus, und es ist, als ob nichts passiert wäre:

„Und die einen sind im Dunkeln
und die anderen sind im Licht
Doch man sieht nur die im Lichte,
die im Dunklen sieht man nicht“.

Das ist Sprache des 20. Jahrhunderts, Sätze, die mit „Und“ beginnen und die Gegenüberstellung von Licht und Dunkel, von sichtbaren Haizähnen und einem unsichtbaren Messer.

An dem Song der Seeräuber Jenny aus der Dreigroschenoper haben sich viele Interpretinnen versucht. Man kann sie danach bewerten, wie ihnen das „Alle“ und das „Hoppla“ gelingt. Meine Favoritin ist Hildegard Knef in der Verfilmung mit Curd Jürgens.

Jenny ist eine einfache Hotelbedienstete, die von ihrer Rache und ihrem Triumph träumt.

„Und ich mache das Bett für jeden.
Und Sie geben mir einen Penny und ich bedanke mich schnell,
und Sie sehen meine Lumpen und dies lumpige Hotel.

Und Sie wissen nicht, mit wem Sie reden.
Und Sie wissen nicht, mit wem Sie reden.
[...]
Und an diesem Mittag wird es still sein am Hafen
Wenn man fragt, wer wohl sterben muss.
Und dann werden Sie mich sagen hören: Alle!
Und wenn dann der Kopf fällt, sag ich: Hoppla!
Und das Schiff mit acht Segeln
Und mit fünfzig Kanonen
Wird entschwinden mit mir".

Die Dreigroschenoper atmet den Zeitgeist der zwanziger Jahre von Berlin, das Bedürfnis vieler Menschen sich hemmungslos auszuleben.

Brecht kämpfte zeitlebens für eine gerechte Weltordnung, jahrelang aus dem Exil. Wie wenig Worte für ein gutes Gedicht genügen:

„An einen chinesischen Theewurz Löwen
Die Schlechten fürchten deine Klaue.
Die Guten freuen sich deiner Grazie.
Derlei hörte ich gern von meinem Vers."

HAIKUS

Menschen haben offensichtlich eine dichterische Ader. Andernfalls wäre die Zahl der täglich entstehenden Gedichte nicht um ein Erkleckliches größer als die Zahl der gelesenen Gedichte. Geburtstage, Jubiläen und andere Feste sind für uns Deutsche ein willkommener Anlass zum Dichten, wobei uns das Wichtigste die Endreime sind. Leider macht ein gelungener Endreim noch kein gelungenes Gedicht. Ich selber habe als Zehnjähriger gereimt:

„Und nähert sich ein fremdes Tier,
da brüllt die Löwin wie ein Stier“.

Wer wissen möchte, wie man mit vergleichsweise geringem Aufwand ein gutes Gedicht schreibt, der werfe einen Blick nach Japan. Dort hat das Verfassen von Haikus eine lange Tradition. Gemeinsam Haikus zu schreiben und sie einander dann wechselseitig vorzulesen, ist in Japan ein gesellschaftliches Ereignis. Täglich entstehen so Tausende von Haikus. Ein Haiku ist ein meist dreizeiliger Text. Er schildert gegenwärtiges Erleben, das sich erst im Erleben des Hörers oder Lesers vervollständigt. Was ein Haiku auszeichnet, ist seine Schlichtheit und die leichte Erlernbarkeit. Frösche eignen sich offensichtlich besonders für Haikus. Hier zwei Beispiele aus Japan:

„Auf dem Seerosenblatt der Frosch
aber was macht er
für ein Gesicht?“

„Der alte Weiher
Ein Frosch springt hinein
Oh! Das Geräusch des Wassers“.

Das gleiche gilt für den Mond. Hier ein Beispiel von Roswitha Erler:

Schlaflos
Auf dem Kissen neben mir
Mondlicht

Niemandem wird das Prädikat „gebildet“ aberkannt, wenn ihm die von mir ausgewählten Gedichte nicht gefallen oder wenn er Gedichten grundsätzlich nichts abzugewinnen vermag. Bildung hat vielerlei Gestalt. Für das Gefühl und den Sinn für das Schöne gibt es auch anderweit reichlich Nahrung.

WO BLEIBT DER HUMOR?

Betrachtet man die Schwierigkeiten, die es im Laufe eines jeden Lebens zu bewältigen gilt, so ist eine menschliche Qualität unabdingbar, die zu einem Mindestmaß an Lebensfreude dazu gehört, der Humor. Eine humorvolle Grundhaltung ist wesentlicher Bestandteil einer guten Lebensstrategie. Bei menschlichen Begegnungen entfaltet sich der Humor eines Menschen in erster Linie durch Gestik, Mimik und den Klang der Stimme und erst in zweiter Linie durch den Inhalt von Worten. Trotz dieser Erschwernisse werden wir uns um die humorvollen Inhalte kümmern.

DER JÜDISCHE WITZ

Eine besondere Rolle hat der jüdische Humor. Die Geschichte der Juden ist reich an Erniedrigungen und Verfolgungen. Der Humor ist tiefer und bitterer als der Humor anderer Völker. Er lindert und schafft Distanz und Überlegenheit, wie die folgenden Beispiele aus Nazideutschland zeigen:

„Kohn, hast du gehört, Wendringer hat sich gestern erhängt"?
„Nu, wenn er sich verbessern kann"!

Lehrer: „Moritz, welche Rasse sind die Juden"?
„Semiten"
„Und die Deutschen"?
„Antisemiten".

„Wer ist die verhassteste Frau der deutschen Familie“?
„Die jüdische Mutter, sie verdirbt den Ahnenpass“.
„Und die Beliebteste Frau“?
„Die jüdische Großmutter, sie hat Geld und Intelligenz in die Familie gebracht und schadet dem Ahnenpass nicht mehr“.

Der Krieg verliert einiges von seiner Grausamkeit, wenn man ihn im Spiegel des jüdischen Witzes betrachtet:

„Ein Jude kommt zum ersten Mal in den Schützengraben. In diesem Augenblick zeigt sich eine feindliche Patrouille, worauf eine heftige Schießerei anhebt. Der Jude entsetzt: Hört auf zu schießen! Seht ihr nicht, dort sind Menschen“.

Ehe die Schlacht beginnt, tritt der Offizier vor die Kompanie: „Soldaten, jetzt geht es Mann gegen Mann“. Infanterist Ruben: „Zeigen sie mir bitte meinen Mann, vielleicht kann ich mit ihm gütlich reden“.

Im Witz lernen wir jüdische Eigenheiten kennen. Kohn zu seinem Freund „Du denkst, ich schweige. Ich rede nur nicht“.

Kohn trifft seinen Freund in Venedig. „Ich bin auf Hochzeitsreise“.
„Und wo ist deine Frau“?
„Einer muss doch im Geschäft bleiben“.

Der jüdische Witz ist lebensklug.

Kohn kann nicht schlafen. „Was hast du“? fragt seine Frau. „Ich schulde meinem Nachbarn Nathan morgen

300 Gulden, und ich habe sie nicht". „Ist das alles"? fragt die Frau, geht ans Fenster und ruft zum Nachbarhaus: „Nathan, komm mal ans Fenster, hörst du, mein Mann, der Kohn, kann morgen nicht zahlen". Dann wendet sie sich zu ihrem Mann: „Gib Ruh, jetzt ist es der Nathan, der nicht schlafen kann".

Menschen, denen es schwer fällt sich zu entscheiden, könnte der folgende Witz helfen:

Ein Mann kommt zum Rebbe: „Was soll ich tun? Ich habe einen Hahn und eine Henne. Schlachte ich den Hahn grämt sich die Henne. Schlachte ich die Henne, grämt sich der Hahn". „Komm morgen wieder. Ich muss klären", entscheidet der Rebbe. Am nächsten Tag hat der Rebbe das Problem gelöst: „Schlachte den Hahn"! „Aber dann grämt sich doch die Henne", wendet der Mann ein. „Soll sich grämen", bestimmt der Rebbe.

Der jüdische Witz ist ein Exportschlager. Das gilt beispielsweise für den Witz vom „Klopp":

Ein Autofahrer bleibt liegen. Als alle Versuche, den Wagen wieder flott zu machen, scheitern, ruft er einen bekannten Mechaniker zur Hilfe. Dieser öffnet die Motorhaube, schaut sich den Motor an, greift dann zu seinem Hämmerchen und bringt mit einem präzisen „Klopp" den Motor wieder in Gang. Als er dem Autobesitzer eine Rechnung über 100 Schekel stellt, empört sich dieser: „100 Schekel für einen Klopp"? Darauf korrigiert der Mechaniker die Rechnung. „Ein Klopp- 1 Schekel, gewusst wie – 99 Schekel". In den USA handelt der Witz von einen Mississippi Dampfer und Dollar, in Russland von einem Traktor und Rubel.

„HANS SACHS WAR EIN SCHUH-- "

Greifen wir zurück in das 16. Jahrhundert. Da finden wir in Nürnberg die Zunft der biederen Meistersinger, deren Werke wegen ihrer strengen Regeln und der handwerklichen Herangehensweise bei späteren Generationen keinen Anklang mehr fanden. Das gilt auch für den Berühmtesten unter ihnen Hans Sachs, dem Richard Wagner in seinen Meistersingern ein Denkmal gesetzt hat. Die 4000 Meisergesänge von Hans Sachs sind längst vergessen. Dagegen hat der Sprachwitz mühelos bis in unsere Zeit überlebt:

„Hans Sachs war ein Schuh-
macher und Poet dazu".

„VATER WERDEN IST NICHT SCHWER"

Wir müssen einen Satz ins 19. Jahrhundert machen, um dem Pionier der Comics, dem geistigen Vater von Max und Moritz, Wilhelm Busch zu begegnen. Er parodierte in seinen Bildgeschichten Selbstzufriedenheit, Frömmelei und Doppelmoral von Spießbürgern. Hier ein Stammbuchvers, der die gemischten Gefühle beschreibt, wenn Besuch kommt:

„Es ist halt schön,
Wenn wir die Freunde kommen sehn.
Schön ist es ferner, wenn sie bleiben
Und sich mit uns die Zeit vertreiben.
Doch wenn sie schließlich wieder gehn,
Ist´s auch recht schön".

Die Verse von Busch sind so einprägsam, dass etliche von ihnen zu Redewendungen geworden sind wie:

„Vater werden ist nicht schwer,
Vater sein dagegen sehr",
oder. „Musik wird oft nicht schön gefunden,
weil sie stets mit Geräusch verbunden".

Je ernster die Lage, um so schwieriger ist es, seinen Humor zu bewahren. Aber es lohnt, lehrt uns Wilhelm Busch:

„Es sitzt ein Vogel auf dem Leim,
er flattert sehr und kann nicht heim.
Ein schwarzer Kater schleicht herzu,
die Krallen scharf, die Augen gluh.
Am Baum hinauf und immer höher
kommt er dem armen Vogel näher.
Der Vogel denkt: weil das so ist
und weil mich doch der Kater frisst,
so will ich keine Zeit verlieren,
will noch ein wenig quinquilieren
und lustig pfeifen wie zuvor.
Der Vogel, scheint mir, hat Humor".

WENN DIE IGEL IN DER ABENDSTUNDE

Humor richtet sich am Zeitgeist aus. In kritischen Zeiten wird er bissig. Das sehen wir bei Kurt Tucholsky, den „kleinen dicken Berliner, der mit der Schreibmaschine eine Katastrophe aufhalten wollte" (Erich Kästner). Bis 1929 hielt er es in Deutschland aus. Dann ging er nach Schweden ins Exil, wo er 1935 starb. Er war das Idol unserer Pennäler Tage. Unser Lieblingslied (für achtstimmigen Männerchor) war die Huldigung an Anna-Luise, hier eine Probe:

„Wenn die Igel in der Abendstunde
still nach ihren Mäusen gehn,
hing auch ich verzückt an deinem Munde,
und es war um mich geschehn –
Anna-Luise –!
Als wir standen bei der Eberesche,
wo der Kronprinz einst gepflanzet hat,
raschelte ganz leise deine Wäsche,
und du strichst dir deine Röcke glatt,
Anna-Luise –!
Und du gabst dich mir im Unterholze
einmal hin und einmal her,
und du fragtest mich mit deutschem Stolze,
ob ich auch im Krieg gewesen wär ...
Anna-Luise –!“

Ein anderes Gedicht, das wir bei jeder Gelegenheit zitierten, begann so:

„Ich lebte mit Frau Sobernheimer;
sie war so lieb, sie war so nett.
Wir wuschen uns im selben Eimer,
wir schliefen in demselben Bett.
So trieben wir es manches Jahr,
bis sie den Knaben mir gebar“.
Irgendwann fragt „Mutti ganz real: was wird der Junge denn nun mal –?“
Hier beginnt der Elternstreit. „Sie wollt ihn lassen Bildung lernen,
ich aber war für Staatsanwalt“.

Unverändert aktuell ist Tucholskys „Zur soziologischen Psychologie der Löcher".

Hier der Beginn des Textes: „Ein Loch ist da, wo etwas nicht ist. Das Loch ist ein ewiger Kompagnon des Nicht-Lochs: Loch allein kommt nicht vor, so leid es mir tut. Wäre überall etwas, dann gäbe es kein Loch, aber auch keine Philosophie und erst recht keine Religion, als welche aus dem Loch kommt. Die Maus könnte nicht leben ohne es, der Mensch auch nicht: es ist beider letzte Rettung, wenn sie von der Materie bedrängt werden. Loch ist immer gut".

NOCH EN GEDICHT

Vor Eintritt ins Fernsehzeitalter gab es eine beliebte Radiosendung „den Frankfurter Wecker", der täglich in einer anderen hessischen Kleinstadt ausgestrahlt wurde. Beliebtester Gast war Heinz Ehrhard. Er trug, wie ich später feststellen konnte, ein unglaublich dummes Gesicht. zur Schau, das in einer Filmszene am besten zur Geltung kam, in der Heinz Erhard Zwillinge spielte, die sich gerade begegnen. Dem Gesicht entsprachen die monoton nölende Stimme und die Texte:

„Die Made
Hinter eines Baumes Rinde wohnt die Made mit dem Kinde. Sie ist Witwe, denn der Gatte,
den sie hatte, fiel vom Blatte, diente so auf diese Weise einer Ameise als Speise.
Eines Morgens sprach die Made: „Liebes Kind, ich sehe grade, drüben gibt es frischen Kohl,
den ich hol. So leb denn wohl! Halt, noch eins! Denk, was geschah, geh nicht aus, denk an Papa!"

Die Worte „Noch en Gedicht“ und „Bin ich heute wieder ein Schelm“ waren seine wesentlichen Zwischentexte. Heinz Erhard liebte die Parodien:

„Der König Erl
Wer reitet so spät durch Wind und Nacht?
Es ist der Vater. Es ist gleich acht.
Im Arm den Knaben er wohl hält,
er hält ihn warm, denn der ist erkält'.
Halb drei, halb fünf. Es wird schon hell.
Noch immer reitet der Vater schnell.
Erreicht den Hof mit Müh und Not – – –
der Knabe lebt, das Pferd ist tot“!

Mir persönlich gefällt der goethesche Erlkönig besser. Er endet: „Erreicht den Hof mit Müh und Not, in seinen Armen das Kind war tot“. Unsere Lehrer liebten das „Erreicht den Hof mit Müh und Not“, wenn es um unsere Versetzung ging.

Heinz Erhard gehört zu denen, die uns nach dem Krieg wieder das Lachen gelehrt haben. Für bekannte Komiker wie Otto Waalkes und Loriot war er Vorbild. Verabschieden wir uns mit zwei Zitaten von ihm: „Das erste, was ich bei einer Abmagerungskur verliere, ist die gute Laune“ und: „Wer sich selbst auf den Arm nimmt, erspart anderen die Arbeit“.

VON DER ENTSTEHUNG EINES BERÜHMTEN ZWEIZEILERS

Es geschah in einem Volkswagen in einer Winternacht in den 60ern auf glatter Straße zwischen Paris und Colmar. Robert Gernhardt, F. W. Bernstein und F. K. Waechter dichteten in ein Diktiergerät. Es sollten Tiere bereimt werden in höchstens zwei Zeilen. Das begann recht holprig. Einigermaßen gelungen klang dann „Die wahren Kritiker der Wanzen sind selber mies im großen Ganzen“. Keine Steigerung bedeutete der nächste Versuch: „Die klügsten Kritiker der Kühe geben sich nur selten Mühe“. Aber es hatte sich ein Reimschema herausgebildet. Dann aber war es so weit. Bernstein fand das erlösende: „Die schärfsten Kritiker der Elche waren früher selber welche“. Gernhardt zog sofort nach: „Die größten Kritiker der Molche waren früher ebensolche“.

Robert Gernhardt gilt heute als einer der wichtigsten zeitgenössischen Dichter deutscher Sprache. Hier einige Zitate:

„Deutung eines allegorischen Gemäldes

Fünf Männer seh ich inhaltsschwer; wer sind die fünf? wofür steht wer?

Des ersten Wams strahlt blutigrot; das ist der Tod, das ist der Tod.“

Der zweite hält die Geißel fest; das ist die Pest, das ist die Pest“.

(Der Dritte ist das personifizierte Leid, der Viert der Hass und der Fünfte?)

„Der fünfte bringt stumm Wein herein; das wird der Weinreinbringer sein“.

Jetzt ein Text, dessen Schema sich vorzüglich zum Nachdichten eignet: „Paulus schrieb an die Apatschen: Ihr sollt nicht nach der Predigt klatschen“. „Paulus schrieb den Irokesen: Euch schreib ich nichts, lernt erst mal lesen“. In meiner Hommage an Gernhardt habe ich mich versucht: „Paulus sprach zu den Arabern: zuhören sollt ihr und nicht labern". „Paulus sprach zu den Chinesen, rechts die Guten, links die Besen".

Gernhardt war beständig am Dichten und Weiterdenken. So hatte er einmal den Auftrag über Helmut Kohl zu schreiben, während ihm die folgenden Zeilen von Eichendorf durch den Kopf gingen:

„Schläft ein Lied in allen Dingen, die da träumen fort und fort und die Welt hebt an zu singen, triffst du nur das Zauberwort". Daraus wurde: „Schläft ein Lied in allen Dingen, schläft auch eins in Helmut Kohl"? Das Gedicht zählt dann auf, was alles in Helmut Kohl schläft, etwa die Parteispendenaffäre und das Wort „Bimbes" für Geld.

Gernhardt wusste Jahre vor seinem Tod von seiner Krebserkrankung. Vielleicht erklärt sich daraus, dass Krankheit und Tod in seinen Werken vielfältig vertreten sind. Der Humor hat Gernhardt beim Ertragen geholfen: „Vor 10 Jahren waren wir jünger. In zehn Jahren sind wir Dünger".

OTTOS MOPS

Bereits 1984/1985 war Ernst Jandl Gast der Frankfurter Poetik Vorlesung mit dem Thema: „Vom Öffnen und Schließen des Mundes", in der er immer wieder von Gelächter und Szenenapplaus unterbrochen wurde. Jandl ist ein Meister des Nonsens. Seine Textsammlungen sind mit „Laut und Luise" oder „Eile mit Feile" überschrieben. Hier das bekannteste seiner Gedichte:

„ottos mops
ottos mops trotzt

otto: fort mops fort
ottos mops hopst fort
otto: soso
(und die beiden letzten Zeilen:)
ottos mops kotzt
otto: ogottogott“

Ernst Jandl hat viele „jandelnde“ Bewunderer gefunden, zu denen ich mich zähle. Statt des „o“ kann man ein „i“ wählen. Dann könnte das Gedicht „Sissis Spitz“ heißen und mit „igittigitt“ enden. Macht man aus dem Hundedrama eine menschliche Beziehungsgeschichte mit dem Buchstaben „A“, so bieten sich Hans und Anna als Akteure an: „Katamaran Fahrt nach Madagaskar. Hans mag das. Anna hat Angst“. Es folgt ein Streitgespräch, das wie fast alle Streitgespräche nichts bringt außer Ärger. Die Sache endet also tragisch: „Dann dampft Hans ab. Da macht Anna schlapp“.

„UND DANN WILL SIE ZIGARETTEN“

Vor Jahren lernte ich einen Mann kennen, der lustige Geschichten über seine Hühner erzählte. Da ich selber einige lustige Erlebnisse mit Hühnern hatte, interessierte mich der Mann. Es war Fritz Grasshoff, der Sohn eines Seemanns und späteren Kohlehändlers, aufgewachsen zwischen Koksbergen und Bumskneipen im Harz und nach einem bewegten Leben an der Bergstraße heimisch geworden. Seine Gedichte sind herzerfrischend derb. Daraus einige Kostproben:

„Kunkelsuse“ (es beschreibt die Laster einer Dirne, hier die letzte Strophe): „Kunkelsuse, pralle Bluse, vorne hui und hinten Pfui, jedem Kerle folgt die Perle in die Kletten, in die Betten, und dann will sie Zigaretten".

„Wazwab" (es handelt von einem Kirmesmusiker, der einem Mann die Uhr stiehlt und sie seiner Geliebten, der Frau Landgendarm schenkt. Der Landgendarm, der beauftragt ist, den Diebstahl aufzuklären, entdeckt im Zuge seiner Ermittlungen nicht nur die Uhr, sondern an der Uhr die eigene Frau in flagranti mit Wazwab. Hier zwei Verse):

„Für ein Schnaps und freien Tisch Wazwab spielen kinstlerisch, tags auf Kirmes nachts in Heu immer gut und scheen und neu".

„Kirzlich nachts in seinen Bau, Wazwab spielen scheen auf Frau, pletzlich bei das Dur von C kommen Landgendarm herrjeh".

„Wumpe" (Der beinamputierte Wumpe leidet unter der Untreue seiner Frau. Als er sie einmal mit einem Liebhaber ertappt, wird er gewalttätig. Dabei geht die Prothese zu Bruch. Wie es danach weiter geht, sagt der folgende Vers): „Doch die ganze Diözese sammelte für die Prothese, die man Wumpe wollte schenken, denn man soll ja christlich denken".

Wer den Reichtum deutschen Humors kennen lernen möchte, der findet bei den zitierten Autoren reiche Nahrung, aber auch bei Fritz Reuter, Christian Morgenstern, Karl Valentin, oder Eugen Roth.

Mit der Frage-Was ist der Mensch? haben wir unsere Sprache unter den verschiedensten Blickwinkeln betrachtet, haben einigen Sonderbegabten über die Schulter geschaut und Beispiele dafür gesammelt, was Sprache vermag, bzw. was wir durch unsere Sprache vermögen.

DIE MUSIK

Zu dem, was den Menschen auszeichnet, gehört ein besonderes Verhältnis zur Musik. Die Musik ist ein Kosmos. Es gibt weltweit so vielerlei Musik, wie es Sprachen gibt. Kaum vorstellbar, dass Menschen ohne Musik leben können.

Mit Vergnügen erinnere ich mich der sonntäglichen Blockflöten Matineen mit meinem Vater in der Nachkriegszeit. Wir hatten zwei Notenhefte „Tirili, Mai ist hie" und „Die Zauberflöte". Mit unseren Leistungen waren wir recht zufrieden, bis unser Untermieter, der erste Klarinettist am Staatstheater, bat, einmal mitspielen zu dürfen. Obwohl er sich uns nach Kräften anpasste, verfehlte er doch immer wieder unseren Takt. Er ist nicht auf unsere Einladung zurückgekommen, öfter mit uns zu spielen. Inzwischen hat die Wissenschaft herausgefunden, dass gemeinsam musizieren beziehungsförderlich ist. Es war also in Ordnung, dass wir trotz oder vielleicht gerade wegen unserer musikalischen Schwächen selbst an trüben Wintertagen gut gelaunt waren, wenn wir vom Mai tirilierten oder das Lied des Papageno spielten.

Falsch sei es, so der Rat von Fachleuten, wenn Eltern in Sachen Musik Leistungsdruck auf ihre Kinder ausüben. Auch das deckt sich mit meiner Musikantenerfahrung.

Wem es verwehrt ist, sein Herz mit eigener Musik zu erfreuen, dem seien öffentliche Konzerte empfohlen. Hier einige Veranstaltungszeiten: Gartenrotschwanz 80 Minuten vor Sonnenaufgang, Hausrotschwanz 70 Minuten, Singdrossel 55 Minuten, Amsel 45 Minuten, Blaumeise

35 Minuten, Stieglitz 20 Minuten und Rotkehlchen 10 Minuten vor Sonnenaufgang.

ORPHEUS

„Die Musik hat mir so manches Törchen geöffnet", mit diesen Worten versuchte uns unser Musiklehrer zu gewinnen. Die Musik vermag mehr. Orpheus war der beste aller Sänger, so erzählt die Sage. Er betörte Götter und Menschen. Die Bäume neigten sich ihm zu, wenn er spielte, und die wilden Tiere scharten sich friedlich um ihn. Mit seinem Gesang beruhigte er das wütende Meer. Wir haben bereits erwähnt, dass es Orpheus gelang, sogar die Unterwelt einschließlich Höllenhund mit seiner Musik zu betören und dass es ihm beinahe gelungen wäre, seine Geliebte Eurydike wieder zum Leben zu erwecken. Wie sehr diese Sage über den Versuch, den Tod mit der Musik zu überwinden, einer menschlichen Sehnsucht entspricht und wie sehr das Scheitern des Orpheus uns berührt, zeigen die zahlreichen (fast zahllosen) künstlerischen Weiterverarbeitungen des Themas. Ich habe allein 13 Filme gezählt, darunter Meisterwerke wie Orphée von Jean Cocteau (Frankreich 1949) und Orfeu Negro von Marcel Camus (Frankreich 1959).

ARGUS

Musik ist eine Macht, die wie jede Macht nicht gegen Missbrauch gefeit ist, wie das Schicksal von Argus zeigt. Wir finden ihn im griechischen Götterhimmel. Dort herrscht Zeus, der Wolkenversammler und Erderschütterer. Zum

Leidwesen seiner Gemahlin Hera ist er ein großer Frauenheld. Diesmal ist Zeus in Liebe für Jo, eine Priesterin seiner Gemahlin, entbrannt und verführt sie. Um Jo vor weiteren Nachstellungen zu bewahren, verwandelt Hera sie in eine Kuh und lässt sie durch Argus bewachen, einem riesigen Ungeheuer mit hundert Augen am ganzen Leib, die es ihm erlauben, gleichzeitig in alle Richtungen zu schauen, da nur jeweils ein Augenpaar zu einer Zeit schläft. Darauf schickt Zeus Hermes, er solle Argus töten und Io rauben. Hermes spielt dem Ungeheuer auf seiner Flöte so sanfte Melodien vor, dass sich ein Augenpaar nach dem anderen schließt, bis keines mehr wach ist. Dann erschlägt er den Riesen mit einem Felsen und entführt die Kuh Jo. Zeus nimmt die Gestalt eines Stiers an und zeugt mit Jo einen schwarzhäutigen Sohn, Epaphos. Wenn wir heute von Argusaugen sprechen, ist das beileibe kein Lob für Seeschärfe.

Flötenspiel als Zauber kennen wir auch aus der Sage des Rattenfängers von Hameln, der mit seinem Spiel die Stadt Hameln von einer Mäuse- und Rattenplage befreit, dann aber als ihm der ausbedungene Lohn nicht gezahlt wird, mit seinem Flötenspiel die Kinder der Stadt wegführt.

SIRENEN, DER BETÖRENDE CHORGESANG

Chorgesang als Köder, auch das gibt es: bei den Sirenen, die mit betörendem Gesang Seeleute auf ihre Insel lockten, um sie zu verderben. Ihre Namen klingen verheißungsvoll: „süße Rede“, „die Helltönende“, „den Geist Fesselnde“, „sanfte Stimme“ und „Bezaubernde“. Als der listenreiche Odysseus an der Sireneninsel vorübersegelte, hieß er seine Mannschaft sich die Ohren mit Wachs verstopfen und sich selber aber mit offenen Ohren an den Mast des Schiffes fesseln. Es sind vor allem die sehr hohen Töne, die den Sirenengesang unwiderstehlich machten. Besonders laut können die Sirenen im Gegensatz zu ihren heutigen Nachfahren nicht gewesen sein. Als Orpheus mit seinen Argonauten an ihrer Insel vorübersegelte, bannte er die Gefahr, indem er selber lauter und noch wohltönender musizierte.

DIE INTERVALLE

Mit dem Namen Orpheus verbindet sich eher das rauschhaft Überschäumende der Musik. Eine andere durch Intervalle gezügelte Musik geht wahrscheinlich auf Pythagoras zurück. In dem Harmoniebestreben von Pythagoras spielt die Musik eine entscheidende Rolle. Möglicherweise standen Experimente mit dem Monochord am Anfang seines Denkens. So fand er, dass eine angeschlagene Seite die Oktave ertönen lässt, wenn man sie halbiert, dass die Quart erklingt, wenn man ihre Länge auf drei Viertel und die Quint, wenn man sie auf zwei Drittel verkürzt. Quart und Quint zusammen ergeben die Oktave.

So wie das pythagoräische Harmoniedenken in der Zahlenwelt an den irrationalen Zahlen scheiterte, verlor es sich auch aus der Musik. Die Zwölftonmusik, die Gewöhnung an Dissonanzen und dem Modernwerden anderer Musikformen nahmen dem Harmoniedenken den Alleingeltungsanspruch.

HYMNE OHNE TEXT

Eine typische Quizfrage: Gibt es eine Europahymne? Ja, seit 1985. Es ist die Ode an die Freude, leider nur, die Musik Beethovens, mit der er seine 9. Sinfonie abschließt ohne Text. Es gibt sie in drei von dem Dirigenten Herbert von Karajan arrangierten Versionen, einer Solopiano-Version sowie je einer Orchester-Fassung für Blas- und für Sinfonieorchester. Sie vermittelt ein „abgespecktes" Musikerlebnis. Wer sich lieber vom Gefühl der Freude durchdringen lässt, bevorzugt die Fassung für Chor und Orchester mit dem Schillertext, der den jugendlichen Überschwang des 26-Jährigen ausstrahlt. Das Zusammenspiel zweier der größten Genies und das Thema „Freude", das lässt sich nicht überbieten. Hier einige Zeilen aus dem Schillertext.

„Freude heißt die starke Feder
in der ewigen Natur.
Freude, Freude treibt die Räder
in der großen Weltenuhr.
Blumen lockt sie aus den Keimen,
Sonnen aus dem Firmament,
Sphären rollt sie in den Räumen,
die des Sehers Rohr nicht kennt.
Freude, schöner Götterfunken,
Tochter aus Elysium,
Wir betreten feuertrunken,
Himmlische, dein Heiligtum".

„UND HÄTTE ICH

DER LIEBE NICHT---"

Einer der wunderlichsten Vögel ist der Blaufußtölpel, groß wie eine Gans, unproportioniert und tölpelhaft in seinen Bewegungen (für das Menschenauge), was durch die großen blauen Füße noch auffälliger wird. Seine Heimat ist das Paradies von Galapagos. Das Männchen wirbt um die Angebetete mit einem Tanz, bei dem es vor allem seine Füße zur Schau stellt. Zuvor hat es meist mehrere Nester gebaut. Weibchen bevorzugen Männchen mit kräftig blau gefärbten Füßen und verschmähen Männchen, deren Füße nur matt graublau aussehen, weil die kräftige Färbung den für die Aufzucht der Brut notwendigen erfolgreichen Fischfänger kennzeichnet.

Wer nicht bis Galapagos reisen möchte, um das Balzverhalten von Vögeln zu erleben, der beobachte die heimische Amsel: Ein Amselweibchen wartet auf unserem Rasen, während zwei Männchen sie mit ihren „Liebesschwüren" bedrängen. Das eine Männchen versucht, das Weibchen für seinen Nistplatz im Buchsbaum zu begeistern, das andere lockt zum Kiwi Spalier. Noch ist der Ausgang offen. Am nächsten Morgen hat das Weibchen bereits den Buchsbaum bezogen.

Wie bei Tieren gibt es auch beim Menschen Balzrituale, und das in vielfältiger Weise. Da ist die Geschichte von Effie Briest (in dem gleichnamigen Roman von Theodor Fontane), die den Antrittsbesuch des Baron von Innstetten bei ihren Eltern mit den Worten kommentiert: „Ich glaube, ich bin verlobt". Ein literarisches Zeugnis einer sexuellen Verbindung ohne große Umschweife liefern die maghrebinischen Geschichten des Gregor von Rezzori.

Dort liest man, wie Onkel Kantakukuruz seinen Neffen aufklärte: „Du entsinnst dich, wie wir kürzlich auf Wolfsjagd waren. Steht dir auch noch vor dem Gedächtnis, was wir mit den Zigeunerinnen taten, die wir mitgenommen hatten. So machen es nämlich auch die Schmetterlinge". Früher spielten im wirklichen Leben rote Rosen eine wichtige Rolle. Heute sind Heiratsanträge mit einem Fernsehpublikum als Zeugen im Kommen.

Was die Arterhaltung anlangt, zählen wir zu den Tieren. Liebe dient der Arterhaltung. Ohne sie gäbe es uns nicht. Liebe geschieht mit allen Sinnen.

Erfreulicherweise hat die Natur uns mit einer Gabe ausgestattet, die uns die Wahl des richtigen Partners erleichtert. Wir haben die Fähigkeit der Vorauswahl: Ob sich zwei Menschen für einander interessieren, entscheidet sich regelmäßig innerhalb von Sekunden: Auf die Frage, wie sie sich kennen gelernt hätten, berichtet ein befreundetes Ehepaar: „Auf dem Bahnhof in Darmstadt. Wir sahen uns das erste Mal, als wir aus dem Fenster zweier Züge lehnten, die vom selben Bahnsteig in entgegengesetzte Richtung anfuhren. Da war klar, wir mussten uns wiedersehen".

PLATONISCHE LIEBE

Wenn man heute von Platonischer Liebe spricht, dann steht nicht das sinnliche Begehren im Vordergrund, sondern die seelische Zuneigung, die auf der Achtung des Geliebten beruht. Sie ist der Gegensatz zur sexuellen Liebe. Platon dachte anders. Was Mann und Frau zusammenführt, ist für ihn nicht die Sympathie, sondern die Aufgabe einen möglichst (kriegerisch) tüchtigen wohlgeratenen

Nachwuchs zustande zu bringen. Liebe (Eros) ist für ihn die Suche nach dem Schönen, die mit dem sexuellen Begehren beginnt: „Zu den schönen Leibern fühlt er sich eher hingezogen als zu den hässlichen---- Diesem Menschen gegenüber findet er sogleich eine Fülle von Worten über die Tugend und über das, was ein guter Mensch sein und wonach er streben soll und er versucht, ihn zu erziehen". Der Eros verwirklicht sich nach Plato in Stufen: „von einem schönen Leib zu zweien, von zweien zu allen, von den schönen Leibern zu den schönen Lebenshaltungen, von den Lebenshaltungen zu den schönen Erkenntnissen schließlich zu jener Erkenntnis, die sich auf nichts anderes bezieht als auf jenes Schöne selber.----- Hier wenn irgendwo , ist das Leben für den Menschen lebenswert".

FLORENCE NIGHTINGALE

Es gibt Menschen mit großem und mit weniger großem Herzen. Mafiabossen sagt man nach, dass sie nach ihrem grausamen Tagewerk das Bedürfnis hätten, Frau und Kinder abgöttisch zu lieben. Andere widmen ihr Leben der Liebe. Eine von ihnen ist Florence Nightingale, Begründerin der modernen westlichen Krankenpflege und einflussreiche Reformerin des Sanitätswesens und der Gesundheitsfürsorge in Großbritannien. Sie vertrat die Ansicht, dass es neben dem ärztlichen Wissen ein eigenständiges pflegerisches Wissen geben solle. Ein Schlüsselerlebnis war für sie, dass im Januar 1837 eine Grippe-Epidemie den Süden Englands heimsuchte. Sie widmete sich vier Wochen lang intensiv der Versorgung Erkrankter. Trotzdem gehörte sie zu den wenigen, die gesund blieben. Aus dieser Zeit existiert eine Tagebuchnotiz: „Gott sprach zu mir und rief mich in seinen Dienst". Sie wollte Krankenpflegerin werden. Ihre Eltern, deren Zustimmung sie dazu brauchte, lehnten aus Sorge um Florence schwache Gesundheit und wegen des geringen Ansehens, den der gewählte Beruf genoss, ab. Bei den Pflegekräften, die in der ersten Hälfte des 19. Jahrhunderts in britischen Krankenhäusern arbeiteten, handelte es sich in der Regel um ehemalige Dienstboten oder um Witwen, die keine anderweitige Anstellung fanden und daher gezwungen waren, sich ihr Brot durch diese Arbeit zu verdienen. Als eine Reihe von Reformen die Verhältnisse an den britischen Krankenhäusern verbessert hatte, legte eine Freundin der Eltern in einem Brief an sie für Florence ein Wort ein. „Die Meinung der Welt [...] hat sich stark geändert ... Junge Frauen von einem Ansehen ähnlich wie Flo tun nun Dinge, die zuvor unerhört waren ... Auf sie wird nicht länger herabgesehen, weil sie ihr Leben Krankenhäusern oder Patienten widmen". Der Brief war vergeblich. Florence fühlte sich sinnentleert. Mehrere Auslandsreisen mit einem befreundeten Ehepaar ermöglichten es Nightingale, reichlich Beobachtungsmaterial in ausländischen Krankenhäusern zu sammeln. Schließlich gaben ihre Eltern nach. Nightingale wurde Krankenschwester und begann damit, ihr eigenes Ausbildungsmodell zu entwickeln, das den Schwerpunkt auf Hygiene legte. Sauberkeit, richtige Lüftung und angemessene Ernährung heilten ihrer Ansicht nach die meisten Krankheiten.

Während des Krimkriegs (1853-1856) leitete sie eine Gruppe Pflegerinnen, die englische Soldaten betreute. Tausende Soldaten starben an Cholera, Dysenterie und anderen Durchfallerkrankungen. In dem Lazarett in Scutari, heute einem Stadtteil von Istanbul, wohin die britischen Verwundeten verbracht wurden, übernahm Nightingale bei katastrophalen sanitären Verhältnissen mit einer Gruppe Helferinnen die Betreuung der Verwundeten. Da sie nachts auf ihren Kontrollgängen die Patienten mit einer Lampe in der Hand besuchte, ging Nightingale als Lady with the Lamp („Dame mit der Lampe") in die britische Folklore ein. Aus dem Krimkrieg kehrte Nightingale chronisch krank nach Großbritannien zurück und führte von da an ein zurückgezogenes Leben als Invalide. Sie starb mit Ehrungen überhäuft, darunter einer Hommage der „Gartenlaube" im Jahre 1855. 100 Jahre später gab die Bundespost eine Wohltätigkeitsmarke mit ihrem Bildnis heraus. Fasst man ihr Leben in einen Satz zusammen, so ist es der: Sie hat viel Liebe gegeben.

DIE WAHRE LIEBE

„Und hätte ich der Liebe nicht, wäre ich dröhnendes Erz oder eine lärmende Pauke". Diese Worte finden sich im ersten Brief des Apostels Paulus an die Korinther im sogenannten Hohen Lied der Liebe (Kapitel 13). Aus diesem Kapitel stammt der am häufigsten gewählte Hochzeitsspruch: „Für jetzt bleiben Glaube, Hoffnung, Liebe, diese drei; / doch am größten unter ihnen ist die Liebe". Jeder Mensch weiß, was für ihn die Liebe bedeutet. Ebenso wie alle Menschen Augen haben, aber keine zwei die gleichen, so erlebt jeder Mensch die Liebe, aber keine zwei tun es auf die gleiche Weise. Liebe ist lebendig und abwechslungsreich wie das Leben selbst. Bildlich gesprochen ist sie eine Ökonische, in der die Menschheit gedeiht, ihr Lebensquell. Liebe ist nicht dasselbe wie Glück und nicht dasselbe wie Frieden. Sie ist jedoch ein wichtiger Baustein für beides. Liebe hilft Leid lindern, Hindernisse meistern und Hass überwinden. Menschen zeigen ihre Liebe bei Katastrophen, bei denen alle zusammenwirken, um die Gefahr zu bannen. Es ist Liebe, wenn jemand seinem Kind die zum Überleben nötige Niere spendet. Menschenliebe schwingt bei vielen kleinen herzlichen Begegnungen im Alltag mit. Für Paulus zeichnet sie sich so aus: „Die Liebe ist langmütig, / die Liebe ist gütig. / Sie ereifert sich nicht, / sie prahlt nicht, / sie bläht sich nicht auf. Sie handelt nicht ungehörig, / sucht nicht ihren Vorteil, / lässt sich nicht zum Zorn reizen, / trägt das Böse nicht nach. Sie freut sich nicht über das Unrecht, / sondern freut sich an der Wahrheit. Sie erträgt alles, / glaubt alles, / hofft alles, / hält allem stand. Die Liebe hört niemals auf".

LIEBE IM ALLTAG

Es scheint einfach, ein Tier zu lieben. Es ist nichts ungewöhnliches, dass jemand ein in einen Gullideckel eingeklemmtes Eichhörnchen in Zusammenarbeit mit weiteren Hilfswilligen in einer aufwändigen Aktion befreite, mit Glukose erstversorgte, um es dann reichlich mit Nüssen versehen in die Freiheit zu entlassen. Wie eng die Bindung an einen Hund sein kann, erlebt man in Scheidungsrechtsstreitigkeiten, in denen um den Verbleib des Ehehundes oder wenigstens ein Umgangsrecht mit dem Hund gerungen wird. Es gibt den Streit, ob man Hunde trennen darf, als wären sie gewöhnlicher Hausrat oder ob das Hundewohl die Trennung verbietet, genau wie wir ihn bei der Verteilung von Kindern kennen.

Vergleicht man Mensch und Tier, so erklärt sich leicht, was die Alltagsliebe unter Menschen erschwert. Verglichen mit einer Katze, die sich mit einem Schälchen Milch und ein paar Streicheleinheiten „beglücken" lässt, haben Menschen komplexere Erwartungen, die nur selten dekkungsgleich sind. Liebe ist mehr als ein großes Gefühl, ein Geschenk des Himmels. Sie erfordert eine dauerhafte Kommunikation mit allen fünf Sinnen. Die kann zur Arbeit ausarten, lässt sich erlernen, genauso wie andere Fähigkeiten.

DIE UNGLÜCKLICHE LIEBE

Erinnern wir uns noch einmal des mit seinem Liebeswerben gescheiterte Amselmännchens. Es gibt die unglückliche Liebe. Heinrich Heine hat sie in seinem Gedicht „Ein Jüngling liebt ein Mädchen" besungen, das mit folgender Strophe endet:

„Es ist eine alte Geschichte,
Doch bleibt sie immer neu;
Und wem sie just passieret,
Dem bricht das Herz entzwei".

FRIEDEN UND LIEBE

Unter dem Motto Peace and Love fand vom 15-18. August 1969 das Woodstock Fest statt, der Höhepunkt der Hippiegeneration. 32 Bands und Solokünstler der Musikrichtungen Folk, Rock, Blues und Country traten auf.

Einer der Höhepunkte war der Auftritt von Joan Baez. Die schwangere Sängerin nutzte die Gelegenheit, um dem Publikum von ihrem inhaftierten Ehemann David Harris zu erzählen und den Song Joe Hill zu präsentieren. Anschließend legte sie ihre Gitarre beiseite und sang Swing Low, Sweet Chariot. Hier der letzte Vers des Spirituals von der Heimreise.

If you get there before I do,
(Coming for to carry me home)
Tell all my friends I'm coming there too.
(Coming for to carry me home)

Der Oscar-prämierte Film Woodstock machte das Fest zu einem Mythos. Woodstock wurde das Aushängeschild des „anderen" Amerikas, das sich gegem das von den politischen Morden an John F. Kennedy, Malcolm X, Martin Luther King und Robert F. Kennedyerschütterte, vom Vietnamkrieg bestimmte Amerika abgrenzte. Experten urteilten: „Woodstock war Nahrung für die Seele", „Unvorhergesehenes, das auf schier magische Weise überwunden wurde. Eigentlich hätte Woodstock scheitern müssen, - es grenzt an ein Wunder, dass niemand ernsthaft zu Schaden kam." „Es waren nur 400.000 Leute bei dem Festival. Aber wen immer du aus dieser Zeit fragst, sie alle sagen, dass sie dabei waren. Und sie alle denken wegen des Films, dass sie dabei waren". Auch wenn das Fest weltweit zahlreiche erfolgreiche Nachahmer gefunden hat, der Mythos von Peace and Love ist im Drogenkonsum untergegangen.

SOLIDARITÄT

Der Mensch ist sozial: homo socialis. Er hat das Bedürfnis sich mit anderen Menschen zu solidarisieren. Mit dem Begriff Solidarität verbindet man Bilder, wie wir sie jüngst bei der Ahrtalüberschwemmung 2021 oder den Brandkatastrophen in Südeuropa beobachten konnten, wo von überall her Freiwillige anrückten, um den Betroffenen beizustehen.

Durch Solidarität lässt sich vieles erreichen. Hier einige Zeilen aus dem Solidaritätslied von Bert Brecht (vertont von Hanns Eisler):

„Vorwärts und nicht vergessen,
worin unsere Stärke besteht!
Beim Hungern und beim Essen,
vorwärts und nie vergessen:
Die Solidarität!
Auf ihr Völker dieser Erde,
einigt euch in diesem Sinn,
dass sie jetzt die eure werde,
und die große Nährerin“.

Ausdruck einer geschichtlich gewachsenen Solidarität sind Nationalhymnen. Man spielt sie bei ausgewählt feierlichen Ereignissen, zur Einführung und Verabschiedung des Bundespräsidenten, zur Vereidigung von Soldaten oder bei Staatsempfängen hochrangiger deutscher Politiker im Ausland und ebenso bei sportlichen Anlässen, kurz vor Anpfiff von Länderspielen der Nationalmannschaften (Fußball, Handball, Hockey-- -)

Unsere Hymne, die dritte Strophe des Deutschlandliedes von Hoffmann von Fallersleben schwört uns ein auf „Einigkeit und Recht und Freiheit". Das hochtrabend-missverständliche „Deutschland, Deutschland über alles" der ersten Strophe passt nicht mehr zu uns. Die Hymne unseres Nachbarlandes Polen handelt von einer Zeit, in der Polen nach drei Teilungen von der Landkarte verschwunden war. „Noch ist Polen nicht verloren, solange wir leben. Was uns fremde Übermacht nahm, werden wir uns mit dem Säbel zurückholen". Auch die französische Nationalhymne, die Marseillaise, hat mit Krieg zu tun. Sie war ursprünglich das 1792 gedichtete Kriegslied für die Rheinarmee im Kampf gegen Österreich. „Allons enfants de la Patrie---": „Auf, Kinder des Vaterlandes, der Tag des Ruhmes ist gekommen! Gegen uns ist der Tyrannei blutiges Banner erhoben". Die Mehrzahl der mehr als 100 Nationalhymnen auf der Welt ist recht martialisch und handelt von stolzem Triumph oder ebenso stolzem Trotz. Zwei Kuriositäten seien am Rande erwähnt. Die spanische Nationalhymne ist eine der wenigen ohne Text. Die englische Nationalhymne hat zwei Fassungen. Je nachdem das Land von einem König oder einer Königin regiert wird, beginnt sie mit „God save the King!" oder „God save the Queen"! (Gott schütze den König oder die Königin).

Eine fast magische Solidarisierungsmacht wohnt Fahnen inne. Vor dem Gebäude der Vereinten Nationen in New York paradieren majestätisch die Fahnen der jeweiligen Mitgliedsländer. Zu besonders feierlichen Anlässen hissen wir Fahnen, an Nationalfeiertagen oder bei Staatstrauer. In Fahnen verkörpern sich Selbstbewusstsein und Ehrgefühl eines Volkes. Ihre Verunglimpfung ist ein Straftatbestand. In Deutschland wird in § 90a Absatz 1 Ziffer 2 StGB mit Geld- oder Freiheitsstrafe bedroht, wer „die Farben, die Flagge, das Wappen oder die Hymne der Bundesrepublik Deutschland oder eines ihrer Länder verunglimpft". Bei Demonstrationen gegen die USA werden als Ausdruck nationalen Hochgefühls und besonderer Verachtung des Gegners immer wieder Fahnen der USA verbrannt.

Eine Fahne im Krieg hatte magische Kraft. Wehe, wenn sie in die Hand des Gegners fiel oder verloren ging. Hierzu einige Zeilen von Rainer Maria Rilke aus „Die Weise von Liebe und Tod des Cornets Christoph Rilke":

„Aber die Fahne ist nicht dabei. Rufe -. Cornet!
Rasende Pferde, Gebete, Geschrei,
Flüche. Cornet!
Eisen an Eisen, Befehl und Signal;
Stille: Cornet!
Und noch ein Mal.- Cornet!
Und heraus mit der brausenden Reiterei.
Aber die Fahne ist nicht dabei
Er läuft um die Wette mit brennenden Gängen,
durch Türen, die ihn glühend umdrängen,
über Treppen, die ihn versengen,
bricht er aus dem rasenden Bau.
Auf seinen Armen trägt er die Fahne
wie eine weiße, bewusstlose Frau".

Bedauerlicherweise lassen sich große und erhabene Gefühle leicht missbrauchen. Das gilt auch für das Gefühl der Solidarität. Die Nazis waren darin Meister. Sie erklärten kurzerhand den 1930 von Kommunisten ermordeten Horst Wessel zum Märtyrer, dessen Tod nicht vergeblich gewesen sein soll und dessen Andenken die Zurückgebliebenen zusammenschweißt. So entstand das Horst- Wessel- Lied, das im Dritten Reich bei öffentlichen Anlässen meist nach dem Deutschlandlied gesungen wurde. Hier die erste Strophe:

„Die Fahne hoch, die Reihen fest geschlossen!
SA marschiert mit ruhig festem Schritt.
Kameraden, die Rotfront und Reaktion erschossen,
marschier'n im Geiste In unser'n Reihen mit".

Kaum etwas gibt einer Bewegung mehr emotionalen Auftrieb als der Märtyrertod eines der ihren. Deshalb wurden und werden auch die 1919 ermordeten Kommunisten Karl Liebknecht und Rosa Luxemburg nach wie vor von ihren Gesinnungsgenossen verehrt.

Gegenwärtig erleben wir Solidarität im politischen Alltag. Seit Angela Merkel 2015 die ersten Syrienflüchtlinge mit einem Blumenstrauß begrüßt hat, gibt es die Solidarität der Willkommenskulturpartei und die der Ausländer-raus-Partei. Es gibt Solidarität mit den staatlichen Corona Maßnahmen und Gegnerschaft.

Jeder Fußballclub hat Fans, die ihre Solidarität mit Gesängen beschwören wie „Müller vor, noch ein Tor" und dem Gegengesang „Zieht den Bayern die Lederhosen aus". Die Solidarität kann schnell enden, beispielsweise wenn ein Spieler den Verein wechselt oder statt für den heimischen Verein für eine ausländische Nationalelf spielt.

Sich solidarisch zu fühlen und zu verhalten, ist, wie wir wissen, nicht notwendigerweise wertvoll. Eingehend hat sich Elias Canetti in „Masse und Macht" mit der Solidarität und ihren Problemen beschäftigt. Dort wo Solidarität herrscht, entstehen Massen. Eine Masse verkörpert eine

Macht. Jede Macht ist eine potentielle Gefahr. Wie vielfältig Massenphänomene sind, ersieht man aus den nahezu 100 Unterabschnitten, in die Canetti seine Überlegungen gliedert. Es geht ihm unter anderem um „offene und geschlossene Massen", um „die unsichtbaren Massen", die „Zähmung der Massen durch die Weltreligionen" und um „die Besonderheiten von Doppelmassen" wie Männer und Frauen oder Lebende und Tote.

DER SAMMELTRIEB

Zu den liebenswerten menschlichen Eigenschaften gehört der Sammeltrieb. In erster Linie dient er der Selbsterhaltung. In unserer Frühgeschichte waren wir Menschen im wesentlichen Jäger und Sammler, die sich größtenteils von der Jagd und dem Sammeln wildwachsender Pflanzen oder Kleintieren und in schlechten Zeiten von den gesammelten Vorräten ernährten. In der Nachkriegszeit lebte der Sammeltrieb wieder auf. Es ging darum, ohne Hunger durch den Winter zu kommen. Wir haben Waldbeeren, Bucheckern und Ähren gelesen. Damals blieb kein Zigarettenstummel, kein Bindfaden, kein rostiger Nagel, kein Schuheisen, kein Lederstück, kein Holz liegen, nahezu alles fand einen Sammler, der Verwendung hatte. Die schlechte Zeit ist vorbei. Der Sammeltrieb existiert fort. Als sich im Jahr 2020 das Gerücht von pandemiebedingten Lieferengpässen verbreitete, begannen die Menschen, die Regale leerzukaufen mit dem Ergebnis, dass tatsächlich Lieferengpässe entstanden. Sogar Klosettpapier und Hefe waren über Wochen vergriffen. Denselben Sammeltrieb wie bei uns kennen wir bei Eichhörnchen, Rabenvögel und Bienen, die für magere Zeiten Depots anlegen.

Neben dem Sammeln zum Überleben gibt es das spielerisch- schrullige Sammeln wertloser Gegenstände. In meiner Jugend waren es Bierdeckel, Autobildchen, Etikette von Zigarettenmarken und „natürlich“ Briefmarken. Nach einiger Zeit erlischt die Sammelwut. Die meisten Sammlungen werden entsorgt.

Der Sammeltrieb kann sich zur Leidenschaft steigern. Wie lässt es sich sonst erklären, dass eine unscheinbare Briefmarke aus dem Jahre 1847 mit dem Konterfei der Königin Viktoria, von England, die „Blaue Mauritius“, keinesfalls ein wertloses Stück Papier sondern eines der begehrtesten Sammelstücke ist. Wertsteigernde Merkmale bei Briefmarken sind: Fehlfarbe, Ersttagsstempel, Trauerrand, zu viel oder zu wenig Zacken oder sonstige Unregelmäßigkeiten. Nur mit blinder Sammelleidenschaft lässt sich erklären, dass für eine mit einem „Gelben Hund“ (Luftpostmarke) frankierte Postkarte der Darmstädter Großherzogin aus dem Jahr 1912 Unsummen hingeblättert werden, nur weil die Marke einen Tag vor dem offiziellen Ausgabetermin gestempelt ist.

Es gibt die puristischen Briefmarkensammler, die nichts in ihre Sammlung aufnehmen, was sie nicht selber von frankierten Sendungen abgelöst oder im Tauschhandel erworben haben und die anderen, die sich regelmäßig von der Post mit den Neuerscheinungen versorgen lassen und Fehlendes im Handel erstehen. Gemeinsam ist beiden Sammlertypen, dass eine Briefmarke, die einmal die eigene Sammlung betreten hat, diese nicht mehr verlässt.

Der Sammeltrieb hat sich andere Betätigungsfelder erschlossen, beispielsweise das Sammeln von Geweihen, die aus hausfraulicher Sicht vor allem Staubfänger sind und zu deren Aufbewahrung sich besonders Schlösser und Herrenhäuser eignen. In diesem Zusammenhang zitiere ich die ersten Zeilen eines Briefes, den ich vor Jahren an die hessische Landesregierung geschrieben habe: „Das nenne ich ein Schnäppchen, den Kauf eines Schlosses für 13,3 Millionen Euro. Ich freue mich mit der Landesregierung, dass sie dadurch in den Besitz der weltgrößten Hirschgeweihsammlung gelangt. Besser kann man sein überflüssiges Geld kaum anlegen als in Schlössern mit Hirschgeweihen".

DIE HABGIERIGEN

Seit eh und je ist die Habgier eine allgemein menschliche Schwäche, gegen die offenbar kein Kraut gewachsen ist. Leider hat die Warnung vor dem Reichtum, die Leo Tolstois in der folgenden Geschichte zum Ausdruck bringt, nichts gefruchtet: Pachom, ein russischer Bauer hat sich wegen seiner Habsucht mit seinen Nachbarn so verfeindet, dass sie ihm schließlich drohen, sie würden sein Haus anzünden. Da hört er von einem durchreisenden Kaufmann, man könne billig gutes Steppenland bei den Baschkiren kaufen, die weiter im Osten lebten. Pachom reist mit seinem Knecht fünfhundert Werst zu den Steppenbewohnern. Er wird in ihrem Zeltlager freundlich aufgenommen und darf so viel Land kaufen, wie er von Sonnenaufgang bis -untergang zu Fuß umrunden kann. Mit der Bemessung seines künftigen Besitzes überschätzt Pachom allerdings seine Kräfte. Zuletzt muss er bei sinkender Sonne verzweifelt rennen. Er erreicht gerade noch das Ziel, bricht dann aber vor Erschöpfung zusammen und stirbt. Hier noch die letzten Worte Tolstois: „Der Knecht nahm die Hacke, grub Pachom ein Grab, genau so lang wie das Stück Erde, das er mit seinem Körper, von den Füßen bis zum Kopf, bedeckte – sechs Ellen –, und scharrte ihn ein.“.

Es bleibt die Frage, mit der Tolstoi seine Geschichte überschrieben hat: „Wieviel Erde braucht der Mensch“? oder modern gesprochen, wieviel Geld? Wüssten wir das, es bliebe ohne praktische Konsequenzen. Wer Geld hat, lässt es für sich arbeiten. Das ist für uns eine Selbstverständlichkeit und war es bereits zu biblischen Zeiten. Jesus spricht: „Dann hättest du mein Geld zu den Wechslern bringen sollen, und wenn ich gekommen wäre, hätte ich das Meine wiederbekommen mit Zinsen“ (Mt. 25,27).

Was stört, sind die Auswüchse. Folgt man der Forbes-Liste 2021, so ergibt sich: Um gerademal die 40 Milliarden Dollar ist das Vermögen von Bernd Arnault, der Nummer 3 der Superreichen, innerhalb eines Jahres auf 150 Milliarden Dollar gestiegen, während sich das Vermögen von Elon Musk, der Nummer 2, innerhalb des letzten Jahres von 93,5 Milliarden Dollar auf 183 Milliarden Dollar vergrößert hat. Kritisch steht es um Amazon Gründer Jeff Bezos, der zwar dank des Wertzuwachses der Amazon Aktie um 70% binnen eines Jahres mit 193 Milliarden Dollar noch immer der reichste Mann der Welt ist. (Oder ist er es vielleicht schon nicht mehr, wie kürzlich im Stern zu lesen stand?) Sein Vorsprung ist aber auf 10 Milliarden Dollar geschrumpft. Um das Bild zu runden, hier noch die Zahl der Dollarmillionäre weltweit. Es sind

24 Millionen, von denen in Deutschland knapp 2 Millionen leben. Da auf der anderen Seite die Armen immer ärmer werden, tut sich ein Ursachenzusammenhang auf, die Ausbeutung. Erfolgreichster Ausbeuter ist Bezos, der für seine Geschäftspraktiken im Mai 2014 beim Weltkongress des Internationalen Gewerkschaftsbundes zum „Schlechtesten Chef der Welt" gewählt wurde. Eine Besserung ist nicht in Sicht. Man darf die Ausbeuter im Stil von Bezos unbedenklich zu den Bösewichten zählen, selbst wenn alles, was sie tun, erlaubt ist.

Eine andere Form der Geldgier zeigt sich im Missverhältnis zwischen Entgelt und Leistung, wie wir es gerade im Fall zweier Bundestagsabgeordneten erlebt haben. Die beiden ließen sich für die Vermittlung von Corona Maskenverkäufen, die auch ohne Vermittlung realisiert worden wären, je eine sechsstellige Eurosumme zahlen. Für so viel Geld muss eine alte Frau lange stricken.

Wie beneidenswert Menschen sein können, denen Habgier fremd ist, zeigt folgende Anekdote:

Alexander der Große trifft auf den Philosophen Diogenes und findet Gefallen an ihm. Deshalb bietet er ihm an, er möge sich wünschen, was er wolle. Für ihn Alexander sei kein Wunsch zu groß, worauf der Weise gesagt haben soll. „Bitte geh mir aus der Sonne".

LÜGEN HABEN KURZE BEINE

Eine Gabe/Schwäche, die alle Menschen haben, ist die zu lügen. Es gibt geschickte und plumpe Lügner. Meine kleine Schwester galt für verlogen, weil sie auf frischer Tat beim Pudding lecken mit Puddingspuren in Gesicht und Kleidung leugnete geleckt zu haben. Ich ließ mich nicht ertappen. Da ich für ehrlich galt, wurde mir das Lügen leicht gemacht. Bei Straftätern habe ich dasselbe Phänomen beobachtet. Sie werden auf frischer Tat ertappt oder wie die Spanier sagen „mit den Händen in der Masse (con las manos en las masa) und leugnen. Sie distanzieren sich auf diese Weise von ihrer Tat. Leugnen kann der Versuch sein, das Gesicht zu wahren.

Ein Sitzungstag im Amtsgericht, an dem ich ausschließlich Verkehrsunfälle verhandelt habe, ist mir deshalb noch in Erinnerung, weil alle Angeklagten dieselbe Ausrede vorbrachten, durch eine Wespe im Auto sei der Unfall unvermeidbar gewesen. „Kraftfahrzeugfahrer haben sich auch bei einer Wespe im Auto an die Straßenverkehrsordnung zu halten", war meine lakonische Antwort. Als ich den letzten Angeklagten darauf hinwies, dass er bereits der fünfte mit Wespe im Auto sei, reagierte er empört, bei ihm sei wirklich eine Wespe im Auto gewesen. Die Verhandlungen sind eine Demonstration des Bedürfnisses sich bei einem Fehlverhalten reinzuwaschen oder zumindest ein wenig schön zu färben.

Angeblich wird nirgends so viel gelogen wie vor Gericht. Bei Verkehrsunfällen sagen die Insassen eines Fahrzeugs stets für ihren Fahrer aus. Sie zeigen sich solidarisch mit dem eigenen Fahrer, indem sie seine Sichtweise übernehmen. Die anderen Unfallbeteiligten sind Gegner.

In anderen Gerichtsverfahren begegnen sich die Parteien als Feinde, denen es darum geht, den Anderen zu besiegen. In derartigen Verfahren ist den Parteien mitunter jedes Mittel recht, auch die Lüge.

Mehr noch als vor Gericht wird in der großen Politik gelogen, was ihr den Ruf eingetragen hat, sie sei ein schmutziges Geschäft. Hier nur zwei Beispiele: „Wir schießen zurück" war die offizielle Begründung für den deutschen Überfall auf Polen 1939, der zum Ausbruch des zweiten Weltkriegs führte. Um die Notwendigkeit des Golfkriegs 1991 zu rechtfertigen, präsentierten die Amerikaner dem UN-Sicherheitsrat eine Computer-generierte Abbildung der angeblichen mobilen Anlagen zur Produktion chemischer Kampfstoffe.

Wieso aber haben Lügen kurze Beine? Sie werden in aller Regel erstaunlich schnell aufgedeckt.

DIE KÖNIGLICHE LÜGE

Darf eine Regierung lügen, wenn es dem öffentlichen Interesse dient? Ferdinand von Schirach verneint die Frage in seinem kürzlich erschienen Buch „Jeder Mensch". Er fordert sogar mit wenig Gespür für das Machbare ein einklagbares Grundrecht auf wahrheitsgemäße Auskünfte gegenüber dem Staat.

Platon meint in seiner Staatsphilosophie (Politeia), eine Regierung dürfe dann lügen, wenn sie eine schöne neue von Gott gegebene Welt aufzeige. Gott solle nicht als Schöpfer der ganzen Welt, sondern nur des Guten in ihr aufgezeigt werden. Es müsse alles verboten werden, was die Neigung zu liederlichem Lebenswandel fördert oder die Befürchtung nährt, dass es dem Bösen gut gehe, der Gute aber leide. Dichter wie Hesiod und Homer, die Götter darstellten wie lasterhafte Menschen, müssten verbannt werden. In spätestens 2 Generationen würden die Menschen die königlichen Lügen widerspruchslos glauben.

Königliche Lügen sind noch heute Gang und Gäbe, wenn Regierungen wider besseres Wissen die Zukunft schönreden und die „feste Überzeugung" vertreten, sie seien in der Lage, die gegenwärtigen Bedrohungen (Pandemie, Erderwärmung, Artensterben, Flüchtlingsnot usw.) in den Griff zu bekommen.

Dass wir, das Volk, so königlich belogen werden, liegt im Zweifel auch an uns. Mundus vult decipi ergo decipiatur, hieß es bereits im alten Rom (Die Welt will getäuscht werden, also lasst uns sie täuschen). Was wäre beispielsweise passiert, wenn man zu Beginn der Coronapandemie zugegeben hätte, dass wir bis auf Weiteres mit dem Virus zu leben hätten und dass die Folgen unabsehbar seien. Man stelle sich vor, uns wären auf Grund der Erfahrungen mit früheren Epidemien und Pandemien Millionen Tote weltweit vorhergesagt worden.

VON DER SCHEIBENGESTALT ZUR KUGELGESTALT DER ERDE

Die weitreichendste königliche Lüge, die fast 2000 Jahre Bestand hatte, ist die, die Erde sei eine Scheibe mit einem sich darüber wölbenden bestirnten Himmel. Es lohnt sich diese Lüge näher zu betrachten.

Heute pfeifen es die Spatzen von den Dächern, dass die Erde eine Kugel mit abgeflachten Polkappen und einer gekippten Achse ist, die mit anderen Planeten um die Sonne kreist. Als Galilei vor 500 Jahren dasselbe behauptete, machte man ihm den Prozess wegen Gotteslässterung. Er musste widerrufen, wollte er dem Scheiterhaufen entgehen.

Etwa 2000 Jahre vor Galilei gab es in Athen einen vergleichbaren Prozess. Dort inspirierte der Fund eines großen Meteors den Philosophen Anaxagoras zu der Erkenntnis, dass die Sonne und die Gestirne glühende Massen seien und dass das Feuer der Urstoff sei. Die Erde stellte er sich als eine um ein riesiges Feuer kreisende Kugel vor. Da wir auf der dem Feuer abgewandten Seite lebten, nähmen wir das Feuer nicht wahr. Das war zu viel Auf- und Abgeklärtheit für die Athener. Man machte ihm wegen Gotteslästerung den Prozess. Mit Hilfe seines Freundes Perikles gelang es Anaxagoras aus dem Kerker zu entkommen und zu fliehen.

Etwa 200 Jahre, nachdem Anaxagoras mit seiner Theorie die Mittelpunktrolle der Erde in Zweifel gezogen hatte, war es Aristarch von Samos, der als erster nachweislich die heliozentrische Theorie vertrat. Danach drehen sich die Erde und die Planeten um die Sonne, die zusammen mit den Sternen fix bleibt, wobei die Erde sich um die eigene Achse dreht, während sie ihre Planetenbahn durchläuft. Wenig später gelang es Eratosthenes, einem Mathematiker, aus Alexandria, den Erddurchmesser bis aus 80 Km genau zu berechnen. Aristarch hatte viele Feinde. Auch ihn beschuldigte man der Gotteslästerung, weil er die Erde aus dem Mittelpunkt der Welt gerückt hatte.

Aristoteles schloss sich der herrschenden Doktrin an, die Erde sei eine Scheibe. Ihm folgte die christliche Lehre. Erst Kopernikus gelang es, die Theorie von Aristarch wieder zu beleben und damit ein neues Zeitalter zu begründen, das kopernikanische Zeitalter.

Ob Galilei nach seinem offiziellen Bekenntnis zur Scheibenform der Erde beim Verlassen des Inquisitionsgerichts das bekannte „Und sie dreht sich doch“ gemurmelt hat, ist nicht gesichert. Gönnen wir ihm den Widerruf des Widerrufs.

SEHNSUCHT NACH DEM SCHÖNEN

Wie groß das menschliche Bedürfnis nach Schönheit ist, sieht man in der Gegenwart der Pandemie an den überfüllten Blumenläden und Gärtnereien und dem Andrang bei den Friseuren. Der Mensch fühlt sich zum Schönen hingezogen. „Er strebt danach, Schönes zu zeugen und zu erzeugen. Er wird sich auf das weite Meer des Schönen begeben und im Schauen viele schöne und großartige Worte und Gedanken gebären in neidloser Liebe zur Weisheit----“ (Platon in Symposium“).

THOTH

Eine Vorahnung von vollendeter Schönheit bekam ich zu einer Zeit, als Deutschland in Trümmern lag bei der Lektüre eines der alle 14 Tage erscheinenden „Lux-Lesebogen“, der die Ausgrabungen im Tal der Könige in Oberägypten behandelte. Einer hatte es mir besonders angetan, Gott Thoth. In seine Zuständigkeit fallen die Intelligenz, die Lehre der Künste und Wissenschaften. Thoth gilt als der Erfinder von Sprache und Hieroglyphen. Seinem Schutz unterstehen Bibliotheken und Museen. Er repräsentierte den der Welt innewohnenden Geist der Ordnung und Gesetzmäßigkeit. Das machte ihn zum Schirmherrn aller irdischen Gesetze. Im Jenseits fungiert er als Sekretär der Götter und notiert beim Totengericht, ob die Verstorbenen würdig sind, in das Reich der Wiederkehr beziehungsweise in das Totenreich aufgenommen zu werden. Als ich 40 Jahre später das Tal der Könige besuchte, war ich von Schönheit und Reichtum der Gräber überwältigt. Abend für Abend, wenn der Besucherstrom abgeebbt war, hatte ich die Gräber für mich, vor allem aber Gott Thoth, meinen Freund seit Kindheitstagen. Er ist menschengestaltig mit Vogelkopf (Ibis), oder ein stehender oder hokkender Ibis oder Mantelpavian jeweils mit Schreibtafel und Binse als seinen Attributen, in jeder Gestalt ein wunderbares, ein perfektes Geschöpf.

Mein Schönheitsrausch war bald vorbei. Die Zeit von fast 5000 Jahren, die seitdem vergangen sind, macht die ägyptische Kunst bei aller Großartigkeit zu etwas Fremdem, zu einer kalten gleichförmigen Pracht ohne individuelle Züge. Sie erwärmte mein Herz nicht länger. Aus dem Totenreich bewahrt habe ich mir einen Uschebti, eine kleine von der Zeit angenagte Figur, wie sie die Ägypter mit ins Totenreich genommen haben, damit sie dort nicht ohne Bedienstete sind.

PHIDIAS UND PRAXITELES

Das griechische Schönheitsideal hat eine magische Anziehungskraft für uns. Kommt man nach Paris in den Louvre, findet man am Eingang ein Schild „zur Venus von Milo“, dem ein breiter Besucherstrom folgt, um vor einem überlebensgroßen Torso bewundernd auszuharren (genaugenommen ist es eine Aphrodite, da die Schönheits- und Liebesgöttin erst in römischer Zeit den Namen Venus annahm). Leider ist die griechische Bildhauerei uns meist nur noch in Kopien überliefert. Von Phidias, zu dessen Lebzeiten um das Jahr 500 die griechische Bildhauerei ihren ersten Höhepunkt hatte, existiert kein Original mehr. Seine 12 Meter hohe Zeus Statue in Olympia zählte zu den 7 Weltwundern. Noch größeren Ruhm erwarb sich 100 Jahre später Praxiteles, als Schöpfer der jugendlichen Götterideale (Dionysos, Aphrodite, Eros, Apollon, Artemis), die nicht mehr die erhabene Strenge des Phidias zeigen. Das bei Phidias und Praxiteles am vollkommensten verwirklichte griechische Schönheitsideal besteht mit geringen Abwandlungen bis heute fort.

DER KOLOSS

So sehr ägyptisches und griechisches/römisches Schönheitsideal voneinander abweichen, so suchen doch beide nach dem Allgemeingültigen. Um das Wesentliche von Schönheit ging es auch Leonardo da Vinci beim Planen seines Reiterstandbilds während seiner Zeit im Dienst von Ludovico Sforza. Er begann 1482 mit gründlichen Anatomiestudien, um aus der Vielfalt edler Pferde einen möglichst vollkommenen Idealtyp zu komponieren. Nachdem sich der erste Entwurf eines sich aufbäumenden Pferdes als technisch noch nicht umsetzbar erwiesen hatte, begann er am 23. April 1490 mit dem zweiten Entwurf. Für den Guss wurden etwa 100 Tonnen Bronze veranschlagt und bereitgestellt. In den Gärten am Palazzo Vecchio entstand ein 7 m hohes 1:1-Modell aus Ton. Im November 1493 fand die feierliche Enthüllung des Modells, Il colosso, vor den staunenden Mailändern aus Anlass der Verlobung von Bianca Maria Sforza mit dem späteren Kaiser Maximilian statt. Der Bronzeguss verzögerte sich, weil die Bronze zur Herstellung von Waffen benötigt wurde. Am 10. September 1499 fielen französische Truppen in Mailand ein. Söldner führten das Pferd in einem Karnevalsumzug mit. Sie hatten ersichtlich Freude an dem sie mit seinem Flehen begleitenden Leonardo. Schließlich machten sie sich ein Vergnügen daraus, Leonardo zu quälen, indem sie ein Scheibenschießen auf das Pferd veranstalteten, wobei es zerstört wurde.

Auf den Tag 500 Jahre nach der Zerstörung wurde eine nach Zeichnungen von Leonardo gegossene Kopie auf dem Hypodrom in Mailand enthüllt. Das „Cavallo Leonardo“ ist seit 2001 Symbol des Internationalen Filmfestivals MIFF, Mailand.

DIE NACKTE MAJA

Dass menschliche Schönheit nicht ideal sein muss, vielmehr durch individuelle Züge noch zusätzlich an Reiz gewinnen kann, ist eine mit einem wachsenden menschlichen Selbstbewusstsein sich entwickelnde Einsicht. Ein Zeugnis ausgeprägten Selbstbewusstseins und zugleich eines der bekanntesten Bilder der Kunstgeschichte ist das zwischen 1795–1800 entstandene Ölgemälde die La maja desnuda (gesprochen: Macha) von Francisco José de Goya y Lucientes, das eine nackte, auf einem Kissen ruhende Frau darstellt. Das Gemälde ist Geheimnis umwoben wegen der nicht geklärten Identität der dargestellten Frau.

Am verlockendsten ist die Theorie von Lion Feuchtwanger in seinem Roman „Goya oder der arge Weg der Erkenntnis". Bei der Person handele es sich um die Herzogin Alba, die die Geliebte Goyas gewesen sei. Das Bild wurde 1808 in einem geheimen Kabinett von der Inquisition beschlagnahmt und verschwand für die nächsten 85 Jahre in ihren Magazinen. Heute gehört dieses erste Aktgemälde der Kunstgeschichte zum Bestand des Prado in Madrid, ebenso wie das Pendant, die angezogene Maja, das dieselbe Frau in der gleichen Haltung bekleidet zeigt. „La maja desnuda" heißt auf Deutsch „Die nackte Schöne".

DIE BÄUERIN AUF DER LEITER

In jüngster Zeit hat sich menschliche Schönheit zunehmend von objektiven Idealen entfernt und subjektivere Züge angenommen. „Jeder Mensch trägt im Herzen das Bildnis seiner Geliebten, was dem einen zu dick ist, ist dem anderen zu mager" heißt es in Mahagoni von Bert Brecht.

Schönheit ist emotional besetzt. In unserer Küche hängt seit mehr als 30 Jahren ein Frauenbild, die gerahmte Kopie einer Bäuerin auf der Hühnerleiter von Picasso aus dem Jahr 1933. Das Bild atmet die Wärme eines Stalles, durch den eine schräg stehende Holzleiter führt, auf der eine Bäuerin sitzt. Sie füttert in einem Nest sitzende Tauben. Die Frau ist aus mehreren Perspektiven gleichzeitig zu sehen, die gesenkten Augen von vorne, Mund und Nase im Profil sowie Kniee, Bauch, Brüste und Po. Das Bild symbolisiert die Schönheit des Mütterlichen überzeugender als die meisten Madonnen mit Kind.

PYGMALION

Immer wieder hat das Schöne Menschen den Verstand geraubt. Einer von ihnen war der Bildhauer Pygmalion, von dem Ovid in seinen Metamorphosen (Verwandlungen) berichtet. Die Frauen haben ihn enttäuscht, so dass er auf Zypern nur noch seiner Kunst lebt. Ohne bewusst an Frauen zu denken, erschafft er eine Elfenbeinstatue, die wie eine lebendige Frau aussieht. Er behandelt das Abbild immer mehr wie einen echten Menschen und verliebt sich schließlich in seine Kunstfigur. Am Festtag der Venus fleht Pygmalion die Göttin der Liebe an: Zwar traut er sich nicht, die Göttin zu bitten, sie möge der Statue Leben einhauchen. Doch bittet er darum, seine künftige Frau möge so sein wie die von ihm erschaffene Statue. Als er nach Hause zurückkehrt und die Statue wie üblich zu liebkosen beginnt, wird diese langsam lebendig. Venus gewährt Pygmalion ein langes Leben mit seiner erweckten Statue.

DIE SCHÖNSTE

Das Thema Schönheit eignet sich schon immer für einen Konflikt. „Wer ist die Schönste im ganzen Land“? fragt die Königin im Märchen ihren Spiegel und der antwortet: „Frau Königin, ihr seid die Schönste hier. Aber Schneewittchen hinter den 7 Bergen bei den 7 Zwergen ist noch 1000Mal schöner als ihr.“ Warum genügt es der Königin nicht schön zu sein. Ihr Anspruch die Allerschönste zu sein verdirbt ihr das Leben.

ZICKENKRIEG AUF DEM OLYMP

In der griechischen Sagenwelt war der Streit um die Schönste sogar die mittelbare Ursache der 10 Jahre andauernden Schlacht um Troja. Das geschah so: Bei der Hochzeitsfeier von Peleus (sterblich) und Thetis (unsterblich), die einmal die Eltern des berühmten Schlagetod Achilles werden sollten, war man nach reichlichem Genuss von Ambrosia auf dem Olymp bester Laune, als Eris, die Göttin der Zwietracht, die man bewusst nicht geladen hatte, erschien, einen goldenen Apfel mit der Aufschrift „der Schönsten" unter die Gäste warf und einen kalten Hauch hinterlassend wieder verschwand. Alle starrten auf den Apfel. Hera, die Gemahlin von Göttervater Zeus nahm sich den Apfel. Die Schönste, das sei zweifellos sie. Athene, die Schwester von Zeus, und Aphrodite die Tochter protestierten heftig. Alle blickten fragend auf den Göttervater. Der fürchtete den familiären Stress, den seine Entscheidung, gleich welche, auslösen würde und übertrug das Urteil einem Sterblichen, dem Troer Prinz Paris.

DAS URTEIL DES PARIS

Die Göttinnen umschmeichelten Paris. Hera versprach ihm Herrschaft über die Welt, Athene verhieß ihm Weisheit, Aphrodite bot Paris die Liebe der schönsten Frau der Welt. Das war Helena. Kein Wunder Helena war eine Zeus Tochter. Der Göttervater hatte bei einem seiner zahlreichen Abenteuer in Gestalt eines Schwans Leda verführt. Folgerichtig schlüpften Helena und ihre Brüder

Kastor und Polydeukes aus dem Ei. Ihr Vater vermählte Helena mit Menelaos, dem späteren König von Sparta. Anlässlich eines Staatsbesuchs hatte Paris Helena kennen gelernt. Dem Angebot, die Liebe dieser Frau zu erringen, konnte Paris nicht widerstehen. Er gab Aphrodite den Apfel und reiste nach Sparta, wo Helena auf ihn wartete. Heimlich floh das Paar. Die Griechen, denen jeder halbwegs plausible Grund willkommen war, um das reiche Troja zu überfallen, machten aus Helenas Flucht einen Raub und rüsteten eine Flotte. Der „Raub" der Helena wurde zum Auslöser des Trojanischen Kriegs, den uns Homer in seiner Ilias beschreibt einschließlich der Irrfahrten des Troja Bezwingers Odysseus, der Odyssee. Nach der Vorgeschichte mit dem Apfel wird klar, dass Athene und Hera auf Seiten der Griechen waren und später Odysseus zur Seite standen, während Aphrodite und Apollo bei den Troern mitkämpften und Göttervater Zeus eine kläglich unentschlossene Rolle spielte.

Wer ist die Schönste im ganzen Land? Die Frage ist unverändert aktuell, nur dass sich das damit verfolgte Ziel verändert hat. Im Zeichen des Kapitalismus ist die Schönheit zum Geschäft geworden. Der Wunsch nach makelloser Schönheit ist der Motor für die verschiedensten Schönheitsoperationen. Die Frage nach der Schönsten wird Jahr für Jahr in etlichen Schönheitskonkurrenzen neu entschieden.

KITSCH

Ein Verwandter der Schönheit ist der Kitsch. Kitsch ist das Gegenstück zu Kunst. Wo Kunst aufhört und der Kitsch beginnt, lässt sich kaum in allgemeingültiger Weise festschreiben. Was für den einen noch zur Kunst gehört, ist für den Anderen bereits Kitsch. Jedenfalls sollte man ein gewisses Vergnügen an Kitsch haben, will man nicht als humorlos gelten.

Die in der zweiten Hälfte des 19. Jahrhunderts zur Hochform aufgelaufene Zeitschrift „Gartenlaube" ist inzwischen allgemein als Kitsch anerkannt.

Operetten und Schlager sind eine Fundgrube für den Kitschsammler. Ein beliebtes Thema ist die eine Liebesnacht, der keine zweite folgt. Da hätten wir: „One night with You" mit Elvis Presley oder „To night or never". Hier wird alles Glück der Welt in einer Nacht gesucht, schwierig, schwierig. Geschickter stellen es die Südamerikaner an, die nur so tun als ob. „Bésame mucho como si fuera esta noche la última vez" (Küss mich viel, als wäre es das letzte Mal). So großartig die eine Liebesnacht in der Vorausschau ist, so ernüchternd ist der Rückblick, der sie zum „One-Night- Stand" macht.

Kitsch oder Nicht-Kitsch, das ist die Frage bei dem erstmals 1977 in Deutschland gezeigten Film „The Rokky Horror Picture Show". Die Einen haben die Vorstellung vorzeitig verlassen. Die Anderen haben den Film über Wochen Abend für Abend gesehen. Zu dem Kult, der im Laufe der Jahre um den Film entstanden ist, gehört das sich für die Vorstellung als Transvestit Verkleiden sowie das aktive Mitmachen der Zuschauer in bestimmten Szenen des Filmes. So wird bei der Hochzeitsszene mit Reis geworfen. Ein Höhepunkt ist die „Geburt“ von Rocky: Das Publikum unterstützt die Szene mit Tröten und, wenn Rocky aus seinen Bandagen gewickelt wird, mit dem Werfen von Klopapierrollen.

Mein persönlicher Lieblingskitsch ist ein Film aus dem Jahr 1956, „Die Fischerin vom Bodensee“: Maria, ein uneheliches, armes, aber bildschönes, warmherziges Geschöpf, das sich und den Großvater mit der Fischerei geradeso über Wasser hält, hat in den reichen Zwillingen Fanny oder Anny zwei Feindinnen, die sie ruinieren wollen. Mehr möchte ich hier nicht verraten. Einen wesentlichen Beitrag zum Gelingen des Films leisten die Wildecker Herzbuben mit dem Lied: „Die Fischerin vom Bodensee ist eine schöne Maid, juchhee“----Und fährt Sie auf den See hinaus, dann legt sie ihre Netze aus, Schon ist ein junges Fischlein drin, im Netz der Fischerin. Ein weißer Schwan, ziehet den Kahn mit der schönen Fischerin auf dem blauen See dahin. Im Abendrot schimmert das Boot, Lieder klingen von der Höh, am schönen Bodensee“.

Wer unter den Kitschangeboten der Welt noch nichts ihn Ansprechendes gefunden hat, dem sei ein Besuch von Schloss Neuschwanstein nahegelegt.

AUF DASS WIR UNS EINEN NAMEN MACHEN

So wie die Menschen den Turmbau zu Babel errichteten, um sich, wie wir aus der Bibel wissen, „einen Namen zu machen“, spielte das Motiv sich einen Namen zu machen, häufig unter anderen Motiven eine wichtige Rolle, bei den Welteroberern Alexander dem Großen und Napoleon Bonaparte, bei den Seefahrern Vasco da Gama und Columbus und bei den Forschern Alexander von Humboldt und Charles Darwin.

Etwas, das die Welt bis heute fasziniert, ist der Wettlauf im südlichen Eis zwischen dem Norweger Roald Amundsen und dem Engländer Roald Falcon Scott, der Dank der Expeditionstagebücher bis ins Detail bekannt ist. Am 14. Dezember 1911 erreichte Amundsen den Südpol. Als Scott vier Wochen später eintraf, fand er die norwegische Flagge vor. Auf dem Rückweg zum Basislager starben Scott und seine vier Begleiter an Unterernährung, Krankheit und Unterkühlung.

Nach wie vor überbieten sich die Menschen in der Höhe ihrer Türme. Derzeit ist der höchste Wolkenkratzer der Welt Burj Khalifa in Dubai 830 Meter hoch. Menschen erbringen die sonderbarsten Extremleistungen, einzig weil sie sich davon Ruhm versprechen.

Die Zahl der durch einen Weltrekord „berühmten" Menschen ist längst unübersehbar geworden.

Wie zu erwarten, ist das Fallschirmspringen ein Tummelplatz für Berühmtheiten. Vor gut 2 Jahren hatte der Österreicher Baumgartner Glück, bei einem Sprung aus 39 km Höhe, lebend davon zu kommen. Wegen der großen Medienpräsenz wird man den Namen eine Weile kennen. Längst ist der Rekord überboten. Schon gibt es einen anderen Rekord zu bestaunen. Mit einem Tandemsprung aus 4300 Metern Höhe ist die Australierin Irene O'Shea (102) zur ältesten Fallschirmspringerin der Welt geworden.

Eine den Luftspringern verwandte Zunft sind die Segler. Gerade hat der Hamburger Boris Hermann in 80 Tagen, 20 Stunden und 59 Minuten die Ziellinie der Weltumseglung erreicht. Wäre er nicht mit einem Fischtrawler kollidiert, hätte er sogar einen Podiumsplatz errungen. Man wird an Jules Vernes Reise um die Erde in 80 Tagen aus dem Jahr1873 erinnert. Das nächste Mal wird Boris Hermann hoffentlich die 80-Tage- Marke unterbieten.

Einmal durften wir eine dieser Berühmtheiten persönlich kennen lernen. Als wir 1991 in Merida waren, gab es dort nicht nur den Hausberg Pico Bolivar, den mit über 5000 Metern höchsten Berg Venezuelas, zu bewundern, sondern auch den Guinness Rekordler unter den Speiseeisschöpfern mit mehr als 600 Sorten. Ein gleichfalls in Merida wohnhaftes Marmeladengenie war mit damals 150 verschiedenen Marmeladensorten im Kommen.

Immer wieder passiert es, dass der Falsche berühmt wird. Anderenfalls wäre der Name Juan Sebastian Elcano so bekannt wie der von Columbus. Er hat mit seinem Schiff Victoria in der Zeit 10. September 1519 bis zum 6. September 1522 als erster die Welt umsegelt. Die Reise führte zunächst unter Magellan entlang der Atlantikküste Südamerikas zu der von Magellan entdeckten, nach ihm benannten Meerenge, über den Pazifik bis zum Ziel der Fahrt, den Molukken (Gewürzinseln). Als sie dort eintrafen, war Magellan bereits gestorben und von der Flotte die Victoria als einziges seetaugliches Schiff übriggeblieben. Man lud Gewürznelken und Muskatnüsse. Bei der Ankunft in Spanien gab es von der Expedition nur noch 18 Überlebende. Ein neuer Handelsweg für den Gewürzhandel war erschlossen. Elcano wurde von Karl V .in den

Ritterstand erhoben. Zwei gekreuzte Zimtstäbe mit Muskatnüssen und Gewürznelken zieren sein Wappen: Seinen Helm trug eine Erdkugel mit der Inschrift „Primus circum dedisti me“ (Als Erster hast du mich umfahren).

Vom zweifelhaften Wert des Ruhms handelt Arno Schmidts Roman „Tina oder über die Unsterblichkeit“, der eine Führung in die Unterwelt beschreibt. Dort leben die berühmten Dichter auf einer Art „Insel der Seligen“. Sie sind jung, gesund und haben alles, was sie zum Leben brauchen. Erst wenn niemand auf der Erde ihren Namen mehr kennt, kommen sie endgültig ins „Nichts“. Da ihnen dieses Leben schnell vor Langeweile zum Hals raushängt, sehnen sie sich danach, endlich vergessen zu werden: „Alles was keinen Namen hat, ist glücklich“.

HELDEN

Kehren wir zurück zu C.G. Jung, dessen besonderes Interesse der menschlichen Seele/dem menschlichen Unterbewussten galt. So wie Kant nachweisen konnte, dass unser Verstand keine „Tabula rasa“, keine leere Tafel, ist, hat C. G. Jung dargelegt, dass es auch die Seele nicht ist. Wie der Verstand verfügt auch die Seele über eine Grundausstattung. Der Verstand ist mit der Fähigkeit ausgestattet, die Sinneseindrücke zu Erfahrungen zu verarbeiten. Dazu dienen ihm die „Kategorien“ Raum, Zeit und Kausalität. In gleicher Weise hat die menschliche Seele nach Jung tief im Unterbewussten verankerte Ordnungsmechanismen, die es ermöglichen, unsere Lebenserfahrungen zu strukturieren. Jung nennt sie Archetypen

(Arche bedeutet Ursprung). Beispiele für Archetypen sind der liebevolle Vater und die liebevolle Mutter oder Animus und Anima, der männliche und der weibliche Anteil eines jeden Menschen. Diese und andere Archetypen sind in uns aktiv.

Zwei von ihnen sollen uns näher beschäftigen, zunächst der des Helden, später der des Bösewichts. Es geht dabei jeweils darum zu veranschaulichen, wie die Archetypen uns prägen. Offensichtlich brauchen wir „Helden", besonders im Krieg. Grundmuster eines Helden ist jemand, der über außerordentliche Kräfte verfügt, der sein Leben für das Gute einsetzt und der letztendlich siegreich ist. In meiner Kindheit während des zweiten Weltkriegs bewunderte ich niemanden so wie Manfred von Richthofen, den Träger des Pour le Merite, der im ersten Weltkrieg die meisten feindlichen Flugzeuge abgeschossen hatte (80 bestätigte Abschüsse). Helden sind oft nur durch Verrat zu überwinden wie der Gotenkönig Totila, der im Begriff stand, das Reich Theoderichs des Großen zu erneuern, als er in einen Hinterhalt geriet. Felix Dahn hat ihn in seinem Roman „Ein Kampf um Rom" verklärt, indem es von Heldengestalten wimmelt, wie Gotenkönig Witichis, der letzte Gotenkönig Teja und auf der Gegenseite der römische Nationalheld Cethegus.

Heldengestalten sind vor allem in der Phantasie entstanden. Klischeehaft trifft man sie in Ritterromanen oder Wildwestgeschichten, variantenreicher in großen Dichtungen, der Ilias und der Odyssee von Homer, den Metamorphosen des Ovid (die man sich am besten von Rolf Boysen vorlesen lässt), dem Parzival des Wolfram von Eschenbach, der Dichtung von Tristan und Isolde des Gottfried von

Straßburg und dem Nibelungenlied (jeweils in der Textauswahl und Kommentierung von Peter Wapnewski).

UNS IST IN ALTEN MÄREN

Einer der strahlenden Helden ist Siegfried, der Drachentöter, der im Blut des von ihm erlegten Drachens gebadet hat und unverwundbar wäre, gäbe es nicht die Stelle in seinem Rücken, auf die ein Lindenblatt gefallen ist. Außerdem ist Siegfried Besitzer einer Tarnkappe und eines Schatzes von unermesslichem Wert, des Nibelungenhorts. Ihm begegnen wir im Nibelungenlied. Dessen Anfang wird viel zitiert „s ist in alten maeren wunders vil geseit, von helden lobebaeren, von grozer arebeit“ (Es wird in alten Mären viel Wunderbares gesagt, von kühnen Heldentaten, von harter Plagerei). Das Lied besteht aus 39 Aventüren in 2400 Versen. Es ist in mittelhochdeutsch verfasst und in drei „Originalkopien“ aus dem 13 Jahrhundert (A, B, C) und 27 weiteren meist bruchstückhaften Abschriften überliefert. Den Verfasser kennt man nicht. Das Lied galt im 19. und 20. Jahrhundert als Nationalepos der Deutschen, wobei Siegfried der Drachentöter zu einem deutschen Nationalhelden umgedeutet wurde. Eine verhängnisvolle Rolle hat in unserer Geschichte der Begriff der „Nibelungentreue“ gespielt, die man im Nibelungenlied selber nicht entdecken kann.

EIN BETRUG MIT FOLGEN

Siegfried, der Königssohn aus Xanten erobert für den Burgunderkönig Gunter die isländische Königen Brünhild, indem er sie unter seiner Tarnkappe im Wettkampf schlägt (erster Betrug). Dafür wird Gunters Schwester Kriemhild Siegfrieds Frau. Brünhild verlangt von Gunter Aufklärung, wieso Siegfried gleichberechtigt neben Gunter steht, obwohl Gunter ihn ihr wahrheitswidrig als seinen Lehnsmann vorgestellt hat (zweiter Betrug). Als Gunter keine Auskunft gibt, verweigert sich Brünhild ihm in der Hochzeitsnacht und macht kurzen Prozess, als Gunter auf seinem Recht als Eheherr besteht, indem sie ihn mit ihrem Gürtel bindet, an einen Haken hängt und erst am Morgen gegen Gunters Versprechen, sie unberührt zu lassen, wieder frei lässt. In der folgenden Nacht tritt Siegfried im Schutz seiner Tarnkappe an, bändigt Brünhilde und überlässt sie dann Gunter (dritter Betrug), Als Trophäen nimmt sich Siegfried besagten Gürtel und einen Ring von Brünhilds Hand und - welch eine Torheit - schenkt beides seiner Frau Kriemhild. Diese brüstet sich mit den Beutestücken. Damit wird das Übel unabwendbar. Die Königinnen zerstreiten sich, als es darum geht, welcher von beiden der Vortritt beim Kirchgang gebührt. Hagen von Tronje, ein Lehnsmann Gunters verpflichtet sich gegenüber Brünhild, die erlittene Schmach zu sühnen und Siegfried umzubringen. Die Ermordung Siegfrieds bereitet sich in den Angstträumen Kriemhilds vor: im einen stoßen zwei Adler (Gunther und Hagen) auf einen Falken (Siegfried) nieder, im anderen wird Siegfried von einem wilden Eber zerrissen. Hagen erbietet sich scheinheilig, Siegried zu schützen und bittet Kriemhild, die verwundbare Stelle zwischen den Schulterblättern Siegfrieds mit einem Kreuz zu kennzeichnen. Das tut Kriemhild in ihrer Naivität. So kann Hagen seinen Plan vollenden. Er veranstaltet eine Jagd im Odenwald. Da es nur scharf gewürzte Speisen, aber keinen Wein gibt, lädt Hagen Siegfried zum Wettlauf zu einer Quelle ein. Siegfried gewinnt wie immer. Der nach ihm eintreffende Hagen erschlägt ihn hinterrücks. Mit Siegfrieds Begräbnis endet der erste Teil des Nibelungenlieds.

Von jetzt an weiht Kriemhild ihr Leben der Rache, vor allem an Hagen, dem dadurch die Rolle des Helden aufgezwungen wird. Zunächst teilt Kriemhild verschwenderisch Geschenke aus dem ererbten Nibelungenhort, um Gefolgsleute zu gewinnen, bis man den Hort auf Veranlassung Hagens im Rhein versenkt. Dann geht Kriemhild eine zweite Ehe mit dem Hunnenkönig Etzel ein. Einige Jahre später lädt sie die Burgunden ein. Die schlagen die Warnung Hagens in den Wind und nehmen die Einladung an. Vor Überquerung der Donau zwingt Hagen dort badende Nymphen, ihm die Zukunft vorauszusagen. Niemand außer dem Kaplan wird nach Burgund zurückkehren, lautet die Weissagung. Als Hagen darauf den Kaplan ins Wasser wirft und dieser getragen von einer Luftblase seines Gewandes ans Ufer gelangt, weiß Hagen endgültig Bescheid. Um den Burgunden eine Umkehr unmöglich zu machen, zerschlägt er das Fährboot.

Kriemhild sorgt am Hofe Etzels für ein Gemetzel, dem viele „tapfere Degen“ zum Opfer fallen, als letzte Gunter und Hagen.

ACHILLES, DAS BRUTALE MUTTERSÖHNCHEN

Auch Superheld Achilles hat eine Schwachstelle, die sogenannte Achillesverse. Seine Eltern Thetis und Peleus sind uns bereits begegnet. Es war ihre Hochzeit, bei der auf dem Olymp der Zickenkrieg ausgebrochen ist. Um den neugeborenen Achill unverwundbar zu machen, taucht ihn seine Mutter in den Unterweltsfluss Styx. Lediglich seine Ferse, an der seine Mutter ihn festhält wird nicht benetzt und bleibt verwundbar, eine Achillesferse eben. Er wird vom Kentauren Cheiron aufgezogen, der ihn in der Kriegskunst, in Musik und Medizin unterweist. Vor die Schicksalswahl gestellt, zieht er ein kurzes, aber ruhmreiches Leben einem langen, aber glanzlosen Leben vor. Wie Siegfried, sein nordisches Pendant hat er übermenschliche Kräfte, so dass ihm kein Sterblicher gewachsen ist. In der Schlacht um Troja entwickelt sich Achilles zum Schlagetot. Er ist brutal und grausam und zugleich ein überempfindliches Muttersöhnchen, ein durch und durch unsympathischer Typ.

Als Agamemnon Achilles die als Kriegsbeute zugeteilte schöne Briseis vorenthält, zieht er sich grollend aus der Schlacht zurück. Obwohl die Griechen in große Not geraten, verharrt Achilles in seinem Trotz. Erst der Tod seines Freundes Patroklos durch Hektor und sein Rachegefühl treiben ihn wieder in die Schlacht. In einer neuen Rüstung, die Hephaistos, der Gott des Feuers im Auftrag seiner Mutter Thetis geschmiedet hat, erschlägt er Hektor, schändet seinen Leichnam und demütigt den um die Freigabe des Toten bittenden König Priamos. Wenig später trifft ihn der von Apollo gelenkte Pfeil des Paris.

DER SCHILD DES ACHILLES

Eines der literarischen Kleinode der Ilias ist die Beschreibung des für Achilles bestimmten Schildes im 18. Gesang der Ilias. Zwanzig Blasebälge mussten die Glut anfachen. Hephaistos „stellt auf die Glut unbändiges Erz in Tiegeln, auch gepriesenes Gold und Zinn und leuchtendes Silber, richtete dann auf dem Block den Amboss, nahm mit der Rechten drauf den gewaltigen Hammer und nahm mit der Linken die Zange. Erst nun formt er den Schild, den ungeheuren und starken ganz ausschmückend mit Kunst. Ihn umzog er mit schimmerndem Rande, dreifach und blank und fügte das silberne schöne Gehenk an. Aus fünf Schichten gedrängt war der Schild selbst; oben darauf nun bildet er mancherlei Kunst mit erfindungsreichem Verstande". In mehr als 100 Versen beschreibt Homer dann die Darstellungen auf dem Schild: eine Welt im Kleinformat, die Gründung zweier Städte., eine Hochzeit, eine Gerichtsszene sowie Himmel, Erde, Sonne, Meer, Mond und Sternbilder.

DER LISTENREICHE ODYSSEUS

Ein anderer Heldentyp ist Odysseus, vor Troia als Krieger allenfalls Mittelmaß, aber wegen seiner Klugheit angesehen. Er ist kein Halbgott wie Achilles, hat aber in des Göttervaters „blauäugichtem Töchterlein" Athene eine zuverlässige Beschützerin, dass sein erbitterter Feind Poseidon zwar seine Heimfahrt immer wieder verzögern, aber nicht verhindern kann. So ist Odysseus der Einzige der griechischen Helden, der den trojanischen Krieg wohlbehalten überlebt und nach insgesamt 30 Jahren Abenteuer in seine Heimat Ithaka zurückkehrt. Homer verleiht der Zentralfigur seiner beiden Epen wechselnde Attribute wie „der göttergleiche Odysseus“ „der edle Dulder“, „der Listenreiche“, „der Städteverwüster“, „der erfindungsreiche Odysseus“ und „der Weise Odysseus“.

Die Eroberung Trojas ist nicht das Werk der großen griechischen Kriegshelden, sondern das des Listenreichen: Nach mehr als 10 Jahren sind Troer und Griechen kriegsmüde. Eines Nachts segeln die Griechen davon, nichts als ein riesiges Holzpferd, eine Art Opfer- und Weihegabe zurücklassend, in dessen Innerem Odysseus und weitere Helden sich verbergen. Die Troer holen das Pferd in die Stadt. Nachts öffnet Odysseus die Tore der Stadt für die heimlich zurückgekehrten Griechen, die die Stadt in Schutt und Asche legen. Damit endet die Ilias.

DIE HEIMKEHR DES ODYSSEUS

Die um vieles interessantere Odyssee kann beginnen. Hier der erste Vers: „Sage mir, Muse, die Taten des vielgewanderten Mannes, welcher so weit geirrt nach der heiligen Troja Zerstörung,

vieler Menschen Städte gesehn und Sitten gelernt hat und auf dem Meere so viel unnennbare Leiden erduldet, seine Seele zu retten und seiner Freunde Zurückkunft“. Odysseus wird von der Zauberin Kirke und der Nymphe Kalypso festgehalten, widersteht den Sirenen, blendet den Kyklopen Polyphem, segelt zwischen Skylla und Charybdis hindurch und kehrt schließlich als Bettler verkleidet nach Ithaka zurück, wo eine Schar Freier seine Gemahlin

Penelope bedrängt, „die stets mit üppiger Frechheit seine Schafe schlachten, und sein schwerwandelndes Hornvieh". Erster Gegner ist Iros, eine Art Bettlerkönig vor dem Palast. „Nun ratschlagte bei sich der herrliche Dulder Odysseus, ob er ihn schlüge, dass gleich auf der Stelle sein Leben entflöhe; oder mit sanftem Schlage nur bloß auf den Boden ihn streckte". Odysseus entscheidet sich für die sanfte Methode und schlägt, „ihm unter das Ohr an den Hals, dass der Kiefer des Bettlers knirschend zerbrach, und purpurnes Blut dem Rachen entstürzte". Langsam spricht sich die Ankunft von Odysseus herum. Die meisten Untertanen sind ihm treu geblieben, „der Rinderhirt Philoitios und der männerbeherrschende Sauhirt" Eumaios. Seine alte Amme Eurykleia erkennt ihn an einer Fußnarbe, der Hund Argos winselt vor Wiedersehensfreude. Lediglich der Ziegenhirte Melantheus liebdienert mit den Freiern, indem „er die trefflichsten Ziegen der ganzen Herde den Freiern zum Schmause brachte". Penelope hat die Hoffnung auf die Rückkehr ihres „trauten Odysseus" auch nach 30 Jahren noch nicht aufgegeben, wie ihr Gelöbnis beweist, niemandes Gemahlin zu werden, der nicht mit dem Bogen des Odysseus einen Pfeil durch die die Öhre von 12 Äxten schießt.

Das Schicksal nimmt seinen Lauf: „Aber Ikarios' Tochter, der klugen Penelopeia, gab Athene, die Göttin mit blauen Augen, den Rat ein, dass sie den Freiern den Bogen und blinkende Eisen zum Wettkampf in dem Palast vorlegte, und zum Beginne des Mordens". Keinem der Freier gelingt es, den Bogen des Odysseus auch nur zu spannen. Dann nimmt Odysseus den Bogen: „Als er den großen Bogen geprüft und ringsum betrachtet: so wie ein

Mann erfahren im Lautenspiel und Gesange, leicht mit dem neuen Wirbel die klingende Saite spannet, knüpfend an beiden Enden den schöngesponnenen Schafdarm: So nachlässig spannte den großen Bogen Odysseus. Und mit der rechten Hand versucht' er die Sehne des Bogens; Lieblich tönte die Sehne, und hell wie die Stimme der Schwalbe. Schrecken ergriff die Freier, und aller Antlitz erblasste. Und Zeus donnerte laut, und sandte sein Zeichen vom Himmel: Freudig vernahm das Wunder der herrliche Dulder Odysseus, welches ihm sandte der Sohn des unerforschlichen Kronos. Und er nahm den gefiederten Pfeil, der bloß auf dem Tische vor ihm lag, indes im hohlen Köcher die andern ruhten, welche nun bald die Achaier sollten versuchen. Diesen fasst' er zugleich mit dem Griffe des Bogens; dann zog er, sitzend auf seinem Stuhle, die Senn' und die Kerbe des Pfeils an, zielte dann, schnellte den Pfeil, und verfehlte keine der Äxte; Von dem vordersten Öhre bis durch das letzte von allen stürmte das eherne Geschoss". Der folgenden Rache des Odysseus entkommt keiner der Freier.

LITERARISCHE ERBEN

Ilias und Odyssee sind zum Steinbruch für hochrangige Literatur geworden, aus der ich zwei Empfehlungen wähle. Christa Wolf, „Kassandra" beschreibt den trojanischen Krieg aus der Sicht der trojanischen Königstochter Kassandra, die vor allem „Achilles das Tier" hasst. Ernst Schnabel „Der sechste Gesang", erzählt, wie Odysseus als Schiffbrüchiger auf die Phäaken-Insel Scheria gespült wird, wo er die Gastfreundschaft von Alkinoos und die

Liebe von Nausikaa genießt und einem jungen Mann namens Homer seine Abenteuer berichtet.

Übrigens Troja hat es wirklich gegeben. Es wurde mehrfach zerstört und neu errichtet, wie man durch Ausgrabungen bewiesen hat. Wir waren dort, von Istanbul mit der Fähre kommend: ein kleiner Hügel in einer nichtssagenden Ebene, ein riesiges Holzpferd, Regen, kein Mensch weit und breit.

DON QUIJOTE, DER ANTIHELD

Ein Überwinder des Helden ist der Antiheld. Er stellt das Heldenhafte infrage, indem er es lächerlich macht. Ein solcher Antiheld ist der Don Quijote von Miguel Cervantes, der sich bei der Lektüre von Ritterromanen so in die Scheinwelt seiner Romane eingesponnen hat, dass er sich einbildet selber Ritter zu sein, dem es obliegt, Jungfrauen und Waisen zu beschützen. Gegen das Versprechen, ihn zum Statthalter einer Insel zu machen, gewinnt er einen einfachen Bauern, Sancho Pansa, zum Knappen. Eine schlichte Bauernmagd kürt er sich zu seiner Herrin Dulcina von Tomboso, der er seine Siege zu weihen gedenkt. Jämmerlich ausgerüstet, auf seiner Rosinante reitend (Rosinante heißt Klepper) mit Sancho Pansa auf seinem „Grauen“ macht er sich zum allgemeinen Gespött. Sprichwörtlich ist sein Kampf gegen Windmühlen geworden, der sich wie folgt anbahnt: „Indem bekamen sie dreißig oder vierzig Windmühlen zu Gesicht, wie sie in dieser Gegend sich finden; und sobald Don Quijote sie erblickte, sprach er zu seinem Knappen: „Jetzt leitet das Glück unsere Angelegenheiten besser, als wir es nur immer zu wünschen vermöchten; denn dort siehst du, Freund Pansa, wie dreißig Riesen oder noch etliche mehr zum Vorschein kommen; mit denen denke ich einen Kampf zu fechten und ihnen allen das Leben zu nehmen. Mit ihrer Beute machen wir den Anfang, uns zu bereichern; denn das ist ein redlicher Krieg, und es geschieht Gott ein großer Dienst damit, so böses Gezücht vom Angesicht der Erde wegzufegen."

„Was für Riesen?" versetzte Sancho Pansa.

„Jene, die du dort siehst", antwortete sein Herr, „die mit den langen Armen, die bei manchen wohl an die zwei Meilen lang sind."

„Bedenket doch, Herr Ritter", entgegnete Sancho, „die dort sich zeigen, sind keine Riesen, sondern Windmühlen, und was Euch bei ihnen wie Arme vorkommt, das sind die Flügel, die vom Winde umgetrieben, den Mühlstein in Bewegung setzen."

„Wohl ist's ersichtlich", versetzte Don Quijote, „dass du in Sachen der Abenteuer nicht kundig bist; es sind Riesen, und wenn du Furcht hast, mach dich fort von hier und verrichte dein Gebet, während ich zu einem grimmen und ungleichen Kampf mit ihnen schreite."

In seiner Phantasiewelt erringt Don Quijote einige große Siege, in der gewöhnlichen Realität bezieht er fast jedes Mal Prügel.

Auch Sancho Pansa hat seinen großen Auftritt, als man ihn im Scherz zum Statthalter einer Insel macht, um sich an seinen Narrheiten zu belustigen. Als Statthalter obliegt es ihm Recht zu sprechen. Hier zeigt er unerwartetes Niveau. Einer der Fälle, bei dem er auf die Probe gestellt wird, betrifft eine Frau, die einen Mann vor Gericht zerrt und ihn folgendermaßen beschuldigt: „Lieber Herr Herzens-Statthalter, dieser schlechte Mensch hat mich mitten im Felde dort gepackt und hat meinen Körper gebraucht [. ..] und, o ich Unglückliche, er hat mir geraubt, was ich seit mehr als dreiundzwanzig Jahren gehütet habe [...] und war immer hart wie eine Korkeiche und erhielt mich rein [...], damit jetzt der Kerl da kommt und mich mit seinen unsauberen Händen betastet." Sancho spricht den Mann frei. Er hält der Frau vor, dass eine Frau, die den Täter vor Gericht habe zwingen können, erst recht in der Lage sei, ihr kostbarstes Gut zu verteidigen. Am Ende sieht Sancho ein, dass er nicht zum Statthalter tauge. „Nackt bin ich heut, nackt ward ich geboren, hab nichts gewonnen und nichts verloren; ich meine, ich bin ohne einen Peso in diese Statthalterschaft gekommen und ohne einen Peso verlasse ich sie wieder ganz gegen die Gewohnheit anderer Statthalter, wenn sie aus anderen Inseln scheiden."

Nachdem Sancho Pansa von seiner Narrheit geheilt ist, bedarf es einiger Kunstgriffe, bis auch Don Quijote von seiner Narrheit lässt. Jedenfalls endet der Roman versöhnlich. Don Quijote stirbt in heiterer Gelassenheit.

MODERNE HELDEN

Lassen wir nochmal die seither gesammelten Heldengestalten an uns vorüberziehen, so war ihr Leben einseitig, hart und entbehrungsreich. Gerademal Odysseus, der Listenreiche, und Don Quijote, der Narr haben überlebt. Etwas Gutes hat keiner bewirkt. Anders verhält es sich mit den modernen Helden. Sie sind keine Phantasiegestalten.

Zwar sind sie gleichfalls mutig und opferbereit. Aber ihre Ziele sind andere. So unterschiedlich ihre Lebenssituation auch sein mag, letztendlich richtet sich ihr Kampf immer gegen das Unrecht auf der Welt. Einige haben Erfolg gehabt Mahatma Gandhi und Nelson Mandela. Viele sind gescheitert wie Che Guevara. Wie verschieden Heldentum sein kann, mag man anhand der eingesetzten Waffen ersehen. Bei den als nächstes beschrieben Helden sind es unter anderem der Gesang, das Theater, der Hungerstreik und die Sticknadel.

MARIANA PINEDA

Sie war die Witwe eines reichen Grundbesitzers in Granada und hatte zwei Kinder, als sie begann, sich für die Demokratiebewegung einzusetzen. Spanien hatte sich im Unabhängigkeitskrieg von Napoleon befreit und hatte seit 1812 eine freiheitliche Verfassung, als König Ferdinand VII nach Spanien zurückkehrte und begann, die Liberalen zu verfolgen. Das erste, womit Mariana Pineda Aufsehen erregte, war eine selbstgestickte Fahne mit den Worten „Ley, Liberdad, Igualidad" (Gesetz, Freiheit, Gleichheit). Sie wurde angeklagt. Man versprach ihr die Freiheit, wenn sie ihre Hintermänner und Gesinnungsgenossen verrate. Das lehnte sie ab. Darauf wurde sie hingerichtet. Garcia Lorca hat ihr mit dem Theaterstück „Mariana Pineda" ein Denkmal gesetzt. Kein Wunder, dass Garcia Lorca selber 1936 eines der ersten Opfer des spanischen Bürgerkriegs wurde.

VICTOR JARA

Der Chilene Victor Jara verbrachte seine Kindheit in äußerster Armut. Nach Abbruch seines Theologiestudiums war er bald einer der bekanntesten Protestsänger und Theaterregisseure Chiles. Mit seinen öffentlichen Auftritten hatte er wesentlichen Anteil am Wahlsieg Allendes. Er wurde eines der ersten Opfer des Militärputsches von Pinochet, ermordet im Stadion von Santiago. Die Soldaten zwangen ihn höhnend sein Lied „Venceremos“ (wir werden siegen) zu singen, ehe sie ihn mit einer Gewehrsalve töteten.

Eines seiner Lieder „Te recuerdo Amanda“ (an dich erinnere ich mich Amanda) handelt von

dem Glück einer Mittagspause von Amanda mit dem Freiheitskämpfer Manuel. „Son cinco minutos La vida es eterna“ (Es sind fünf Minuten. Das Leben ist ewig). Das Lied endet mit „Muchos no volvieron tampoco Manuel“ (Viele kamen nicht zurück, auch Manuel nicht).

JONATHAN HEIMES,

den sie „Johnny“ nannten, war Jugend-Hessenmeister im Tennis, bevor eine Krebserkrankung in den folgenden Jahren seine weitere Karriere verhinderte. Zusammen mit Tennisspielerin Andrea Petković gründete Heimes im Februar 2015 die gemeinnützige Gesellschaft „Du musst kämpfen“, die Vereine und Projekte für krebskranke Kinder unterstützt. Zwölf Jahre kämpfte Johnny gegen den Krebs an, der sich in seinem Kleinhirn festgesetzt hatte. Am 8. März 2016 starb er. Bis Juli 2016 wurden seinem Verein annähernd eine Million Euro gespendet.

Jonnys Tod löste ein bundesweites Medienecho aus. Zu seinem Gedenken taufte der SV Darmstadt 98 sein Stadion am Böllenfalltor zur Saison 2016/17 um in Jonathan-Heimes-Stadion. Hierzu verzichtete der Rechteinhaber des Stadionnamens, die Merck KGaA, für ein Jahr auf sein laufendes Namensrecht. In Darmstadt seiner Geburts- und Sterbestadt genießt Jonny das Ansehen einer Kultfigur und eines Wunderheilers. Das Motto „Du musst kämpfen" ist allgegenwärtig. Zweimal wöchentlich absolviere ich meine Krankengymnastik unter einem monumentalen Foto von Jonny und seinem Motto „Du musst kämpfen"!

FRANCIA MÁRQUEZ

Im Kampf für eine saubere Umwelt und für die Rechte der Armen ist sie eine moderne Heldin geworden. Ihr wurde 2018 der Goldmannpreis verliehen, eine Art von „Umweltnobelpreis". Francia Márquez ist Kolumbianerin. Sie stammt aus Yolombo, einem Ort in einer der ärmsten Provinzen, dem an den Pazifik grenzenden Cauca. Gold, Ölschiefer und Schwefel sind die Bodenschätze Caucas, Der Abbau belastet die Umwelt und zerstört die Lebensgrundlage der vorwiegend indigenen Bevölkerung.

Bereits mit 13 Jahren wird Francia Márquez aktiv, als der Bau eines Staudamms ihre Heimat bedroht. Über die Jahre entwickelt sie sich zu einer Führungspersönlichkeit im Kampf gegen die multinationalen Bergwerkunternehmen. Aufsehen erregt sie, als sie mit 80 Frauen hunderte von Kilometer in die Hauptstadt Bogota marschiert und dort 22 Tage in den Straßen protestiert. Afrokolumbianische Musik und Tanz sind die Schlüsselelemente des Protests. Durch ihren ständigen Druck auf die Regierung gelingt es, den illegalen Goldabbau in ihrer Heimat zu stoppen. Seitdem hat sich vieles verbessert. Die Wälder erholen sich, die Flüsse sind nicht mehr mit Blei verseucht. Die Landwirtschaft wird zunehmend ökologisch betrieben.

Die heute 40jährige Francia Márquez ist Mutter zweier Kinder. Sie ist eine lebensfrohe Frau. Die ständigen Bedrohungen haben ihr nichts anhaben können. Sie besuchte noch einmal die Schule, um studieren zu können. Gegenwärtig studiert sie in Bogota Juristerei, um den Menschen ihrer Heimat besser in ihrem Daseinskampf helfen zu können.

DIE SINGENDE REVOLUTION

In der Zeit von 1985 bis 1991, während Gorbatschow Generalsekretär der Kommunistischen Partei Russlands, später Präsident war, vollzogen sich grundlegende Veränderungen in der Welt. Auslöser war die Politik der Glasnost (Offenheit) und Perestroika (Umbau), der Gorbatschow schließlich selber zum Opfer fiel, als er von Jelzin verdrängt wurde.

Eine von der gesamten baltischen Bevölkerung getragene Bewegung strebte nach Loslösung von der Sowjetunion. Es war in der Sowjetunion streng verboten, Lieder zur Verherrlichung eines anderen Vaterlandes als der Sowjetunion zu singen. Das galt insbesondere für die baltischen Hymnen. Als Sanktion drohte die Deportation nach Sibirien. Entgegen diesem Verbot versammelten sich hunderttausende singender Menschen auf den öffentlichen Plätzen des Baltikums. Meistens sang man traditionelle Volkslieder, Dainas, die von einer gemeinsamen kulturellen Vergangenheit zeugten und das Volk ideell und emotional einschworen. Um für die Unabhängigkeit der Baltischen Staaten zu demonstrieren, bildeten am 23. August 1989, genau 50 Jahre nach dem Hitler-Stalin-Pakt, rund zwei Millionen Menschen den Baltischen Weg, eine Menschenkette, in der die Menschen einander die Hände reichten, über eine Länge von 600 Kilometern, von Tallinn über Riga nach Vilnius. Bereits im Frühjahr 1990 proklamierten die baltischen Staaten die Wiederherstellung ihrer Unabhängigkeit (Litauen: 11. März, Lettland: 4. Mai, Estland: 8. Mai).

Während die Revolution von baltischer Seite gewaltfrei war, setzte die Sowjetunion mehrfach Militär zur Unterdrückung ein. Am 13. Januar 1991, einem Sonntag, versuchten moskautreue Kräfte, sich mit Unterstützung von sowjetischem Militär und von Spezialeinheiten an die Macht zu putschen. Dabei wurden insgesamt 14 unbewaffnete Zivilisten getötet, die Parlament und Fernsehturm in Vilnius verteidigten, über 1000 wurden verletzt. Der Putsch misslang. Fast jeder im Baltikum kennt und ehrt die Opfer der Januarereignisse.

Hätte 1990 noch ein Mann wie Stalin an der Spitze der Sowjetunion gestanden, der Putsch wäre brutal wie einst in Ungarn niedergeschlagen worden. Mit Gorbatschow hatte die führende Position jemand inne, der wegen seiner Verdienste für die Beendigung des kalten Kriegs und die Wiedervereinigung Deutschlands den Friedensnobelpreis erhalten hatte. Ihn hinderte das zu befürchtende Blutvergießen, sich mit Gewalt durchzusetzen, eine unter Potentaten ungewöhnliche Haltung, was ihn ebenso zum Revolutionshelden macht, wie es die Opfer sind.

Nicht ganz unbeteiligt am Sieg der Balten war das Nobelkomitee. Als im März 1990 die Nachricht durchsikkerte, dass Gorbatschow den Friedensnobelpreis erhalten solle, entstand für ihn eine moralische Friedenspflicht bei deren Verletzung er die Welt vor den Kopf gestoßen hätte.

Wer die Atmosphäre der „singenden Revolution" erleben möchte, der verbringe die Nacht der Sommersonnenwende auf den Straßen von Vilnius und schlendere anderentags durch das Künstlerviertel.

ERNESTO CHE GUEVARA, EIN ZWEIFELHAFTER HELD

Cuba ist heute eine Diktatur, in der Regimegegner genauso schlecht behandelt werden wie in anderen Diktaturen. Mit der Verherrlichung der Vergangenheit versucht man die trostlose Gegenwart zu übertünchen. Der Sieg der Revolution gegen die Vorgängerdiktatur Batistas wird noch immer gefeiert wie im ersten Siegesrausch 1959. Die Kampfesspuren der Moncada Kaserne und die Granma (Großmutter), des in Havanna unter einer Plastikhaube bewahrten Bootes, in dem die Revolutionäre um die Castro Brüder und Che Guevara in Cuba gelandet sind, werden jedem Touristen stolz präsentiert. Der große Held ist, jedenfalls seit seinem Tod, Che Guevara. Er begegnet einem landauf landab in Denkmalform. Kein Lied erklingt so oft wie die Che Guevara Hymne. Vor allem in Kuba gilt „El Che" bis heute als Volksheld. Schulkinder sind täglich angehalten, ihm als revolutionärem Vorbild nachzueifern. „Pioniere für den Kommunismus – wir werden sein wie Che“ ist das Motto. Hier die erste Strophe der Hymne mit Refrain:

„Hasta Siempre Comandante	Auf immer Kommandant
Aprendimos a quererte	Wir lernten, dich zu lieben,
Desde la histórica altura	deine historische Größe
Donde el Sol de tu bravura	deinen strahlenden Mut,
Le puso cerco a la muerte	der dir den Tod brachte.
Aquí se queda la clara	Zurück bleibt die lichte,
La entrañable transparencia	die innige Klarheit
De tu querida presencia	deiner geliebten Gegenwart
Comandante Ché Guevara“	Kommandant Che Guevara.

Ché Guevara stammt aus einer wohlsituierten argentinischen Familie. Er unterbrach sein Medizinstudium mehrfach, ehe er es 1953 mit dem Doktorgrad in Medizin und Chirurgie abschloss. Während der Unterbrechungen unternahm er weite Südamerikareisen, bei denen ihn das Elend und die Armut der Bevölkerung erschütterten. Sein politisches Vorbild wurde Stalin. In einem Brief heißt es: „Vor einem Bild des alten, betrauerten Stalin habe ich geschworen, nicht eher zu ruhen, bis diese kapitalistischen Kraken vernichtet sind“. 1954 begann sein Kampf gegen die „kapitalistischen Kraken“ in Guatemala. Er erlebte US-amerikanische Bombenabwürfe auf Guatemala-Stadt. Während nach der Niederlage viele seiner Freunde verhaftet wurden, gelang es ihm, in die argentinische Botschaft zu entkommen. Seine nächste Station war Mexiko, wo er sich Fidel Castro als Expeditionsarzt anschloss. Er wurde einer der 86 Rebellen, die von Mexico aufbrachen, um Cuba zu erobern. Nach dem Sieg der Revolution übernahm Ché Guevara als zeitweiser Vorsitzender des „Obersten Kriegsrats“, die Oberaufsicht über die revolutionären Tribunale gegen vermeintliche oder tatsächliche Gefolgsleute des Batista-Regimes. Unter seiner Verantwortung wurden zahlreiche Todesurteile gefällt und vollstreckt. Meinungsverschiedenheiten mit den Castro Brüdern veranlassten ihn Cuba zu verlassen. Die anschließenden Bemühungen, im Kongo und in Angola eine Revolution anzuzetteln, brach er jeweils bereits nach kurzer Zeit resigniert ab. Seine letzte Station war Bolivien. Entgegen den hochgesteckten Erwartungen schlossen sich nur zwei einheimische Bauern seiner Truppe an. Die vorwiegend Quechua sprechende indigene Landbevölkerung blieb auf Distanz zu den Spanisch sprechenden Revolutionären. Genauso blieb die erwartete Unterstützung durch bolivianische Bergarbeiter und die Kommunistische Partei Boliviens aus. Che Guevara geriet in einen Hinterhalt bolivianischer Regierungstruppen, wurde verletzt, gefangen und am 31.8.1967 erschossen.

Außerhalb Cubas wurde Che Guevara vor allem in Wohlstandsgesellschaften als zeitloser jugendlicher Held idealisiert, weil sein Kämpfen und Sterben für revolutionäre Ideale keineswegs einem normalen bürgerlichen Leben entsprach. Andere weisen auf die von ihm zu verantwortenden Grausamkeiten hin sowie auf die jeglicher Rechtsstaatlichkeit entbehrenden Gerichtsverfahren nach dem Sieg der Revolution in Cuba. Er ist ein Beispiel für einen Menschen, von dessen hohen Idealen bei dem Versuch sie zu verwirklichen kaum noch etwas übrigbleibt. Eines wird das Bild von Ernesto Che Guevara noch lange bei uns wachhalten, die T-Shirts und Sweat-Shirts mit seinem idealisierten Kopf.

BÖSEWICHTE

Hier wie angekündigt, ein weiterer Archetyp, der Bösewicht, gewissermaßen der Antiheld. Held und Bösewicht ergänzen einander in Romanen. Ohne den Bösen kommt der Gute nicht zur Geltung. Ja es wäre nicht einmal ein passabler Roman möglich. In Old Sure Hand, meinem ersten Karl May, war bereits nach dem einleitenden Kapitel klar, dass Old Wabble der Erzbösewicht ist, der es immer wieder versteht, sich seiner Bestrafung zu entziehen, bis sein Sündenregister so angewachsen ist, dass er am Schluss einen furchtbaren Tod sterben muss. Von den Guten ist bereits Old Shatterhand zur Stelle, das Auftreten von Winnetou und Old Sure Hand sind angekündigt. Weiter ist klar, dass die Apachen die guten und die Komantschen die bösen Rothäute sein würden.

Wer im wirklichen Leben der Böse ist, lässt sich dagegen nicht so leicht ausmachen. Nehmen wir Adolf Hitler. Die Ermordung von 5 Millionen Juden macht ihn zu einem der größten Verbrecher aller Zeiten. Das sagen wir jetzt. Solange er an der Macht war, hätte sich nahezu das gesamte deutsche Volk gegen ein solches Urteil empört. Er wurde von vielen verehrt und geliebt. Hitler selber hielt sich für einen wertvollen Menschen. Einer der letzten vor seinem Selbstmord überlieferten Sätze ist: „Das deutsche Volk ist meiner nicht wert". Hätte Hitler den Krieg gewonnen, wer weiß, ob wir ihn heute nicht genauso ehren würden wie die Franzosen Napoleon, der allein bei seinem Russlandfeldzug eine Armee von 600000 Soldaten verloren und dazu den Tod von nahezu ebenso viel Russen verschuldet hat.

Ein anderer Bösewicht ist Pinochet, der chilenische Diktator in der Zeit von 1973-1990, der seine Gegner hat foltern oder verschwinden lassen, sofern ihnen nicht die Flucht ins Ausland gelungen ist. Einen Einblick in die Grausamkeiten seiner Herrschaft gibt Isabell Allende in ihrem Buch „Das Geisterhaus". Er lebte noch geraume Zeit nach Wiederherstellung der Demokratie in Ehren. Als man ihm schließlich den Prozess machte, plädierte er für unschuldig. Er habe jeden Tag im Gebet auf den Knien vor dem Gekreuzigten um seine Entscheidungen gerungen.

Einem der Bösewichte hat man sogar das Prädikat „Der Große" verliehen, dem makedonischen König Alexander, dessen Leben ein einziger Eroberungskrieg war, dessen „Größe" darin bestand, Armeen zu vernichten und Länder zu verwüsten. Weil er bis zu seinem Lebensende erfolgreich war, wird er allgemein zu den Helden gezählt, ein strahlender Sieger auf seinem weißen Pferd Bukephalos.

TÄTER ODER OPFER

Darüber ob jemand ein Bösewicht ist, gehen die Meinungen immer wieder auseinander. Nicht einmal die Frage, ob jemand Täter oder Opfer ist, lässt sich ohne weiteres beantworten: in einem Aufsehen erregenden Verfahren vor dem internationalen Strafgerichtshof in Den Haag war Dominic Ongwen, ein Führer der „Lord Resistance Army" (LRA) angeklagt. Er war selber als Kind von der „Widerstandsarmee des Herrn" geraubt und zu Verbrechen gezwungen worden, ehe er sich zu einem Rädelsführer der

Organisation hocharbeitete. Dementsprechend betonte die Verteidigung seine Opferrolle. Ongwen habe kein gesundes Rechtsempfinden entwickeln können. Der Gerichtshof erkannte dagegen, dass Ongwen im Laufe seiner Zugehörigkeit zur LRA vom Opfer zum Täter geworden sei und erklärte ihn in 61 Fällen schwerster Verbrechen, Massenmord, Folter und Vergewaltigung für schuldig.

DAS VERGESSEN

Grausame Herrscher begehen ihre Verbrechen nur ausnahmsweise eigenhändig. Sie brauchen eine Armee treuer überzeugter Gefolgsleute. Bricht das Regime zusammen, gilt für die Gefolgsleute „rette sich, wer kann". So haben sich bei uns in jüngster Zeit Nazis und SED-Bonzen in lupenreine Demokraten verwandelt. Die Vergangenheit erscheint in einem neuen milden Licht und wird schrittweise in Einklang mit den neuen Überzeugungen gebracht. Diese Strategie ist als ein Akt der Selbsterhaltung allgemein menschlich.

Vergessen wollen nicht nur Täter. Opfer wollen es genauso. Sonst bleiben sie zeitlebens Opfer. Der Wiederaufbau hat uns nach dem zweiten Weltkrieg das Vergessen erleichtert. Betrachtet man andere Völker, die Unsägliches gelitten haben, die Chilenen, die Vietnamesen oder die Kambodschaner, so trifft man jeweils eine zukunftsorientierte, positiv gestimmte Jungend, die sich nicht an das Vergangene erinnern will und nicht bereit ist, sich mit dem Leid des eigenen Volks zu befassen. Auch hier ist das Ausblenden der Vergangenheit ein Akt der Selbsterhaltung.

Etwas Anderes ist es, wenn Gräueltaten geleugnet werden, ja sogar dann, wenn das Leugnen wie bei den Morden von Srebrenica 1995 mit Strafe bedroht wird oder gar bestraft wird, wer die Wahrheit sagt, wie es gegenwärtig in der Türkei geschieht. Das Problem der Türken ist der Völkermord an den Armeniern, der während des ersten Weltkrieges verübt wurde. Die Zahl der Ermordeten lässt sich nicht sicher angeben. Nach Schätzungen waren es 1,5 Millionen. Die Vorgeschichte, die sicher wieder eine Vorgeschichte hat, begann im Jahre 1912, als die Nachbarn der Türkei, Serbien, Bulgarien, Montenegro und Griechenland die Türkei, „den kranken Mann am Bosporus" überfielen und die europäischen Gebiete bis auf den heute noch verbliebenen Zipfel an sich rissen. Dabei kam es zu Massakern der europäischen Christen an den türkischen Muslimen. In diesem Krieg parteiten die christlichen Türken nicht mit ihren türkischen Landsleuten, sondern mit den christlichen Eroberern. Kurz darauf übernahmen die drei Paschas, Talat Pascha, Enver Pascha und Cemal Pascha die Macht in der Türkei. Die Paschas stimmten in der Auffassung überein, die Türkei werde ohne christliche Minderheit sicherer. Da die Weltmächte vom ersten Weltkrieg beansprucht waren und sich nicht um türkische Interna kümmerten, schien ihnen die Zeit günstig, um die armenische Minderheit auszurotten. Damals gab es die berüchtigten Todesmärsche in die Wüste, zu denen Talat Pascha lakonisch meinte: „Das Verschikkungsziel der Armenier ist das Nichts". Eine Phase des Vernichtungskriegs schildert Franz Werfel in seinem Roman „Die vierzig Tage des Musa Dagh“, der beschreibt, wie auf dem Moses Berg eine Widerstandsgruppe geflüchteten Armeniern Schutz bot, bis die Überlebenden nach 40 Tagen von Schiffen der alliierten Mittelmeerflotte geborgen wurden.

Von Völkermord wagt heute in der Türkei niemand zu reden. Offiziell ist noch immer die Lesart, die Armenier seien als die fünfte Kolonne der zaristischen Armee Kriegsfeinde gewesen. Die drei Paschas werden als Helden geehrt. Talat und Denver Pascha ruhen in prächtigen Gräbern im Herzen Istanbuls Cemal Pascha, „der Henker von Trabzon“, liegt auf einem Märtyrerfriedhof in Erzurum.

NACHGEDANKEN ZU VÖLKERMORDEN

Die Ermordung der 5 Millionen Juden durch die Nazis bildet einen schrecklichen Höhepunkt, aber keinesfalls das Ende des Völkermordens, wie wir es in Kambodscha oder Ruanda erleben mussten: Der Mensch ist wohl das gefährlichste Tier. Besonders bedroht sind Minderheiten. Es werden systematisch Lügengeschichten verbreitet. Die Minderheit wird zu einer Gefahr für das eigene Volk erklärt. Der „gerechte Volkszorn“ wird geschürt, bis er sich in der „Befreiungstat“ des Völkermords entlädt.

Einen effektiven Schutz bietet die Staatsform einer Demokratie, in der bei Gefahr in Verzug ausreichend Gegenkräfte aktiv werden. Unverzichtbar ist Aufklärung, wie sie in der in Jerusalem gelegenen „Gedenkstätte der Märtyrer und Helden des Staates Israel im Holocaust“ Yad Vashem und in der in Berlin- Dahlem befindlichen Dauerausstellung „Die Wannsee-Konferenz und der Völkermord an den europäischen Juden“ betrieben wird.

MENSCHEN

Geleitet von der Frage, was ist der Mensch, haben wir einiges zusammengetragen. Wir sind „unvertragsame“ und zugleich sozial bedürftige Geschöpfe, die feste Regeln für ihr Zusammenleben brauchen. Wir sehnen uns nach Liebe, nach Gerechtigkeit und nach Schönheit, wissend dass die Sehnsüchte in unserem Erdenleben nur bedingt erfüllbar sind. Ohne das geringste Wissen über ein Leben nach dem Tod richten sich unsere Hoffnungen darauf, dass wir aus diesem „Jammertal“ in ein „Paradies“ eingehen, über das wir mancherlei phantastische Visionen entwickelt haben.

Unser Wissen reicht zurück bis zum Urknall. Wir kennen uns im Inneren eines Atoms genauso aus wie in den Weiten des Alls, im menschlichen Verstand ebenso wie in der menschlichen Seele. Unsere Sprache befähigt uns zu vielem.

Auf dem seitherigen Weg sind wir Extremmenschen begegnet, Helden und Bösewichten. Weitere Antworten zum Wesen des Menschen versprechen wir uns davon, dass wir einzelne Persönlichkeiten in Kurzform vorstellen, wie wir es bereits mit Kant getan haben. Beginnen wir mit

GOMER

Gomer lebte im 8. Jahrhundert vor Christus in Kanaan. Sie ist die Ehefrau von Hosea. Als Prophet ist Hosea nach dem König der zweite Mann im Staate. Gomer ist eine eingeborene Kanaaniterin. Sie stammt aus einfachen Verhältnissen. Es wird gemunkelt, sie sei Tempelhure gewesen. Die Ehe ist schlecht. Zwei der drei Kinder, die Tochter Lo-Ruhama („Kein Erbarmen") und der zweite Sohn Lo-Ammi („Nicht mein Volk") stammen nicht von Hosea. Der beschimpft und bedroht Gomer, kann aber nicht von ihr lassen: „Auch mit ihren Kindern habe ich kein Erbarmen; denn es sind Dirnenkinder. Ja, ihre Mutter war eine Dirne, die Frau, die sie gebar, trieb schändliche Dinge. Sie sagte: Ich will meinen Liebhabern folgen; sie geben mir Brot und Wasser, Wolle und Leinen, Öl und Getränke. Darum versperre ich ihr den Weg mit Dornengestrüpp und verbaue ihn mit einer Mauer, so dass sie ihren Pfad nicht mehr findet. Dann rennt sie ihren Liebhabern nach, holt sie aber nicht ein. Sie sucht nach ihnen, findet sie aber nicht. Dann wird sie sagen: Ich kehre um und gehe wieder zu meinem ersten Mann; denn damals ging es mir besser als jetzt."

Was Gomer auszeichnet, ist ihre Unabhängigkeit, die sie demonstrativ sexuell auslebt und das in einer Kultur, in der die Frau dem Mann zu Diensten ist, weil Gott es bei der Erschaffung der Frau so bestimmt hat: „Ich will ihm eine Gehilfin machen". Lässt man die theologische Deutung der Prophetenehe beiseite, und betrachtet sie aus der Sicht Gomers, so ergibt sich für mich folgende Situation:

Die Ehe des Propheten
Untauglich im Hause, zu schwach für das Feld
ist mein Eheherr Hosea.
Ohne Ahnung von Wetter, Kräutern und Vieh
ist er ein schlechter Prophet.

Er redet vom Jenseits und lebt enthaltsam,
keines der Kinder ist sein
Ich werde mich von ihm trennen, sprach Gomer, das
Kanaanäerweib.
(Aus „Ist der Dienstweg gestreut"?)

SOKRATES

Xantippe, auch nach 2500 Jahren noch wegen Zanksucht bekannt, überschüttete einmal ihren Mann unter wüsten Beschimpfungen mit einer Bütte Spülbrühe, als dieser das Haus verließ. Er solle nur wiederkommen. Dann werde er etwas erleben. Die Antwort des Ehemannes ist überliefert: „Wenn Xantippe es donnern lässt, dann regnet es auch". Bis auf die Haut durchnässt begibt er sich auf den Markplatz von Athen, um junge Leute zu unterrichten, unentgeltlich, was ihn in den Augen Xantippes zum Faulpelz macht. Der Mann ist gelernter Sattler. Seinen soldatischen Mut hat er in mehreren Schlachten, seine Trinkfestigkeit im Umgang mit seinen Freunden bewiesen. Den Athenern geht er so auf die Nerven, dass sie ihm wegen Verführung der Jugend und Gotteslästerung den Prozess machen. Statt sich durch die Flucht zu entziehen, statt um gutes Wetter zu bitten oder sich wenigstens eines der großen Strafverteidiger unter seinen Freunden zu bedienen, stellt unser Philosoph sich dem Volksgericht. Seine Verteidigungsrede (Apologie) ist eine Provokation für die Landsleute. Die Rede ist heute so aktuell, wie sie es vor 2500 Jahren war, was das folgende Zitat belegt: „Bester Mann---du schämst dich nicht, dich um möglichst viel Geld, Ruhm und Ehre zu sorgen, aber um Einsicht, Wahrheit---- kümmerst du dich nicht“. Die Athener verurteilen ihn, wenn auch nur mit knapper Stimmmehrheit zum Tode. Auch jetzt schlägt der Philosoph das Angebot von Freunden aus, die ihm zur Flucht verhelfen wollen. In Gegenwart von Freunden trinkt er den Schierlingsbecher, das tödliche Gift. Als sein letzter Satz wird der folgende überliefert: „Kriton, wir schulden dem Asklepios (Äskulap) einen Hahn. Opfere ihm den und versäume es nicht“.

Einige Dialoge von Sokrates hat sein Schüler Platon überliefert. Sokrates führt darin seinen jeweiligen Gesprächspartner durch Fragen, bis dieser seine Irrtümer einsieht und die Wahrheit erkennt, was man nach dem Beruf von Sokrates Mutter als Hebammenkunst bezeichnet. Im Gegensatz zu Sokrates ließen sich die zu seiner Zeit in Athen lehrenden Sophisten gut bezahlen. Sie prahlten mit ihrem Wissen, während der ihnen hoch überlegene Sokrates bescheiden über sich äußerte: „Ich weiß, dass ich nichts weiß“.

Was Sokrates vor vielen großen Denkern auszeichnet, ist die Konsequenz mit der er seine Überzeugungen bis in den Tod gelebt hat.

XANTIPPE

Solange wir uns in Ehrfurcht vor dem großen Philosophen verneigen, fällt es uns schwer, Xantippe gerecht zu werden. Also stellen wir uns vor, wie der große Philosoph betrunken und lärmend nachts nach Hause kommt. Er hat es sich mit seinen reichen Freunden wohl ergehen lassen. Er hat bereitwillig über seine Ehe geplaudert und deshalb viel Spott ertragen. Überhaupt ist er ein beliebter

Gegenstand allgemeinen Spotts. In diesen Spott stimmt Bert Brecht mit ein, der Sokrates beschreibt, wie Sokrates in einer Schlacht in einen Dorn tritt und vor Schmerz so laut schreit, dass er den Mitstreitern Mut, dem Feind aber Angst und Grauen einflößt. Sokrates war fett und mit seiner syphilitischen Sattelnase ein hässlicher Mann. Wer hat jetzt kein Mitgefühl mit Xantippe? Wer würde jetzt nicht auch dem Faulpelz Sokrates die Spülbrühe überschütten?

Aus heutiger Sicht waren die Eheprobleme zwischen Sokrates und Xantippe die einer Missheirat. Die Ehe konnte nicht gut gehen. Da sollte man keinem von beiden die Schuld in die Schuhe schieben.

WALLADA

1700 Jahre nach Gomer begegnen wir in Cordoba einer Frau von außerordentlicher Schönheit, der Kalifentochter Wallada. Ihre für eine Maurin ungewöhnlichen blauen Augen und ihre helle Haut verleihen ihr eine besondere sexuelle Anziehungskraft. Auf ihr Aussehen ist sie stolz. In der Öffentlichkeit zeigt sie sich unverschleiert. Die strengen Bekleidungsvorschriften kümmern sie ebenso wenig wie der Zorn der heimischen Mullahs. Ihre Sexualität lebt sie ungezügelt aus. Sie hat gleichermaßen Beziehungen mit Männern und Frauen, zu Sklaven und Adligen. Allen Versuchen, sie in ihre traditionelle Rolle einer Kalifentochter zurückzudrängen und eine dynastisch-politische Ehe zu schließen, widersteht sie. Sie wird für die Frauen ihrer Zeit zum Symbol der Emanzipation. Wallada sammelte um sich die berühmtesten Musiker und Dichter von Al-Andalus in ihrem literarisch- musikalischen „Salon", wo deklamiert, improvisiert und zu Laute und Zither gesungen wird. Sie gründet eine Schule, in der sie bevorzugt Sklaven unterrichtet.

Unter Walladas Liebesaffären ist die mit dem berühmten Dichter Ibn Zaydun die bekannteste. Es ist eine dramatische Beziehung, in der jeder noch weitere Geliebte hat. Sie wird mit ihren intimen Höhen und Tiefen poetisch in der Öffentlichkeit ausgetragen. Ibn Zaydun gerät dabei in Konflikt mit dem Wesir Ibn Abdus, der ihn inhaftiert. Es gelingt ihm zu fliehen. Da ist Walladas Liebe zu ihm bereits Vergangenheit. Zum Abschluss ein Ausschnitt aus einem Dialog der Liebenden:

„Wallada
Masallah, ich bin des höchsten Ranges wert
Masallah, ich bin frei in dieser Sklavenwelt
ich gehe meinen Weg und liebe wie ich leb
Wer mich liebt, dem biete ich meinen Mund
dem schenke ich meinen Kuss, der mich begehrt
– dem schenke ich meinen Kuss, der mich begehrt
Ibn Zaydun:
Sei hochmütig: ich werde es ertragen.
Sei stolz: ich werde es erdulden.
Überhebe dich: ich werde mich fügen.
Wende dich ab: ich werde mich zuwenden.
Sprich: ich werde zuhören.
Befiehl: ich werde gehorchen."

AVERROES

In Cordoba findet man die Statue von Averroes bärtig, mit Turban, lang wallendem Gewand auf einem Sockel sitzend, die Hand auf ein Buch gestützt. Obwohl die Statue überlebensgroß ist, wird sie von den Touristen und ihren Führern übergangen. Das war früher anders. Dante hat ihm in seiner göttlichen Komödie, in der er Himmel, Fegefeuer und die verschiedensten Höllen an die Personen der Zeitgeschichte verteilt, einen Platz im Limbus reserviert, dem Ort für unbescholtene Heiden. Raffael lässt ihn in seinem berühmten Fresko „Die Schule von Athen" als „Athener ehrenhalber" auftreten.

Averroes stammt aus einer angesehenen Juristenfamilie in Cordoba. Er war umfassend gebildet, wie die von ihm ausgeübten Tätigkeiten beweisen, die eines Richters, die eines Leibarztes des Kalifen, vor allem aber die eines Philosophen. Da er unerschütterlich, auch in politischen Fragen den Gebrauch der Vernunft forderte, machte er sich missliebig und wurde verbannt. Er starb im Exil in Marrakesch. Seine größte Leistung war die Übersetzung der Werke des Aristoteles und ihre Kommentierung. Es handelte sich um nahezu 200 Titel und fast eine halbe Million Zeilen. Da sie nur noch in arabischer Sprache vorlagen, wurden sie erst durch Averroes Übersetzung ins Latein für spätere Wissenschaftler greifbar. Damit ist Averroes der Brückenschlag zwischen Antike und Neuzeit gelungen.

Ausgehend von dem Koransatz: „Denket nach, die ihr Einsicht habt", forderte er auch in Glaubensfragen die Anwendung der Vernunft und ordnete den Glauben in ein eigenes Vernunftschema ein. Das war Zündstoff für Strenggläubige. Seine Schriften waren deshalb zeitweise verboten und sollten verbrannt werden.

Auch die bereits erörterte Frage, was wir hoffen dürfen, hat er mit der ihm eigenen Sorgfalt bedacht Er lehrte, die Einzelseele werde Bestandteil des jeweiligen Körpers. Da ihre Aufgabe mit dem Tode erfüllt sei, sterbe auch sie. Was bleibe, sei eine Art Kollektivseele für alle Menschen.

Interessant sind für uns die Lebensbedingungen, unter denen Großes möglich war, wie es Averroes und viele andere geleistet haben. Wir finden sie im heutigen Südspanien, dem einst von „Arabern“ beherrschten Al-Andalus, in dem lange Zeit Christen, Muslim und Juden in verständnisvoller Glaubensharmonie wohnten. Das Land erlebte eine Wirtschaftsblüte. Man betrieb die Künste und Wissenschaften des Gartenbaus und der Architektur. Es gab öffentliche Bibliotheken, Bäder und Wassertoiletten. Arabische Lyrik wurde gepflegt. Cordoba war die bedeutendste europäische Stadt mit je nach Schätzung zwischen einer halben und einer ganzen Million Einwohnern.

PAPST JULIUS II.

Rom hat in seiner fast 3000jährigen Geschichte große Zeiten erlebt, darunter die Renaissance, der Personen wie Julius II das Gepräge gegeben haben. Vor seiner Papstwahl bekleidete er hohe Kirchenämter, aus denen er beachtliche Einkünfte bezog. Auffällig waren seine geistige und körperliche Kraftnatur, seine militärische und politische Begabung und sein Kunstsinn. Seine Wahl zum Papst in einem nur eintägigen Konklave am 1.11.1503, steuerte er selber, indem er sich durch vorherige Absprache 37 der 38 Kardinalstimmen sicherte. Kaum auf dem Tron verbot er vergleichbare Absprachen bei künftigen Papstwahlen. In den 10 Jahren seines Pontifikats gelang es ihm in wechselnden Allianzen, die Macht Venedigs zu beschneiden, die Franzosen aus Italien zu drängen und den Kirchenstaat beträchtlich auszuweiten. Er war skrupellos und scheute auch nicht davor, Kirchenstrafen als Machtmittel einzusetzen. Luther nannte ihn einen „Blutsäufer".

Schon kurz nach seiner Wahl begann er damit, Rom städtebaulich umzugestalten. Er ließ die frühchristliche Kirch St. Peter abreißen, damit die größte und prächtigste Kirche des Erdkreises Zeugnis von seiner Macht ablege. Zugleich plante er für sich ein kolossales Grabmal. Sein Baumeister wurde Bramante, der Gebäude niederreißen, Plätze vergrößern und Straßen neu anlegen ließ. Michelangelo beauftragte er, das Grabmal zu errichten und das Deckengewölbe der Sixtinischen Kapelle auszumalen, Raffael gewann er für die Arbeiten in den Privatgemächern im Vatikanpalast, den Stanzen.

Julius II. war jähzornig. Als er einmal den gleichfalls jähzornigen Michelangelo bei seiner Arbeit am Jüngsten Gericht in der Sixtinischen Kapelle zur Eile mahnte, soll Michelangelo ihm von der Höhe seines Gerüstes mit Brettern nach dem Leben getrachtet haben, dann nach Florenz geflohen und erst zurückgekehrt sein, als ihm Straffreiheit zugesichert war. So berichtet jedenfalls Gobineau in seinem Werk „Die Renaissance". Persönlich war Julius nicht fromm, aber im Amt moralisch. Es wird niemanden verwundern, dass er an Syphilis litt.

Sein Grabmal befindet sich in San Pietro in Vincoli (St. Peter in Ketten), wo Michelangelos Figur des gehörnten Moses einen Teil des monumentalen Grabmals bildet. Julius selber liegt unter einer schlichten Marmorplatte im Petersdom begraben. Sein sehnlichster Wunsch, die italienische Halbinsel unter der Führung des Papstes zu vereinen, blieb unerfüllt.

MARTIN LUTHER

Für fünf Päpste und für Kaiser Karl V. war Luther Kirchenfeind Nummer 1. Am 3. Januar 1521wurde er durch päpstliche Bannbulle exkommuniziert. Am 26. Mai 1521 verhängte der Reichstag das vom Kaiser gezeichnete Wormser Edikt über ihn. Es verbot unter Berufung auf die Bannbulle im gesamten Reich, Luther zu unterstützen oder zu beherbergen, seine Schriften zu lesen oder zu drucken, und gebot, ihn festzusetzen und dem Kaiser zu überstellen.

Vorher war einiges passiert. Zunächst studierte Luther dem Wunsch seines Vaters folgend Jura. Als ihn bei einer Reise ein heftiges Gewitter überraschte, gelobte er in seiner Todesangst der Heiligen Anna, er wolle Mönch werden, wenn sie ihn rette. Getreu seinem Gelübde trat Luther in den Bettelorden der Augustiner ein. Bei einer Romreise im Auftrag seines Ordens erlebte er die dortigen Missstände.

Im Jahre 1515 erließ Papst Leo X eine Ablassbulle: Wer einen Ablassbrief erwarb und eine Beichte ablegte, dem wurde die zeitliche Sündenstrafe im Fegefeuer für fast alle Sünden erlassen („Wenn das Geld im Kasten klingt, die Seele aus dem Fegefeuer springt"). Das war Kapitalismus pur. Mit den Einnahmen aus dem Ablasshandel wollte der Papst den Neubau des Petersdoms in Rom finanzieren. Der Mainzer Erzbischof brauchte das Geld, um seine Schulden beim Bankhaus Fugger zu begleichen.

Mit dieser Bulle war für Luther die Toleranzgrenze überschritten. Am 31. Oktober 1517 schrieb er im devoten Ton eines Bettelmönchs an den Mainzer Erzbischof. Er äußerte als Seelsorger seine Besorgnis über Missverständnisse, die in der Bevölkerung über den Ablass entstünden. Den Brief unterschrieb er als Doktor der Theologie und legte ihm seine 95 Thesen bei (die entgegen einer weit verbreiteten Meinung nie an der Schlosskirche zu Wittenberg angeschlagen waren). Die Thesen kursierten in Handschriften und wurden im Dezember 1517 in Nürnberg, Leipzig und Basel gedruckt. Luther war von dem großen Widerhall seiner Thesen überrascht. Auf Grund der Thesen leitete der Papst im Jahre 1518 ein Verfahren wegen „offenkundiger Ketzerei" gegen Luther ein. Von da an versuchte er, Luther in seine Gewalt zu bekommen. Schlusspunkt und Höhepunkt des Verfahrens war die Vorladung Luthers vor den Reichstag in Worms. Am 17. April 1521wurde er vor den im dortigen Bischofshof versammelten Fürsten und Reichsständen verhört und letztmals zum Widerruf seiner Thesen aufgefordert. Nach einem Tag Bedenkzeit und im Wissen, dass dies seinen Tod bedeuten könne, lehnte er mit der Begründung ab, „---wenn ich nicht durch Zeugnisse der Schrift und klare Vernunftgründe überzeugt werde; denn weder dem Papst noch den Konzilien allein glaube ich, da es feststeht, dass sie öfter geirrt und sich selbst widersprochen haben, so bin ich durch die Stellen der Heiligen Schrift, die ich angeführt habe, überwunden in meinem Gewissen und gefangen in dem Worte Gottes. Daher kann und will ich nichts widerrufen, weil wider das Gewissen etwas zu tun weder sicher noch heilsam ist. Gott helfe mir, Amen!". Damit zeigte Luther mehr Mut als Galilei, der seine Behauptung, die Erde sei eine Kugel, auf Drängen der Inquisition widerrufen hatte.

Auf der Heimreise von Mainz nach Wittenberg war Luthers Leben trotz des ihm zugesagten freien Geleits akut gefährdet. Die Erinnerung an den Reformator Jan Hus war noch wach, der sich auf dem Konzil zu Konstanz geweigert hatte seine Lehre zu widerrufen, den man trotz freien Geleits festgenommen und auf dem Scheiterhaufen hingerichtet hatte. Glücklicherweise hatte Luther in seinem Landesherrn Friedrich dem Weisen einen mächtigen Beschützer, der ihn auf der Rückreise abfing und auf der Wartburg in Sicherheit brachte. Dort lebte Luther zwei Jahre als Junker Jörg. Er nutzte die Zeit, um das Neue Testament ins Deutsche zu übersetzen.

Im Gegensatz zu den Päpsten seiner Zeit glaubte Luther fest an Gott: „Ein feste Burg ist unser Gott, ein gute Wehr und Waffen". Aber auch von der Existenz des Teufels war er überzeugt: „Der altböse Feind, mit Ernst erst jetzt meint. Groß Macht und viel List sein grausam Rüstzeug ist". Gut erfunden ist die Geschichte, er habe auf der Wartburg, als ihn der Teufel bedrängt habe, das Tintenfass nach ihm geworfen, wie ein Tintenfleck bezeuge.

Luther war ein wortgewaltiger Gottesmann. Am 26. Juni 1524 predigte er auf Einladung des Rates der Stadt Magdeburg in der dortigen Johanniskirche. Wenige Tage später wurde die katholische Messe abgeschafft. Ein Großteil der Magdeburger Kirchengemeinden übernahmen die evangelische Gottesdienst- und Gemeindeordnung.

Fünfhundert Jahre nach dem Reichstag zu Mainz verehren wir Luther als den Entdecker der Gewissensfreiheit.

Gewissen war damals gleichbedeutend mit Gehorsam gegenüber der Kirche und dem Staat. Für Luther galten die Gebote von Staat und Kirche vorausgesetzt, sie sind mit dem eigenen Gewissen vereinbar. Als Maßstab für das Gewissen erkannte Luther ausschließlich das Wort Gottes an, wie es auf Grund seiner Bibelübersetzung jeder nachlesen konnte: „Das Wort sie sollen lassen stahn". Einen Missbrauch der Gewissensfreiheit sah Luther in den Bauernaufständen, wie seine Schrift „Wider die Mordischen und Reuberischen Rotten der Bawren" beweist.

Als wir vor Jahren mit zweien unserer Enkel auf Luthers Spuren gereist sind, waren wir auch in Luthers Wohnhaus in Wittenberg zu Gast. Dort sahen wir, was aus dem Bettelmönch mit Keuschheitsgelübde geworden war: ein wohlsituierter Bürger und Familienvater. 1525 hatte er die mit seiner Hilfe aus ihrem Kloster geflüchtete Zisterzienserin Katharina von Bora geheiratet, mit der er 6 Kinder hatte. Beim Gang durch Luthers Liebhabergarten glaubt man ihm den Satz „Wenn morgen die Welt unterginge, ich würde noch heute mein Apfelbäumchen pflanzen".

BARUCH DE SPINOZA

Im Jahre 1492 war die Zeit der Toleranz in Spanien vorüber. Die Katholischen Könige Ferdinand und Isabella zwangen alle Bewohner Spaniens zum katholischen Glauben. Zu den strenggläubigen Juden, die daraufhin nach Amsterdam flohen, gehörte auch die Familie Spinoza. Nachdem der Vater Baruch Spinozas in der jüdischen Gemeinde von Amsterdam eine Führungsrolle bekleidet hatte, war auch Baruch für ein solches Amt vorgesehen.

Dazu kam es nicht, weil Baruch wegen einer theologischen Streitfrage nach vorangegangenen milderen Strafen schließlich für seine Unbußfertigkeit mit der Höchststrafe, dem Bann belegt wurde. Der Ausschluss aus der jüdischen Religionsgemeinschaft bedeutete, dass der Verbannte als Nichtjude galt. Der Verbannte und seine Abkömmlinge verloren ihr Recht auf eine jüdische Beerdigung. Keiner durfte mit ihnen Handel treiben. Kein Gemeindemitglied durfte mit einem Verbannten oder einem Abkömmling die Ehe eingehen. Damit war Spinoza Christen- und Judenfeind, ein doppelt Verbannter.

Inzwischen war er 23 Jahre alt, bettelarm und litt an Schwindsucht. Da sein Vater nichts als beträchtliche Schulden hinterlassen hatte, war er gezwungen, trotz eines Sehschadens seinen Beruf, das Drehen und Schleifen optischer Linsen, auszuüben. Glücklicherweise hatte er Freunde, die ihn bis zu seinem Tod unterstützten. Freunde waren es auch, die noch im Todesjahr Spinozas seine wesentlichen Werke veröffentlichten.

Spinoza lehrt, dass Gott in allen Dingen enthalten ist. Gott beschreibt er so: „Per Deum intelligo ens absolute infinitum hoc est substantiam constantem infinitis attributis quorum unumquodque æternam et infinitam essentiam exprimit." (Gott ist die unendliche, substantiell in ihren Eigenschaften konstante, einheitliche und ewige Substanz). Der Mensch hat Anteil an der göttlichen Natur. Die göttliche Ordnung ist unabänderlich vorgegeben. Es gibt keine Freiheit, nicht einmal für Gott. Mit seiner Ethik, seiner Religionskritik und seinen politischen Anschauungen hat Spinoza die geistige Elite seiner Zeit fasziniert. Leibnitz hat ihn sogar persönlich aufgesucht.

Für Goethe bildete Spinoza einen ständigen Stein des Anstoßes. Einer der letzten, den Spinoza faszinierte, war der in Nürnberg 1945 als NS-Verbrecher hingerichtete Alfred Rosenberg, der sich von einem glühenden Verehrer in einen ebenso glühenden Hasser Spinozas verwandelte, nachzulesen in dem Roman von Irvin David Yalom „Das Spinoza- Problem“.

HARRIET TUBMAN

Unser Vater war mit uns an unserem ersten Sonntag in Gießen im Liebigmuseum gewesen. Dieser Besuch sollte mir später den Einstieg ins Staatsexamen erleichtern. Das begann mit der Frage, ob ich wisse, wer Liebig sei, da ich eine Liebigschule besucht hätte.

Nach welchen Persönlichkeiten werden Schulen und Straßen genannt? Welche Köpfe kommen auf Briefmarken oder Banknoten? Wer diesen Fragen nachgeht, erfährt im Zweifel viel Wissenswertes.

Eine Persönlichkeit, die mal wieder Aufsehen erregt, ist Harriet Tubman, weil sie künftig anstelle eines der markantesten US-Präsidenten Andrew Jackson die 20-Dollarnote zieren soll. Jackson war Sklavenhalter. Er hasste Indianer und hielt die Bewegung zur Sklavenbefreiung für verfassungswidrig. Harriet Tubman war in ihrer Jugend Sklavin und, nachdem sie selber geflohen war, Fluchthelferin für andere Sklaven. Im Sezessionskrieg arbeitete sie als Krankenschwester und Köchin. Den Nordstaaten leistete sie als Kundschafterin ebenso gefährliche wie wertvolle Dienste. Später zählte sie zu den prominentesten Mitgliedern der amerikanischen Frauenbewegung. Nach ihrem Tod wurde sie nahezu vergessen. Auf Grund einiger Kinderbücher, welche die Dramatik ihres Lebens unterstreichen, zählt sie inzwischen wieder zu den bekanntesten historischen Persönlichkeiten der USA.

Was Sklaven zu erdulden hatten, ermisst man bereits nach einem kurzen Einblick in Harriets Kindheit. Im Alter von 5 Jahren wurde sie als arbeitsfähig angesehen und vermietet. Eine von Harriets Aufgaben bestand darin, ein Baby in der Wiege zu hüten. Wachte das Kind auf und schrie, wurde Harriet dafür mit der Peitsche bestraft. Harriet erinnerte sich an einen Tag, an dem sie bereits vor dem Frühstück fünf Mal die Peitsche gespürt hatte.

Rechtlich war eine Sklavin wie Harriet eine „Sache". Ihr Eigentümer konnte nach Belieben mit der Sache Harriet verfahren. Früchte, die die „Sache" abwarf, also Sklavenkinder hatten denselben Status eines Sklaven. Da Harriet Tubman auch nach ihrer Ehe mit einem Freien Sklavin blieb, gehörten ihr die eigenen Kinder nicht. Soweit das Recht. Einer willensstarken und listigen Frau wie Harriet Tubman die Kinder wegnehmen, um sie meistbietend zu veräußern, das sollte niemandem gelingen. Wie Harriet ihre Kinder und ihre Eltern retten konnte. Das gehört zu den Abenteuern ihres Lebens.

1849 unternahm sie ihren ersten Fluchtversuch mit ihren jüngeren Brüdern, kehrte aber wieder zurück, als die Brüder nicht mehr weiterwollten. Der zweite Fluchtversuch wenig später gelang. Er führte über eine Route, die weitgehend geheim blieb, weil sie später von vielen Flüchtlingen benutzt wurde. Am Ende bestand ein Netz aus Fluchthelfern, unter ihnen die die Sklaverei ablehnenden Quäker.

Wie süß das Gefühl der Freiheit sein kann, bezeugt eine Notiz von Harriet Tubman: „Als ich merkte, dass ich die Grenze überschritten hatte, schaute ich auf meine Hände, um zu sehen, ob ich immer noch dieselbe Person war. Es war alles so herrlich; die Sonne schimmerte wie Gold durch die Bäume und über die Felder, und ich fühlte mich, als wäre ich im Himmel".

CHARLES SANDERS PEIRCE

Zu ungeschickt, um berühmt zu werden, so könnte man sein Leben überschreiben. Die Lebensgeschichte dieses bedeutenden Philosophen möge allen verkannten Genies zum Trost gereichen und ihre Hoffnung auf posthumen Ruhm wachhalten. Zu Lebzeiten erreichte Pierce den Gipfel der Erfolglosigkeit. Obwohl er hartnäckig arbeitete „wie eine Wespe in einer Flasche" und täglich ungefähr 2000 Wörter zu Papier brachte, gelang ihm gerademal die Veröffentlichung seiner astronomischen Beobachtungen in einzelnen kleinen Artikeln. Man lehnte ihn ab, weil er nicht die Kunst der Mittelmäßigkeit beherrschte. In seinem Haus baute er sich eine Mansarde aus, zu der eine Leiter führte. Diese zog er ein, wenn er Gläubigerbesuch erwartete.

Die Erfolglosigkeit hinderte ihn nicht daran, sich auf eine Stufe mit dem Wunderknaben und Universalgelehrten Leibniz zu stellen. Er war Linkshänder. Darin sah er eine Bestätigung, dass in seinem Erbgut weitere besondere Eigenschaften gespeichert seien. Gelegentlich machte er sich einen Spaß daraus, mit der einen Hand eine Frage aufzuschreiben und sie gleichzeitig mit der anderen zu beantworten.

Bekannt wurde Peirce erst nach seinem Tod durch die Veröffentlichung seiner Collected Papers in den Jahren 1933-1935 und 1958. Denken war für ihn nichts Abstraktes, Lebensfernes, sondern eine Handlung mit Realitätsbezug. An die Stelle der Wahrheit, mit dem sich die Philosophie seit 2000 Jahren beschäftigt, tritt bei ihm das „Für-Wahr-Halten“ (belief). Die Objektive Wahrheit sei uninteressant, weil sich daraus keinerlei Handlungsanweisungen für den Alltag herleiten ließen. Believes (Glaubenssätze) bedeuten für Peirce dreierlei: Sie machen uns dessen bewusst, was wir für wahr halten, sie beschwichtigen Zweifel, und sie legen die Regeln unseres Handelns und unsere Gewohnheiten fest.

Wer sich überzeugt hat, dass Sport gesund ist, lebt anders als jemand für den Sport Mord ist, wer der Erfahrung seines Immunsystems vertraut anders als, wer beständig Angst vor Infektionen hat. Früher sangen die Studenten „---post jucundam juventutem, post molestam senectutem, nos habebit humus“ (Nach einer angenehmen Jugend und einem beschwerlichen Alter hat uns der Humus). Wer so singt, wird das Alter eher als beschwerlich erleben als, wer im Alter einen das Leben krönenden Abschluss sieht.

SOPHIE SCHOLL

Sophie Scholl wurde nicht zur Widerstandskämpferin geboren. Sie wuchs mit 4 Geschwistern in einem liberal und protestantisch geprägten Elternhaus heran. Während die Eltern die Nationalsozialisten kritisch betrachten, sind die älteren Geschwister in der Hitlerjugend aktiv. Nichts ist ungewöhnlich an Sophies Kindheit. Mit 13 Jahren wird

Sophie ein begeistertes Jungmädchen. Sie wird als draufgängerisch beschrieben, raucht heimlich und schreibt als 15jährige einen mit lila Blüten gefüllten Liebesbrief. Sie macht Radtouren mit Gleichaltrigen. Sie übernachten am Lagerfeuer. Allmählich wird ihr bewusst, dass hinter all den schönen Erlebnissen eine sie abschreckende Ideologie von ausgeprägter Kriegsbegeisterung steht. Während ihres Studiums der Biologie und Philosophie in München schließt sie sich einer Gruppe Gleichgesinnter an, die verbotene Bücher lesen und Flugblätter verbreiten. „Wir schweigen nicht. Wir sind Euer böses Gewissen, die weiße Rose lässt Euch keine Ruhe", liest man in Flugblatt 4. Am 18. 2. 19943 legt sie mit ihrem älteren Bruder Hans gemeinsam Flugblatt 6 aus. Sie werden ertappt und 4 Tage später hingerichtet.

Heute verehren wir die Geschwister Scholl als Ikonen des Widerstands. Allein 14 Schulen tragen ihren Namen. Die Verehrung hat eine Idealisierung mit sich gebracht. Am Tag ihrer Hinrichtung soll Sophie gesagt haben: „So ein herrlicher sonniger Tag. Und ich muss gehen--- Was liegt an meinem Tod, wenn durch unser Handeln tausende von Menschen aufgerüttelt und geweckt werden". Es spricht einiges dafür, dass Sophie ebenso wie andere Menschen, denen große Abschiedsworte in den Mund gelegt werden, sich in ihrer Todesstunde zu elend für solche Größe fühlte. Im Zweifel hat Sophie die Wirkung der Flugblätter über- und die Gefahr unterschätzt. Ob sie ihr Leben bei mehr Realitätssinn genauso aufs Spiel gesetzt hätte, ist eine Frage wert.

Insgesamt ist Sophie Scholl wohl nicht die todesmutige Heldin im Kampf für eine gerechte Welt, sondern ein

Mensch, der den zahllosen Opfern eines Verbrecherstaates das bewegende Gesicht eines Menschen gibt, dem es verwehrt war zu leben.

ERICH KÄSTNER

Er war ein Dichter, der stets den Publikumsgeschmack getroffen hat, den von Kindern, den von Erwachsenen, den in der Weimarer Zeit, den zur Hitlerzeit und den in den Nachkriegsjahren. Während Bert Brecht vor den Nazis ins Exil fliehen musste, blieb Kästner unbehelligt, obwohl er ein ausgemachter Pazifist und Hitlergegner war.

1927 kam Kästner aus der Provinz nach Berlin, wo er von vorne herein seinen Lebensunterhalt mit „Gebrauchsliteratur" verdiente. Er war ein Lebenskünstler, hatte viele Freunde, wechselnde Freundinnen und einen Riecher, wenn der Boden zu heiß wurde. Da er die beiden Weltkriege miterleben musste, sind seine in der Einleitung erwähnten Zweifel am Fortschritt der menschlichen Rasse verständlich. Hier weitere Kostproben:

„Sachliche Romanze
Als sie einander acht Jahre kannten (und man darf sagen sie kannten sich gut),
kam ihre Liebe plötzlich abhanden. Wie anderen Leuten ein Stock oder Hut.
Sie waren traurig, betrugen sich heiter, versuchten Küsse, als ob nichts sei,
und sahen sich an, und wussten nicht weiter.
---------"

„Ein Mann gibt Auskunft
Und immer wieder schickt ihr mir Briefe,
in denen ihr, dick unterstrichen, schreibt:
Herr Kästner, wo bleibt das Positive?
Ja, weiß der Teufel, wo das bleibt".

„Der Hinz und der Kunz
sind rechte Toren
lauschen offenen Munds
statt mit offenen Ohren."

„Exemplarische Herbstnacht (letzte Strophe)
Nachts sind die Straßen so leer
Die Menschen legten sich nieder
Nun schlafen sie treu und bieder
Und morgens fallen sie wieder über einander her".

„Helden in Pantoffeln
Auch der tapferste Mann, den es gibt,
schaut mal unters Bett.
Auch die nobelste Frau, die man liebt,
muss mal aufs Klosett".

Aus Fabian
„Die Liebe ist ein Zeitvertreib
Man nimmt dazu den Unterleib".

ANDERE MENSCHEN?

Die Beschäftigung mit einzelnen Menschen hat meine Neugier für weitere Menschen geweckt, so dass ich mich regelrecht gezwungen habe, hier einen Schlusspunkt zu setzen. Dem Leser sei es unbenommen, dass ihn keine der von mir skizzierten Personen genauso fasziniert wie mich. Wenn er meine Auffassung teilt, dass es kaum etwas so Gewinnbringendes und Interessantes wie die Beschäftigung mit einzelnen Menschen gibt, ist das Ziel meiner Darstellung erreicht. Welcher Mensch zum Gegenstand der Neugier wird, ob eine bekannte Persönlichkeit ist, etwa ein Sportler, ein Politiker, ein Schauspieler oder ein Mensch des persönlichen Umfelds, spielt nur eine untergeordnete Rolle.

TEIL 6

INDIVIDUELLE BILDUNG

Bildung ist etwas höchst Individuelles. Es gibt nicht „die Allgemeinbildung". Welche Form und welches Maß an Bildung als geglückt gelten kann, hängt von den Lebensumständen des einzelnen ab. Ich selber habe die Berufsbildung eines Juristen und die ergänzende Bildung eines Literaturfreundes und eines Sportlers, meine Frau die einer Psychologin, einer Gärtnerin und einer Literaturfreundin, was wir für eine günstige Mischung aus Gemeinsamkeiten und Unterschieden halten.

Bildung war uns nie ein Selbstzweck. Sie hat sich einerseits nahezu zwangsläufig aus der Art unseres Berufs- und Privatlebens ergeben. Zum anderen sind wir mit einer Neugier gesegnet, die den Prozess des uns Fortbildens in Gang hält. Bei Materien, die uns langweilen, sind wir bildungsresistent.

Menschen orientieren sich an Vorbildern. Das gilt auch für ihre Bildung. Mit der Auswahl seiner Vorbilder gibt man die Richtung vor. Von einem Vorbild erwarten wir Großes, wenn auch keine Perfektion. Wir erlauben ihm sogar Fehler und Rückschläge, fordern aber, dass es am Ende alle noch so großen Schwierigkeiten bewältigt und strahlender Sieger bleibt. Vorbilder dieses Formats hat das wirkliche Leben nicht zu bieten. Wir finden sie in Büchern. Eines der Romanvorbilder beschreibt meine 17jährige Enkeltochter Lisa Bussmann so:

„Pippi Langstrumpf

Pippilotta Viktualia Rollgardina Pfefferminz Efraimstochter Langstrumpf, kurz Pippi Langstrumpf ist ein junges Mädchen, das zusammen mit ihrem Pferd „kleiner Onkel“ und ihrem Affen „Nielson“ in der Villa Kunterbunt wohnt. Wenn jemand sie fragt, wo denn ihre Eltern wären, antwortet sie stets vergnügt, dass ihre Mama als ein Engel im Himmel lebe und ihr Vater auf einer kleinen entfernten Insel Negerkönig sei. Denn Pippi ist eigenständig und hat ihre Erziehung selbst in die Hand genommen. Beim Ins-Bett-gehen abends ist sie zum Beispiel sehr streng mit sich selbst und sagt: „Wenn du nicht gehorchst, gibt's Haue.“ Sie ist das stärkste Mädchen auf der ganzen Welt, so dass sie gut alleine auf sich aufpassen kann. Pippi Langstrumpfs Aussehen ist merkwürdig: Schräg vom Kopf stehen ihre feuerroten Haare in zwei geflochtenen Zöpfen ab. An den Füßen trägt sie Schuhe, die doppelt so groß sind wie ihre eigenen Füße. Zur Schule geht Pippi Langstrumpf nicht. Sie kann der „Plutimikation“ nichts abgewinnen. Die meisten Erwachsenen werden bei dieser Vorstellung tadelnd die Hände über dem Kopf zusammenschlagen und Pippi Langstrumpf für ein verzogenes, rebellisches Kind halten. Da irren sie. Pipi ist ein eher ungewöhnliches Kind, aber eines, das keineswegs selbstfixiert ist und das bemüht ist sich zu benehmen.

Immer wieder setzt sie sich mutig für andere ein. Einmal rettet sie zwei kleinen Jungen das Leben. Besonders mutig tritt sie dafür ein, dass die Erwachsenen Kinder und ihre Wünsche ernst nehmen. Da sie argwöhnisch Angewohnheiten und „Sachen, die als fein gelten“ von Erwachsenen beobachtet, entdeckt sie oftmals, dass so etwas völliger Quatsch ist. Dabei entwickelt sie ihre eigenen Ansichten. Sie beschließt, ein Leben zu führen, indem sie sich amüsiert und witzige Sachen erlebt, statt immer nur so zu leben, „wie es sich gehört". Es ist Pippi Langstrumpf gleichgültig, was andere Menschen über sie denken. Mit ihren Freunden Annika und Tommy hat sie sich geschworen, niemals zu den „großen Menschen mit einem Haufen langweiliger Arbeit und Kumminalsteuer" zu gehören. Annika und Tommy können kaum erwarten, bis sie sich wieder mit Pippi treffen. Pippi Langstrumpf sprüht von Ideen. Stets passiert irgendetwas Spannendes.

Die von Astrid Lindgren geschaffene literarische Figur Pippi Langstrumpf ist ein Vorbild vieler Kinder und Erwachsener geworden. Sie ist ein Mädchen mit dem Herz am rechten Fleck, ist ehrlich und hilfsbereit. Sie hat enge Freunde und kommt auch mit anderen Menschen gut aus. Da sie ihre Eltern verloren hat, wächst sie anders auf als „normale" Kinder. Sie muss früh lernen, für sich selber zu entscheiden. Ohne die Bindung an gesellschaftliche Zwänge und die Meinungen von Erwachsenen findet Pippi ihren eigenen Weg. Das Leben bereitet ihr Vergnügen. Insgesamt hat sie sich zu einer allgemein respektierten Persönlichkeit entwickelt".

ROBINSON CRUSOE

Bei einer Reise ins Baltikum lernten wir eine Frau kennen, die in ihrer Kindheit nach Sibirien verschleppt wurde, dort entkommen ist, Jahre lang im Verborgenen gelebt und zu Fuß in ihre Heimat zurückgekehrt ist.

Es ist erstaunlich, was Menschen vermögen. Solche Menschen eignen sich zum Vorbild. Sie sind ein Ansporn für „gewöhnliche“ Menschen, in schwierigen Lebenslagen nicht zu verzagen und sich selber zu versichern: was der/die kann, kann ich auch. So wie Pippi Langstrumpf ein Vorbild an Lebensmut für junge Mädchen ist, haben männliche Jugendliche aber auch Erwachsene in Robinson Crusoe von Daniel Defoe gleichfalls eine Romanfigur zum Vorbild erwählt.

Die Abenteuer Robinsons beginnen damit, dass sein Schiff bei einem Sturm an einer einsamen Insel strandet. Er ist der einzige Überlebende. Robinson gelingt es, auf einem selbstgebauten Floß verschiedene Ausrüstungsgegenstände aus dem Wrack zu bergen, bevor es versinkt. Auf der Insel errichtet er seine eigene „Zivilisation“, in der er 28 Jahre lebt, ehe sich die Gelegenheit zur Rückkehr nach England bietet. Zum Schutz vor Angreifern errichtet er eine Fassadenburg, die er mit aus dem Wrack geborgenen Musketen ausrüstet. Er lernt Getreide anzubauen und sich Kleider aus den Fellen wilder Ziegen zu fertigen. Schließlich ist er Herr einer eigenen Ziegenherde. Da er die Spuren eines Gelages von Kannibalen entdeckt, ist er in beständiger Alarmbereitschaft. „Eines Tages, da ich gegen Mittag zu meinem Boot ging, gewahrte ich zu meiner großen Bestürzung den Abdruck eines nackten menschlichen Fußes, der im Sand ganz deutlich zu sehen war. Ich stand wie vom Donner gerührt, oder als hätte ich ein Gespenst gesehen; ich horchte, ich blickte um mich, aber es war nichts zu hören, noch zu sehen-----“. Die Spuren stammen von einem Flüchtling. Robinson rettet ihm das Leben, macht ihn zu seinem Diener, bekehrt ihn zum

Christentum, nennt ihn „Freitag“ und nimmt ihn schließlich mit nach England.

Welch ein vielseitiger, wunderbarer Mensch ist dieser Robinson! Ein Universaltalent, das sich zielstrebig eine Insel zu eigen macht, ein Prototyp des aufstrebenden Unternehmers und Kolonisators. Noch heute ist ein Leben auf einer Insel á las Robinson ohne Geld und ohne den Ballast der Zivilisation für viele ein Traum. Zugleich ist Robinson ein gläubiger Christ, ein mutiger Helfer und ein geschickter Missionar.

Als Quelle für seinen Robinsonroman dienten Defoe die Aufzeichnungen des Seefahrers Juan Fernandez, der jahrelang auf einer etwa 700 km von Valparaiso entfernt gelegenen nur gelegentlich von Seeräubern als Unterschlupf benutzten Pazifikinsel gelebt hat. Heute trägt das Archipel, zu dem die Insel gehört, den Namen Juan-Fernandez-Inseln. Sie stehen wegen ihrer besonderen Pflanzen- und Tierarten unter dem Schutz der UNESCO. Die Hauptinsel „Robinson Crusoe“ ist ein begehrtes Ziel für Luxusreisende. An die alten Zeiten erinnern nur noch die wilden Ziegenherden. Wer heute noch das echte Robinsonabenteuer sucht, dem sei ein Schiffsbruch an einer der unbewohnten Nachbarinseln empfohlen.

VORBILDLICHE HELDEN?

Die Wahl eines geeigneten Vorbilds ist nicht immer leicht. Vorsicht! Helden eignen sich nicht zum Vorbild. Sie sind einmalig. Was sie geleistet haben, lässt sich nicht in einen beliebigen Kontext übertragen. Vorbildlich und erlernbar können einzelne Fähigkeiten sein, auch die eines Helden.

Lebensfroh wie Francia Márquez, solidarisch wie die Balten 1989, kreativ wie Victor Jara, so lauten realistische Zielvorstellungen. Die meisten Vorbilder sind wesentlich schlichter: Ich bereite beispielsweise einen Heringssalat wie meine Großmutter oder würde, wenn ich noch mal jung wäre, gerne eine Flanke schlagen wie Toni Kroos.

DIE STRATEGIE

Die Auswahl eines Vorbildes ist ein erster Schritt. Es bleibt die Frage, der Strategie, mit der man dem Vorbild nacheifert. Hier ein einfaches Beispiel: Einer meiner Enkel mit Rechtschreibproblemen wollte von mir wissen, wie ich Rechtschreibung gelernt hätte. Er schrieb nach Gehör. Da man aus dem Gehörten nicht immer die Schreibweise erkennen kann, brachte ich ihm bei, neue Worte mit den Augen wahrzunehmen und sich das Schriftbild einzuprägen. In seinem Gedächtnis entstand ein Erinnerungsspeicher aus Wortbildern: in demselben Maß, indem sich dieser vergrößerte, verbesserte sich die Rechtschreibung.

Von einem Vorbild zu lernen, kann recht schwierig werden: Für meine Kinder hatte meine Mutter eine Ausstrahlung, dass sie von ihr Dinge übernahmen, mit denen ich selber gescheitert war. Was die Ausstrahlung meiner Mutter im Einzelnen ausmachte, soll hier nur angedeutet werden. Meine Mutter nahm sich stets Zeit für ihre Enkel und ging auf alles ein, was sie vorbrachten, so dass die Kinder sich von ihrer Großmutter ernst genommen fühlten.

Für uns ist Bildung ein Prozess, der Vergnügen bereitet. Sich bilden ohne Lebensfreude bringt kaum Gewinn. Dort wo Bildung mit dem Herzen geschieht, wird sie zum Erlebnis. Hierzu einige Beispiele von Brigitte Spangenberg.

„Auf unseren Reisen sind wir immer wieder Menschen begegnet, die ihre Bildung aus anderen Quellen geschöpft haben als wir.

Ein Schuster im Basar eines türkischen Dorfes hämmert, klopft und näht den ganzen Tag schweigsam und höflich. Ob er je eine Schule besucht hat? Lesen und schreiben kann er kaum, seine Preise kann er auswendig. Von Zeit zu Zeit setzt sich jemand vor ihn auf den bereitstehenden Schemel, mal ein junger Mann, mal eine alte Frau, dann ein Kind und stellt eine Frage. Der Schuster antwortet einmal kurz, einmal lang. Alle verlassen ihn mit zufriedener Miene und einer dankbaren Geste, manch einer gibt ihm eine Münze. Der Schuster im Basar ist der Ratgeber des Ortes. Seine Bildung ist Herzensbildung.

Eine italienische Mama. Um den kräftigen Leib hat sie eine gewaltige Schürze gebunden. Sie lacht und redet beim Kochen in ihrer Straßenkneipe unentwegt. Um sie herum wuseln junge Frauen und Mädchen. Wir verstehen ihren Dialekt nicht, begreifen aber sofort, dass sie die muntere Jugend unterrichtet. Lernen sie Kochen oder lernen sie Leben bei ihr? Ihre geduldige wissende Art spricht für beides. Sie hat Herzensbildung.

Was ist es, dass sich uns ohne Wortverständnis bei beiden Menschen mitteilt und uns Respekt einflößt? Es sind einfache Menschen ohne besondere Wissensbildung, aber reich an Lebenserfahrung und praktischen Fähigkeiten. Sie sind bereit, von ihrem Schatz weiter zu geben, sie können zuhören, sie sind ausgeglichen und lebensfroh.

Kann ein wissensgebildeter Mensch zugleich Herzensbildung haben? Auch das soll es geben".

ALTERNATIVBILDUNG

Jedenfalls in unserer Kultur ist das Vorankommen ein allgemein verbindliches Ziel. Es geht darum, am Ende eines Lebens mehr zu sein und mehr zu haben als am Anfang. Wir sind eine Fortschrittskultur. Im großen Rahmen zählt der wirtschaftliche Aufschwung als Erfolg. Geld „muss arbeiten", Reichtum wachsen. Die Alternative wäre, den Fortschritt abzulehnen, sich mit dem Erreichten zu begnügen oder gar unsere Ansprüche zurückzuschrauben. Das hätte Konsequenzen für die Bildung. „Diogenes in seiner Tonne ließ sich bescheinen von der Sonne" (Wilhelm Busch) würde wieder populär oder Epiktet, der über das von Äußerlichem, Besitz und Ansehen, unabhängige Glück nachgedacht hat. Die Ansicht Rousseaus würde wieder aktuell, dass die Zivilisation die von Natur aus guten Menschen verdorben habe. Man denke, dass wenig später eine ganze Generation, die Romantiker, dem Fortschritt misstraute und sich auf die gute alte Zeit rückbesann. Ansatz ist, dass es so nicht weiter gehe. Schärfster Kritiker der herrschenden Fortschrittskultur war schließlich Karl-Marx (siehe oben). Angesichts des hohen Preises, den wir gegenwärtig für unsere Fortschritte zahlen, wäre eine alternative Lebensplanung sinnvoll.

DIE PRAKTIKABLE BILDUNG

Ein wichtiger Teilbereich der Bildung blieb seither ausgespart, die Praktikabilität der Bildung.

Das Wesentliche an einer guten Bildung ist nicht das große Wissen. So wie gute Juristen nicht unbedingt Vielwisser sind, sondern vor allem ein zuverlässiges Rechtsgefühl entwickeln, so zeichnet sich der gebildete Mensch nicht durch den Reichtum seines Wissens, sondern dadurch aus, dass er über ein Wissen verfügt, das ihn zum mündigen Bürger macht und vor Abhängigkeiten bewahrt.

Vor der Verfeinerung des Lebens und des Lebensgenusses kommt die Lebensbewältigung. Ein Negativvorbild finden wir in dem Roman „Die Blendung" von Elias Canetti. Der Held, „der größte lebende Sinologe" (Chinawissenschaftler) heiratet seine Haushälterin. Als die Ehe scheitert, muss er feststellen, dass er inzwischen bettelarm ist. Die Haushälterin hat sich mit der Überzeugung „Auch die Frau hat ein Recht" schrittweise die gesamte Habe des Sinologen unter den Nagel gerissen. Eine Frau mit schlichtem Verstand aber praktischem Lebenssinn triumphiert über einen Mann von einem mit Überheblichkeit gepaarten hoch entwickelten Fachwissen (einem Fachidioten) ohne Bezug zum täglichen Leben.

Bildung sollte ein gewisses Geschick im Umgang mit den Widrigkeiten des Lebens vermitteln. Auch das gelingt nicht immer, wie Ernst Theodor Vischer anschaulich darlegt. Sein Held -„Auch Einer" (A. E), so der Titel des Werkes- ein hoch intelligenter Mann, wird von der Tücke des Objekts, einem Phänomen, das uns seit seiner Entdekkung durch Vischer zunehmend Sorgen bereitet, in geradezu tragischer Weise verfolgt. A. E., der den Gemeinheiten der Dinge nicht ausgeliefert sein möchte, wehrt sich mannhaft, gelegentlich sogar, indem er Objekte, die ihm besonders zugesetzt haben „exekutiert".

Da A.E. ständig erkältet ist und bei den unpassendsten Gelegenheiten von Husten- und Schnupfenanfällen gepeinigt wird, sind ihm Baustile zuwider, in denen man sich leicht eine Erkältung zuzieht wie antike Tempel, die er als „voll katarrhalisch" bezeichnet. Unsere Kirchen, die zwar einen deutlich besseren Schutz bieten als Säulenbauten, die aber immer noch recht zugig sind, gehören zum „halb katarrhalisch" Baustil. Wer den Empfehlungen Vischers folgt, der findet den besten Schutz vor den Tücken des Lebens in der Geborgenheit eines Pfahlbaus.

Betrachten wir einmal die in „Die Blendung" und „Auch Einer" vorgestellten Personen mit den Augen des Philosophen Charles Sanders Peirce (siehe oben). Sie bestätigen die Auffassung, des Philosophen, dass für den Verlauf eines Lebesn die objektive Wahrheit weniger bedeutsam ist als, was ein Mensch für wahr hält, seine Believes (Überzeugungen). Die Überzeugungen eines Menschen bestimmen sein Verhalten. Wir unterscheiden hilfreiche und weniger hilfreiche Überzeugungen, je nachdem ob sie das Leben erleichtern oder erschweren. Bei der Haushälterin in Canettis Roman ist die Überzeugung „Auch die Frau hat ein Recht" der Schlüssel für ihre Durchsetzungskraft. Die Überzeugungen des Sinologen betreffen seine geistige Überlegenheit. Sie machen ihn lebensfremd. Geradezu zum Lebensversager wird auch Vischers A.E. auf Grund seiner Überzeugung, Objekte seien tückisch. Sein subjektives Weltbild weicht in geradezu krankhafter Weise von der Realität ab.

Überzeugungen wirken sich in allen Lebensbereichen aus. Es gibt beispielsweise auch in Bezug auf Bildung hinderliche und förderliche Überzeugungen: Hier einige Beispiele, zunächst für bildungsförderliche Überzeugungen: Bildung verleiht Macht, sie gibt Sicherheit, sie macht frei, sie erleichtert die Kommunikation, sie bereitet Vergnügen. Jetzt einige hinderliche Überzeugungen: Bildung ist etwas für Großkopfete, sich bilden ist vertane Zeit, macht langweilig und überheblich, ist überflüssig, gebildete Frauen sind schwierig, ich bin zu dumm für Bildung.

SPEZIALBILDUNG

Sich bilden fällt demjenigen leicht, der von einem Gegenstand fasziniert ist. Das an sich mühsame Erlernen einer Fremdsprache wird für manche zum Kinderspiel, weil es die Sprache eines geliebten Menschen ist. Es gibt die Vogelfreunde, die zu Vogelkundlern werden, die Fachleute für heimische Heilpflanzen, die leidenschaftlichen Gärtnerinnen und die Imker mit Leib und Seele. Als Kind kannte ich den Herrn Riebeling, der fast jedes Mal, wenn er von seinen Bienen kam, das eine oder andere Exemplar in seinem Rauschebart trug, mit einer Ausnahme, da hatte er offensichtlich gerade ein Ei gegessen.

Mich selber begann das Phänomen der Trance (Tiefentspannung) zu fesseln, nachdem ich durch eine Heiltrance binnen einer Stunde von einer chronischen scheinbar nicht heilbaren Erkrankung befreit wurde. Ich begann zu lernen, wie man beim Zahnarzt in Trance geht und keine Schmerzen mehr fühlt, wie man durch Tiefentspannung leichter lernt oder neue Ideen bekommt. Ich beobachtete andere Menschen in Trance, so die Hochspringer, die in Trance die zu bewältigende Höhe mehrfach mental überqueren, ehe sie in Realität springen.

Für Trance-Interessierte stellt sich natürlich die Frage, wie entspanne ich mich, die Frage nach der Tranceinduktion. Eine der vielen Möglichkeiten besteht in inneren Bildern, die einen immer tiefer eine Treppe hinabführen. Alice (Lewis Caroll „Alice im Wunderland") verfolgt ein weißes Kaninchen hinab in seinen Bau, und schon ist sie im Wunderland, in dem die Naturgesetze ihre Geltung verloren haben. In „Alice hinter den Spiegeln" tritt derselben Effekt dadurch ein, dass Alice in eine Welt eindringt, die das Spiegelbild der unsrigen ist. Einfacher erzielt Peter Ustinov „Der alte Mann und Mr. Smith" die Trance durch Verwirrung beim Betrachten einer laufenden Benzinuhr.

Damit genug der Trance und genug der Spezialthemen. Wohl allen, die sich die Begeisterungsfähigkeit für Neues bewahren. Sie ist der Schlüssel für beneidenswerte Bildungserlebnisse.

VORZEIGEBILDUNG

Für ungebildet zu gelten, kann peinlich sein. Analphabeten beispielsweise treiben mitunter einen ziemlichen Aufwand, um nicht entlarvt zu werden. Einmal fuhr jemand mit mir im Auto, der alle Straßenschilder „vorlas". Er hatte sie auswendig gelernt. Spezialisten im Vortäuschen von Bildung sind Examenskandidaten. Das funktioniert nach dem Muster des Kandidaten, der sich auf Würmer vorbereitet hatte, aber über Afrika geprüft wurde und der mit den Worten begann: „In Afrika ist es wörmer. Die „Wörmer teilt man ein in----".

Aber auch wenn es um nichts weiter geht, als für einen gebildeten Menschen zu gelten, kann das ein lohnendes Ziel sein. Man kann durch exklusive Bildungsinhalte glänzen, wie es der Held in dem Roman „Halbzeit" von Martin Walser, der Handelsvertreter Anselm Kleverlein tut, der seine Erfolge bei Gesellschaften damit erzielt, dass er geschickt die Gelegenheit für eine seiner Heiligengeschichten abpasst.

Für manch einen ist eine Bildung wichtig, die sich sehen lassen kann. Sie versuchen, sich möglichst keine Blöße zu geben. Einen solchen Bildungsstandard wird von Dietrich Schwanitz auf den 697 Seiten von „Alles, was man wissen muss" angeboten. Die Idee ist lobenswert. Sie erspart Bildungshungrigen einige Jahre an Schul- und Universitätsmühen. Wer das Unwesentliche weglässt und das Wissen unserer Zeit auf 348 Seiten anbietet, bootet den Schwanitz aus. Schon ist da jemand, der die gesamte Bildung auf 174 Seiten konzentriert. Das Gedankenspiel mündet in der Frage: was braucht man, um eine Vorzeigebildung zu erlangen?

ICH PUTZE, ALSO BIN ICH

Erfreulich wenig, habe ich herausgefunden. Die insgesamt 265 Seiten, die Schwanitz für die Geschichte Europas verplempert, sind weitgehend überflüssig. Es gibt nicht nur im Sport die „Big Points", sondern auch in der

Geschichte. Ich habe mit einem Minimum an Zahlen und Ereignissen immer wieder den Eindruck eines geschichtskundigen Mitmenschen hinterlassen. Hier meine großen Zahlen. Das beginnt scherzhaft mit: „Drei, drei, drei- bei Issos Keilerei“. Damals schlug Alexander der Große den persischen Großkönig Darius aufs Haupt. Danach musste er Darius noch 2 weitere Male besiegen, ehe dieser klein beigab. So uneinsichtig sind Menschen. Das ist Geschichte. Weiter biete ich den ersten Weihnachtsfeiertag des Jahres 800. Da ließ sich Karl der Große in Rom zum Kaiser krönen. Am 2. Dezember 1804 stülpte sich Napoleon in Notre Dame de Paris die Kaiserkrone selber über. Gelegentlich versetzt man seine Zuhörer mit speziellen Kenntnissen wie diesen in Erstaunen: Im Jahre 1867 hat die englische Königin Viktoria den Thron bestiegen, und die USA haben Alaska von Russland für 7,2 Millionen Dollar erworben. Jüngst habe ich mit dem Jahr 1905 einen großen Erfolg gehabt, als ich beiläufig erklärte: „Da hat doch Einstein seine spezielle Relativitätstheorie veröffentlicht“. Unter den Ereignissen der Gegenwartsgeschichte sind meine Favoriten der Bruderkuss zwischen Adenauer und De Gaulles im September 1958 und der Kniefall Willi Brandts in Warschau am 7. Dezember 1970.

Für einen Vorzeigegebildeten ist die Philosophie unverzichtbar. Immer passt „Ich weiß, dass ich nichts weiß“ (Sokrates). Vielfältig abwandelbar ist das „Ich zweifle, also bin ich“ (Descartes). Wie großartig klingt ein „Ich putze, also bin ich“. Ein Kantzitat gefällig? „Habe den Mut, dich deines eigenen Verstandes zu bedienen“. (Hier passt auch die Ichform: „Ich habe den Mut-----“. Soweit der philosophische Hausgebrauch. Aber es gibt auch gehobene Ansprüche. Beginnt ein Angeklagter seine Verteidigung mit den Worten „Wovon man nicht reden kann, davon muss man schweigen“, (Wittgenstein), weiß der Richter, wen er vor sich hat. Sein Verteidiger sollte da nicht zurückstehen und das Plädoyer philosophisch beenden: „Was ist, ist. Und was nicht ist, ist nicht“ (Parmenides). Mein Mandant ist unschuldig und ist nicht schuldig“. Mit dem in den jetzigen schlechten Zeiten in gebildeten Kreisen nahezu unverzichtbaren „homo homini lupus“ (der Mensch ist des Menschen Wolf, Hobbes) erklimmen wir den nächsten Bildungsgipfel.

Latein: Der wichtigste Lateinsatz ist das „non scholae sed vitae discimus“, vorausgesetzt man betont „skolä“ richtig. Wie platt klingt dagegen: nicht für die Schule, sondern für das Leben lernen wir. Erfolgsmenschen lieben Cäsars „veni, vidi, vici“. (Ich kam, ich sah, ich siegte). Meist unpassend ist das „de mortuis ni nisi bene“ (über die Toten nichts als Gutes) oder das „ad multos anos“ (auf noch viele Jahre). Wer es sich trotzdem eingeprägt hat, meinetwegen. Mit den Kalauern „lege lectum“ (Liesbeth) und „classis romana“ (die flotte Römerin) runden sich die Lateinkenntnisse.

Als moderner Europäer sollte man das Wort „prost“ mehrsprachig beherrschen.

Ein weiteres Aushängeschild des Vorzeigegebildeten ist ein Zitatenschatz. Das größte deutschsprachige Zitatengedränge findet sich in Schillers Glocke. Hier einige Beispiele: „Drum prüfe, wer sich ewig bindet, ob sich das Herz zum Herzen findet“! „Wo rohe Kräfte sinnlos walten---“. „Gefährlich ist´s, den Leu zu wecken, verderblich ist des Tigers Zahn. Jedoch der schrecklichste der Schrecken, das ist der Mensch in seinem Wahn". „Wenn gute Reden sie begleiten, dann fließt die Arbeit munter fort". „Von der Stirne heiß, rinnen muss der Schweiß, soll das Werk den Meister loben. Doch der Segen kommt von oben". Nahezu unerschöpflich an Zitaten ist das Werk Goethes. Man kann den Eindruck gewinnen, er habe nur in Zitaten gesprochen. Hier einige Beispiele aus dem ersten Teil des Faust: „Denn was man schwarz auf weiß besitzt, kann man getrost nach Hause tragen." „Der Worte sind genug gewechselt, lasst mich auch endlich Taten sehn". „Die Botschaft hör ich wohl, allein mir fehlt der Glaube." „Es erben sich Gesetz und Rechte wie eine ew'ge Krankheit fort".

Wer (noch nicht bekannte) Zitate von Giovanni Trapattoni, Sepp Herberger oder Lothar Matthäus auf Lager hat, ist ein begehrter Gesprächspartner. Ich selber habe vor Kurzem mit dem „King of the Kotelett" von Stefan Raab geglänzt. Aber es gibt auch Zitate, die out sind. Vorsicht bei „zur Rechten sieht man wie zur Linken einen halben Türken herniedersinken" (Ludwig Uhland) oder dem „Gehst du zum Weibe, vergiss die Peitsche nicht", das Nietzsche einem alten Weiblein in den Mund legt.

Den Abschluss des Schnellkurses soll das zweitbekannteste Zitat aus Goethes Götz von Berlichingen bilden: „Wo viel Licht ist, ist auch viel Schatten".

STREITBARE BILDUNG

Bildung dient der Fähigkeit, tragfähige Überzeugungen und Entscheidungen zu formen. Wenn es darum geht sich zu behaupten, wird die Bildung zum „Schwert des Geistes“. Erforderlich ist dabei eine gedankliche Geschmeidigkeit, die aus dem Rohstoff des Wissens Argumente erschafft. Wie wichtig diese Fähigkeit ist, zeigen die Teilnehmerzahlen und das Echo des diesjährigen bundesweiten Wettbewerbs „Jugend debattiert“. Welche Art von Bildung im Einzelfall benötigt wird, hängt davon ab, in welcher Funktion jemand argumentiert, etwa als Schüler, als Lehrer, als Vater oder Mutter oder als Arzt. Jeder greift in eine andere Bildungsschublade. Bildung ist alles andere als einheitlich. Hier zur Veranschaulichung drei Stellungnahmen zum Thema Rassismus, bei denen ich jedes Mal aus anderer Warte argumentiere.

WIE RASSISTISCH IST DER SAROTTI-MOHR?

Der Sarotti-Mohr war über Jahrzehnte noch bis ins 3. Jahrtausend hinein eine der beliebtesten und erfolgreichsten Werbefiguren. Sein Anblick machte Appetit auf Schokolade. Inzwischen hat ihn der Vorwurf des Rassismus erreicht. Ist „Mohr“ ein Wort, das einen Menschen abwertet?

Um das zu prüfen, krame ich in meiner Erinnerung und finde als erstes meine kindliche Sehnsucht nach Schokolade, einer scheinbar aus einem Märchen kommenden Köstlichkeit, die wir uns nicht leisten konnten. Als nächstes erinnere ich ein Gedicht von Bert Brecht, in dem eine überdimensionale Sarotti- Reklame zum Symbol für „Großstadt“ wird. Das Gedicht endet mit der Verwünschung: ihr könnt mich kreuzweise, „allen anderen zuvor der Sarotti-Mohr“.

Noch weiter zurück liegt der Struwwelpeter „Es ging spazieren vor dem Tor ein kohlpechfarben schwarzer Mohr". Drei Buben lachen ihn aus, bis der große Nikolas mit seinem großen Tintenfass kommt und sie ermahnt „Was kann denn dieser Mohr dafür, dass er so weiß nicht ist wie ihr"! Da die Jungen unbelehrbar sind, tunkt sie der große Nikolas in die Tinte. Die Geschichte endet: „Der Mohr voraus im Sonnenschein, die Tintenbuben hinterdrein und hätten sie nicht so gelacht, hätt Niklas sie nicht schwarz gemacht".

Älter ist das Shakespeare Drama von Othello, dem Mohr von Venedig, der aus Eifersucht erst seine Frau Desdemona und dann sich selber tötet.

Wieder einige Zeit zurück liegt Wolfram von Eschenbach und sein Parzival, der einen Halbbruder Feirefiz hat. Dieser stammt aus der ersten Ehe von Parzivals Vater Gahmuret mit der Mohrenkönigin Belakane. Feirefiz zieht auf der Suche nach seinem Vater mit einem großen Heer nach Europa. Unterwegs trifft er auf Parzival. Sie kämpfen gegen einander, zunächst ohne zu wissen, wer der Gegner ist. Als sie sich schließlich erkennen, fallen sie einander in die Arme. Das Besondere an Feirefiz ist seine Hautfarbe. Sie ist halb weiß, halb schwarz.

Mir würde sicher noch der eine oder andere Mohr einfallen. Ich denke aber, bereits die seitherigen Mohrenmotive beweisen, dass der Sarotti -Mohr nichts mit Rassismus zu tun hat. Er zählt zu den literarischen Gestalten und ist damit ein Stück Kulturgut wie all die anderen Mohren. Er ist lediglich aus der Mode gekommen. Die inzwischen verwandte Werbefigur, der Sarotti-Magier, ist der fade Abklatsch einer lebensprallen Figur.

Im ersten Beispiel habe ich mich als jemand zu erkennen gegeben, der gerne liest. Im zweiten Beispiel greife ich in eine andere Schublade meiner Bildung, die des Rechts. Wieder geht es um das Thema Rassismus: In Artikel 3 Absatz 3 Grundgesetz heißt es „Niemand darf wegen seines Geschlechtes, seiner Abstammung, seiner Rasse, seiner Sprache, seiner Heimat und Herkunft, seines Glaubens, seiner religiösen oder politischen Anschauungen benachteiligt oder bevorzugt werden". Eine breite politische Mehrheit möchte das unzeitgemäße Wort „Rasse" streichen und durch das zeitgemäße „rassistisch" ersetzen. Dagegen sprechen wesentliche Gründe. Das Grundgesetz richtet sich gegen den Unrechtsstaat Hitlers, in dem die sogenannte „arische Rasse" über allem stand. Das Ideal war ein Volk von „reinrassigen" Ariern. Es gab „Rassegesetze", welche die Ehe und den außerehelichen Verkehr mit Nichtjuden verboten. Verstöße gegen das Gesetz wurden als „Rassenschande" mit Strafe bedroht. Wer heiraten wollte, brauchte einen Ariernachweis. Da schon eine Ehe mit einem Vierteljuden als „Rassenschande" galt, musste der Nachweis der „Reinrassigkeit" bis in die Großelterngeneration reichen. Das Wort „Rasse" ist also die Antwort auf die Gräuel des Rassenwahns. Diese Antwort ist heute in einer Zeit des Vergessens, der Verharmlosung oder gar Verleugnung des Holokaust fast noch wichtiger als vor 70 Jahren.

Entfernt man den Begriff „Rasse" aus dem Grundgesetz, müsste man ihn konsequenterweise auch aus §19 Absatz 1 AGG (Allgemeines Gleichbehandlungsgesetz) streichen, der lautet: „Eine Benachteiligung aus Gründen der Rasse oder wegen der ethnischen Herkunft, wegen des Geschlechts, der Religion, einer Behinderung, des Alters oder der sexuellen Identität------ ist unzulässig". Die Folgen wären fatal. Menschen, die nicht weißrassig sind, bilden in einer überwiegend weißrassigen Bevölkerung eine schützenswerte Minderheit. Diesem Schutz dient vor allem das Grundgesetz. §19 Absatz 1 AGG erweitert ihn.

RASSISMUS IM SPORT

Anlass der folgenden konstruierten Szene ist ein Fußballspiel, bei dem ein farbiger Spieler einen Gegner ins Gesicht gespuckt hat und deshalb zu Recht vom Platz gestellt wurde. Was aber wäre gewesen, wäre der Farbige bespuckt worden, nicht auszudenken?

Man stelle sich vor, drei Dortmunder Fußballer, Reus (hellhäutiger Deutscher), Harlan (weißhäutiger Norweger) und Sancho (kaffeebrauner Südamerikaner) diskutieren mit drei Münchener Fußballern, Boateng (dunkelhäutiger Deutscher), Alaba (dunkelhäutiger Österreicher) und Lewandowski (hellhäutiger Pole) eine Schiedsrichterentscheidung kontrovers. Die Diskussion ufert aus: es wird ausgespuckt, und zwar vor den Spielern, die weder hellhäutig noch deutsch sind. Darauf wird wahllos geschimpft. Es fallen folgende Worte: Kuhfuß, Albino, Gorilla, Polacke, Schwuli, Bazi, Judd, Nazi, Krüppel, Fehlfarbiger, Hurensohn und Rassist. Von den Worten Nazi und Judd fühlt sich niemand getroffen, Gorilla und Fehlfarbiger kränken je zwei Spieler, alle anderen Beschimpfungen nur einen, und zwar ziemlich effektiv.

Jetzt zur Frage des Rassismus: Beschimpfungen wie die beschriebenen sind spontan. Man sucht das Nächste, was kränkend wirkt und wird am einfachsten bei den Auffälligkeiten des zu Kränkenden fündig. So entstehen saftige Beleidigungen. Mit Rassismus haben sie nichts zu tun.

IST DAS BILDUNG?

So lautet die Eingangsfrage. Dabei denke ich an die Parallelfrage, „Ist das noch Kunst"? die das Bundesverfassungsgericht mit zugedrücktem Auge immer großzügiger bejaht. Ich hoffe auf die Milde des Lesers, wenn ich ihm einige Phantasiegeschichten zur Prüfung vorlege.

So wie wir an Menschen, die leben oder gelebt haben, etwas darüber erfahren können, was Menschen vermögen und wo ihre Stärken und Schwächen liegen, können wir das bei erdachten Geschöpfen. Sie gehören zu den Früchten, an denen man uns erkennen soll. Einige dieser Phantasiegestalten sollen hier auftreten. Es sind durchweg solche Wesen, die sich 2000 Jahre oder länger in der menschlichen Erinnerung behauptet haben. Etwas muss an ihnen sein.

PROMETHEUS

Keine Sage hat so viele Philosophen und Künstler angeregt wie die von Prometheus (griechisch: der Vorausdenkende). Nimmt man nur die in den großen Kunstgalerien anzutreffenden Prometheus Gemälde, kommt man auf die stattliche Zahl von 15. Wieso das so ist, erklärt sich aus dem Inhalt der Prometheus Sage. Prometheus gehört dem Göttergeschlecht der Titanen an. Wie alle Wesen ist er der Herrschaft des Göttervaters Zeus unterworfen. Bei einem Tieropfer greift er zu einer List, um Zeus zu täuschen; er überlässt ihm nur die wertlosen Teile des Opfertiers und behält das genießbare Fleisch für die Menschen, seine Schützlinge. Als Strafe verweigert der erzürnte Zeus den Sterblichen den Besitz des Feuers. Darauf entwendet Prometheus den Göttern das Feuer und bringt es den Menschen. Jetzt reicht es dem Göttervater. Er lässt Prometheus gefesselt und in der Einöde des Kaukasusgebirges festschmieden und foltert ihn, indem er ihm von einem Adler die Leber anfressen lässt, die sich danach stets erneuert. Erst nach langem Leiden erlöst der Held Herakles den Titanen von dieser Qual, indem er den Adler mit einem Pfeil erlegt. Schließlich begnadigt Zeus Prometheus und gibt ihm seine Freiheit zurück.

Bereits der antike Dramatiker Aischylos verherrlicht Prometheus als Wohltäter der Menschheit und Gegenspieler des tyrannischen Zeus. Besonders seit der Renaissance haben zahlreiche Dichter, Schriftsteller, Maler, Bildhauer und Komponisten den Stoff bearbeitet. Als Feuerbringer und Lehrmeister ist Prometheus der Urheber der menschlichen Zivilisation. Er ist das Urbild des mutigen Rebellen, der die Befreiung von Unwissenheit und religiös fundierter Unterdrückung einleitet. Heute ist er die Symbolfigur für den wissenschaftlichen und technischen Fortschritt und die zunehmende Herrschaft des Menschen über die Natur. Aber es gibt auch kritische Töne, insofern Prometheus den fragwürdigen Drang des Menschen zu möglichst schrankenloser, gottähnlicher Macht verkörpert.

Einer, der in das Lob des Prometheus einstimmte war Goethe, der einer jüngeren Form der Sage folgend Prometheus zum Schöpfer des Menschengeschlechts macht:

„Prometheus
Bedecke deinen Himmel, Zeus,
mit Wolkendunst
und übe, dem Knaben gleich,
der Disteln köpft
an Eichen dich und Bergeshöhn;
musst mir meine Erde
doch lassen stehn,
und meine Hütte, die du nicht gebaut,
und meinen Herd,
um dessen Glut
du mich beneidest.
(Und so endet das Gedicht:)
Hier sitz' ich, forme Menschen
nach meinem Bilde,
ein Geschlecht, das mir gleich sei,
zu leiden, zu weinen,
zu genießen und zu freuen sich,
und dein nicht zu achten,
wie ich"!

Ein vernichtendes Urteil über Prometheus fällt Jean-Jacques Rousseau in seiner „Abhandlung über die Wissenschaften und Künste" Für ihn geht wissenschaftlicher Fortschritt einher mit der Ausbildung von Luxus, Konsum und Schein. Bedürfnisse werden geschaffen und die Menschen von ihnen abhängig. Prometheus, der Erfinder der Wissenschaften, sei ein der Muße der Menschen feindlich gesinnter Gott, ein den Griechen unsympathischer Gott, wie seine Bestrafung erkennen lasse.

DER MYTHOS DES SISYPHOS

Eine andere Sagengestalt, die die Gemüter immer wieder beschäftigt, ist die des Sisyphos, des Königs von Korinth. Es ist seine Schlauheit und Lebenslust, die das Interesse an ihm wachhält. Auf ihn beziehen sich die folgenden Zeilen aus dem 11. Gesang der Odyssee von Homer, in dem die Verstorbenen aus dem Totenreich aufsteigen, um Odysseus Rede und Antwort zu stehen:

„Auch den Sisyphos sah ich, von schrecklicher Mühe gefoltert,
Einen schweren Marmor mit großer Gewalt fortheben.
Angestemmt, arbeitet' er stark mit Händen und Füßen,
Ihn von der Au aufwälzend zum Berge. Doch glaubt' er ihn jetzo
Auf den Gipfel zu drehn: da, mit einmal stürzte die Last um;
Hurtig mit Donnergepolter entrollte der tückische Marmor.
Und von vorn arbeitet' er, angestemmt, dass der Angstschweiß
Seinen Gliedern entfloss, und Staub sein Antlitz umwölkte".

Hier noch die Sage, die erklärt, wieso Sisyphos in der Unterwelt dieses Schicksal zu erleiden hat: Zeus entführt die Tochter des Flussgottes. Sisyphos beobachtet den Raub und verrät Zeus. Der erzürnte Zeus schickt Thanatos, den Tod, um Sisyphos in das Totenreich zu bringen. Sisyphos aber merkt, dass der Tod herankommt, versieht sich mit starken Stricken und fesselt ihn. So kommt es, dass auf der Erde niemand mehr stirbt. Schließlich entsendet Zeus den Kriegsgott Ares. Der befreit Thanatos und bringt den rebellischen Sisyphos in die Unterwelt. Dieser folgt scheinbar willig, doch trägt er seiner Frau auf, die erforderlichen Grabspenden zu unterlassen. Als Hades diesen Frefel bemerkt, schickt er Sisyphos noch einmal auf die Erde nach Korinth, um seine Frau zurechtzuweisen. Einmal wieder unter den Lebenden, weigert sich Sisyphos beharrlich, in die Unterwelt zurückzukehren. Er genießt sein Leben in vollen Zügen, bis er schließlich im hohen Alter stirbt. Um ihn an der erneuten Flucht aus der Unterwelt zu hindern, zwingt Hades Sisyphos, beständig den Marmorblock zu wälzen.

In der Antike war Sisyphos ein abschreckendes Beispiel dafür, was Menschen zu erwarten haben, die sich gegen die göttliche Ordnung vergehen.

In späterer Zeit ist Sisyphos nicht mehr nur der König, den die Götter für seine Aufsässigkeit strafen. Sein endloser Kampf gegen den Stein wird zunehmend zum Symbol für das Leiden des Menschen an sich. Heinrich Heine schreibt in einem Brief aus den Bädern von Lucca: „Ich trieb mein gewöhnliches Geschäft, Mylady; ich rollte wieder den großen Stein. Wenn ich ihn bis zur Hälfte des Berges gebracht, dann rollte er plötzlich hinunter (...) und dieses Bergauf- und Bergabrollen wird sich so lange wiederholen, bis ich selbst unter dem großen Stein liegen bleibe, und Meister Steinmetz mit großen Buchstaben darauf schreibt: hier ruht in Gott-". Ähnlich schreibt Goethe in einem Brief an Eckermann: „Es war das ewige Wälzen eines Steines, der immer von neuem gehoben sein wollte."

Eine andere Deutung erfährt die Sage bei dem Philosophen Albert Camus in „Der Mythos des Sisyphos". Unser Leben ist für Camus absurd, die Hoffnung auf ein Weiterleben nach dem Tod eine Selbsttäuschung. Symbol des Absurden ist die Gestalt des Sisyphos. Indem wir die Absurdität unseres Lebens erkennen und akzeptieren, werden wir zu freien und damit glücklichen Menschen. „Wir vertreiben aus dieser Welt einen Gott, der eingedrungen war mit der Unzufriedenheit und mit dem Gefallen an sinnlosen Schmerzen. Wir machen aus dem Schicksal eine menschliche Angelegenheit die unter Menschen geregelt werden muss. --- Der Kampf gegen den Gipfel vermag ein Menschenherz auszufüllen. Wir müssen uns Sisyphos als einen glücklichen Menschen vorstellen."

Auch bei Camus bleibt Sisyphos eine tragische Gestalt. Das muss nicht so bleiben. Sisyphos war bekanntermaßen schlau und lebenslustig und wohl auch ein Mensch mit kindlichem Spieltrieb. Es ist ihm daher zuzutrauen, dass er den Stein mit Vergnügen den Berg hochwuchtet in Vorfreude auf das Gepolter, mit dem er herabdonnern wird, so wie sich Kinder, denen es gelingt, einen möglichst großen Stein ins Wasser zu werfen, über das laute „Plums" freuen. Was den Genuss des Sisyphos steigert: der Fels bleibt unversehrt. Das wunderbare Spiel hat kein jähes Ende. Verabschieden wir uns von einem kindlich glücklichen Sisyphos, indem wir noch einmal dem Klang lauschen: „Hurtig mit Donnergepolter entrollte der tückische Marmor".

PHAETON

Phaeton hieß der Sohn des Sonnengottes Helios. In der KFZ-Branche hat dieser Name schon lange einen guten Klang. Bereits um 1900 gab es einen Benz-Phaeton. Danach wählten mehrere Autobauer den göttlichen Beinamen, zuletzt VW für einen von 2001 bis 2016 vom Band gelaufenen Wagen der gehobenen Mittelklasse. Ob die Herren den Namen auch gewählt hätten, wäre ihnen bekannt gewesen, was ihr Held in seinem kurzen Leben angestellt hat?

Als Phaethon heranwächst, kommen Zweifel an der Vaterschaft des Sonnengottes auf. Um seine Abstammung zu klären, begibt sich Phaeton zu seinem (mutmaßlichen) Vater. Der erkennt seine Vaterschaft offiziell an, nimmt Phaeton in seinen Palast auf und verpflichtet sich durch einen Eid, dem Sohn ein Geschenk seiner Wahl zu gewähren. Phaethon erbittet sich nun, für einen Tag den Sonnenwagen lenken zu dürfen. Helios versucht, seinen Sohn von diesem Plan abzubringen – jedoch vergeblich. Phaethon besteigt, als die Nacht zu Ende geht, den kostbaren und reich verzierten Sonnenwagen des Vaters. Das Viergespann rast los und gerät bald außer Kontrolle. Phaethon verlässt die tägliche Fahrstrecke zwischen Himmel und Erde und löst eine Katastrophe universalen Ausmaßes aus.

Ovid berichtet: „Überall dort, wo die Erde am höchsten ist, wird sie vom Feuer ergriffen, bekommt Spalten und Risse und dörrt aus, weil ihr die Säfte entzogen sind. Das Gras wird grau, samt seinen Blättern brennt der Baum, und das trockene Saatfeld liefert seinem eigenen Untergang Nahrung [...] Große Städte gehen mit ihren Mauern unter, und der Brand legt ganze Länder mit ihren Völkern in Asche“. Erst Zeus, von der Mutter Erde um Hilfe gerufen, bereitet dem Chaos ein Ende und schleudert einen Blitz. Der Wagen wird zertrümmert und der Wagenlenker Phaethon stürzt in die Tiefe

Die Inschrift auf dem Grabstein lautet nach Ovid: „Hier ruht Phaethon, der Lenker des väterlichen Wagens; zwar konnte er ihn nicht halten, doch starb er als einer, der Großes gewagt“.

MNEMOSYNE (ERINNERUNG)

Mnemosyne ist die Tochter von Uranus und Gaia (Himmel und Erde). Vergangenheit und Zukunft waren ihr gleichermaßen bekannt. Bei den Griechen genoss sie als Göttin der Erinnerung und Mutter der neun Musen, der Göttinnen der Musik, des Tanzes und der Poesie, hohes Ansehen. Sie wurde von Dichtern wie Homer angerufen. Die Römer entführten die Göttin aufs Kapitol und nannten sie Moneta. Zu ihren Ehren ließ man Münzen prägen. Keine Geringere als Juno schmückte ihren göttlichen Busen mit den Moneta Münzen.

Mit ihrer neuen Bestimmung konnte Moneta nichts anfangen. Im Inneren blieb sie Mnemosyne. Sie versuchte zu fliehen, lange vergeblich. Erst zur Zeit der Völkerwanderung gelang ihr die Flucht in die alte Heimat. Dort war die Erinnerung inzwischen aus der Mode gekommen. Man konnte Mnemosyne nicht mehr brauchen und sperrte sie in ein Labyrinth, vorsorglich eines ohne Ausweg. So fiel das Erinnern dem Vergessen anheim. Man hatte erkannt, dass Vergessen Macht ist. Man erhob das Vergessen zur Göttin. Um die Welt zu täuschen, behielt man den Namen Mnemosyne bei. Inzwischen ist die Täuschung aufgedeckt und Mnemosyne aus ihrem Labyrinth befreit. Man hat ihr die Laterne des Wissens und Lernens anvertraut.

WAS IST BILDUNG?

Diese Frage begleitet uns seit der ersten Seite. Für die einen ist sie ein „Buch mit sieben Siegeln". Andere wählen zwischen einer Flachwurzelbildung und einer Tiefwurzelbildung. Es gibt Menschen, für die Bildung wie eine Impfung ein notwendiges Übel ist. Andere zeichnen sich durch einen immer wieder kehrendem Bildungshunger aus, die kein Bildungserlebnis auf Dauer sättigt. Man kann Bildung wie eine Treppe, eine endlose Treppe oder wie ein Podest sehen, das man erklimmt. Zu Bildung gehört für viele der Mut zur Lücke. Meine eigene Metapher für Bildung findet sich in einem Gedicht von Machado. Hier die ersten Zeilen:

Caminante, son tus huellas
el camino y nada más;
Caminante, no hay camino,
se hace camino al andar.
Wanderer, deine Spuren sind der Weg
Und sonst nichts.
Wanderer, es gibt keinen Weg.
Der Weg entsteht beim Gehen.

DAS RECHT AUF DUMMHEIT?

Wer seine Bildung optimieren will, gelangt irgendwann zu der Frage, welche Rolle dabei die Dummheit spielt. Macht nicht ein ausgewogenes Verhältnis zwischen Bildung und Dummheit auf sympathische Weise lebenstauglich? Bei der Frage nach der Bedeutung der menschlichen Dummheit drängt sich als erstes ein Gedicht von Joachim Ringelnatz in den Vordergrund.

„Lied von der Hochseekuh
Zwölf Tonnen wiegt die Hochseekuh,
sie lebt am Meeresgrunde. Ohei! — Uha!
Sie ist so dumm wie ich und du
und läuft zehn Knoten in der Stunde. Ohei! — Uha“!

Mit diesem vernichtenden Urteil über die menschliche Dummheit liegt der Herr Ringelnatz ziemlich schief. Eine ausgewogenere Würdigung der Dummheit gelingt Gregor von Rezzori in seinen Maghrebinischen Geschichten. Dort kommt eine mit der Formulierung der Grundrechte beauftragte Kommission schnell zum Ziel. „Festgesetzt wurde als unverrückbares Grundrecht--- lediglich das Recht auf die eigene Dummheit“. Dieses Recht erlaube es dem Bürger sich allen Anforderungen „mit höflicher Grazie zu entziehen, und (da es ja die Summe seiner Dummheiten ist, die den Menschen erkennbar macht) gleichzeitig ein guter Bürger und ein Individualist zu sein“. Dem werden diejenigen zustimmen, welche die Vorteile der Dummheit erkannt haben und manche ihrer Ziele problemlos erreichen, indem sie sich dumm stellen.

Auch wenn es zu einer ausgereiften Bildung einer partiellen Dummheit bedarf, ist Dummheit kein so wertvolles menschliches Gut, dass man ihren Schutz im Grundgesetz verankern sollte, wie etliche Querdenker fordern. Die Ressource menschliche Dummheit ist weltweit so reichlich vorhanden, dass für jeden von uns ein für ihn gerütteltes Maß abfällt, ohne dass wir eine Erschöpfung des Dummheitsvorkommens zu befürchten haben.

BRAUCHEN WIR BILDUNG? - DER HERR DER WELT

Eine Vielzahl von Bildungsinhalten, bei denen jeweils die besondere Bedeutung herausgekehrt wird, verleitet dazu die Bildung zu überbewerten. Geht es nicht auch ganz ohne Bildung? Dazu die folgende Geschichte.

Er hatte viele Schlachten geschlagen und gewonnen. Jetzt war er der Herr der Welt. Genauer gesagt, keiner seiner Widersacher hatte überlebt. Niemand würde es wagen gegen ihn aufzustehen. Und doch war er nicht glücklich. Zu viele blutige Tränen waren geflossen. Um seine Untertanen zu versöhnen und selbst Seelenfrieden zu finden, plante er eine Friedenstat ohne Gleichen. Den ersten Plan, seinen Reichtum gleichmäßig an alle Untertanen zu verteilen, verwarf er, als er die Zahl seiner Untertanen erfuhr. Ein neues, besseres Gesetz, das hatten schon andere vergeblich versucht. Der Bau von Kultstätten für die in seinem Reich praktizierten Religionen würde leicht zum Anlass von Glaubenskämpfen, so seine Räte.

Nachdem er alles reiflich erwogen hatte, beschloss er, seine Untertanen mit Weisheit zu beglücken. Er rief die größten Gelehrten seines Reiches zu sich, weihte sie in seinen Plan ein und beauftragte sie, binnen eines Jahres, sein Reich nach beglückender Weisheit zu durchforschen. Ein halbes Jahr zogen sich die Gelehrten in die Bibliotheken des Reiches zurück, in denen das Wissen der Zeit zusammengetragen war. Drei Monate sprachen sie mit den Untertanen, den Beamten, den Soldaten, den Studenten, den Kaufleuten, ja sogar mit den des Lesens unkundigen Bauern und Tagelöhnern. In den verbliebenen drei Monaten sichteten sie, was sie gelesen und erfahren hatten. Was sie danach dem Herrn der Welt vorlegten, war ein Buch ohne Gleichen, leicht verständlich und doch kenntnisreich und weise. Für alle Lebenslagen hatte es die richtige Antwort.

Missbilligend schüttelte der Herr der Welt beim Anblick des Buches den Kopf. Was soll dieses Buch für die vielen Menschen, die es nicht zu lesen verstehen? Was will ich selbst mit dem Buch, der auch ich nie lesen gelernt habe? Macht aus den vielen Weisheiten eine einzige, die alles andere umfasst. Diese nennt mir morgen zur gleichen Stunde. Tags darauf waren die Weisen wie befohlen zur Stelle „Wie lautet die beglückende Weisheit“? frug der Herr der Welt seine Weisen und sie antworteten: „du lebst“.

„Der Ernstfall
Der Ernstfall ist eingetreten,
Du lebst“.

(Aus: Ermahnungen einer Himbeere an ihr Junges)

NAMENSREGISTER

(AUSWAHL)

LITERARISCHE GESTALTEN (AUSWAHL)

INHALT